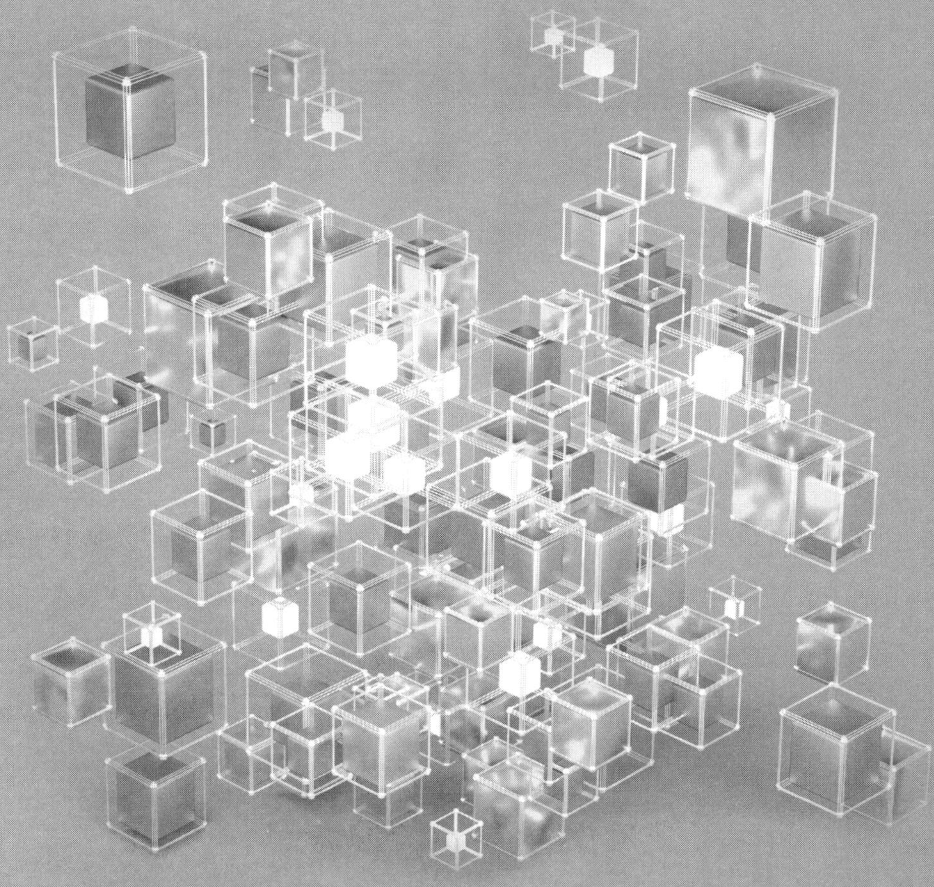

프로그래밍 활용을 위한

대학 수학

김선옥 · 홍석미 지음

도서출판 홍릉

프로그래밍 활용을 위한 **대학수학**

인 쇄: 2020년 3월 2일 초판 1쇄
발 행: 2020년 3월 9일 초판 1쇄

저 자: 김선옥 · 홍석미
발행인: 송 준
발행처: 도서출판 홍릉
주 소: 01093 서울시 강북구 인수봉로 50길 10
등 록: 1976년 10월 21일 제5-66호

전 화: 02-999-2274~5
팩 스: 02-905-6729
e-mail: hongpub@hongpub.co.kr
http://www.hongpub.co.kr
ISBN: 979-11-5600-741-8(93410)

정 가: 20,000원

PREFACE

컴퓨터의 발달과 공학의 중요한 핵심은 수학이다. 수학은 복잡하고 어려운 문제를 단순화하여 논리적으로 판단하는 방법을 제시하여 문제를 해결하는 중요한 도구이다.

이산수학은 컴퓨터의 발달로 중요해지고 있으며 컴퓨터에서 바로 사용될 수 있는 수학에 기초한 과목으로 개발되었다. 이산수학은 집합, 명제, 대수, 관계, 그래프 그리고 트리 등의 내용을 다루고 있으며 이 분야는 공학에 응용되어 실생활에 적용되고 있다.

또한 이산수학은 IT공학도와 컴퓨터 관련 학문이나 인문학을 전공하는 학생들에게 사고의 폭을 넓히고 실생활에 적용할 수 있는 지식을 제공해준다. 따라서 컴퓨터가 발달할수록 이산수학의 필요성은 높아지고 있으며 학문적 기반으로 중요해지고 있다.

이 책의 목표는 이산수학의 기초가 되는 이론을 소개하여 이와 관련된 분야의 적절한 활용에 도움이 되고자 한다.

이 책의 내용과 응용분야는 다음과 같다.

제1장에서는 순서를 고려하지 않은 개체들의 모임인 집합과 참과 거짓 중에서 하나의 논리값을 갖는 명제를 소개한다. 집합과 명제는 컴퓨터의 기본 동작 원리가 되는 논리와 관계 그리고 그래프 등 이산구조의 개념으로 확장된다.

제2장에서는 1장에서 소개된 집합에서 두개 이상의 집합들 간에는 많은 관계가 있으므로 집합을 구성하는 원소들 간의 관계를 소개한다. 관계는 프로그램의 구조나 계산 이론 또는 알고리즘의 분석 등에 응용되어 다양한 분야에서 적용된다.

제3장에서는 논리적 성질을 표현하는 수학적 기호로 부울 대수를 소개한다. 부울 대수의 논리규칙은 회로를 설계하는데 이용되며 컴퓨터에 적용되어 복잡한 문제를 해결할 수 있는 도구로 사용된다.

PREFACE

제4장에서는 컴퓨터 관련 학문에 있어서 중요한 개념인 그래프를 소개한다. 그래프는 쾨니히베르크 다리문제에 이용되었으며 최단거리 순회문제, 컴퓨터 네트워크 그리고 방송국에서 텔레비전 채널을 할당하는데 사용된다.

제5장에서는 그래프의 특수한 형태인 트리에 대해 소개한다. 컴퓨터의 UNIX나 Windows의 파일 구조는 트리로 구성되어 있으며, 특히 이진트리는 산술적 표현, 자료 구조 등을 매우 간단하게 표현할 수 있다. 이 장에서는 트리와 관련된 기본 용어, 이진트리와 이진트리의 표현과 순회 방법 등을 공부한다.

제6장에서는 숫자나 문자를 가로와 세로로 배열하여 직사각형 형태로 표시한 행렬을 소개한다. 행렬은 컴퓨터 분야에서 자료의 저장에 사용되는 배열에 응용되며, 두 벡터 사이의 각을 구할 때도 사용되며 공학 문제의 해결에 중요한 연립방정식의 해를 구하는 데 사용된다.

제7장에서는 미분에 대한 기본적인 이론과 예제를 다룬다.

제8장에서는 다양한 상황에서 적분의 기본적인 이론을 설명하고 적분의 기법과 적분의 활용을 공부한다.

이 책이 완성되기까지 든든한 버팀목이 되어준 남편과 건강하게 성장할 정수와 따뜻한 사랑으로 격려해준 가족들에게 고마운 마음을 전합니다. 그리고 이 책이 독자들에게 많은 도움이 되길 바랍니다.

2020년 1월

저자

CONTENTS

CONTENTS

CONTENTS

CHAPTER 5

트리(Trees)

CHAPTER 6

행렬 및 행렬식

CONTENTS

CONTENTS

CHAPTER 8

적분법

CHAPTER

01

집합과 명제논리 (Set, Proposition and Logic)

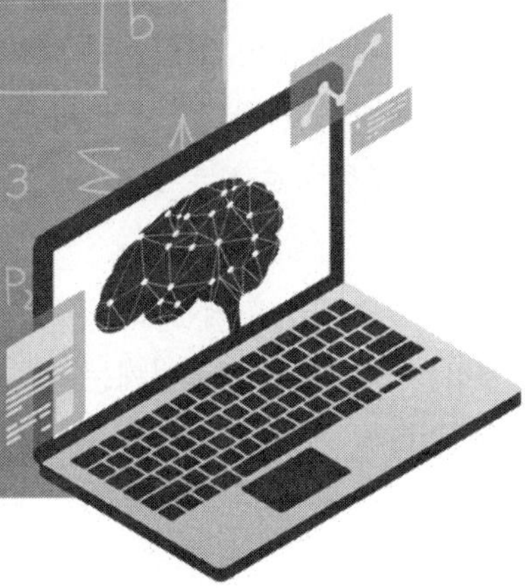

CHAPTER 01

집합과 명제논리 (Set, Proposition and Logic)

집합이란 특정 조건에 맞는 객체(Object)들의 모임이다. 이러한 집합의 개념은 컴퓨터의 기본 동작 원리가 되는 논리와 관계 그리고 그래프 등 이산구조의 개념으로 확장될 수 있다.

1.1 집합(Sets)

집합에 속한 개체를 원소(element)라 하며, 포함되는 원소에 따라 집합의 성질이 다르다. 집합을 정의하면 다음과 같다.

정의 1.1 집합(set)

집합이란 어떤 공통된 성질을 가지는 객체들(objects)의 모임이며, 그 객체들을 집합의 **원소**(element)라 한다.

집합을 표시할 때는 알파벳 대문자 A, B, C, $\cdots$, Z 등으로 나타내며, 집합을 구성하는 원소(element 또는 member)는 소문자 a, b, c, $\cdots$, z 등으로 나타낸다. 집합을 S라 하고 그 집합에 속한 원소를 a라 하면, $a \in S$로 표시된다. 또한 $a \notin S$는 원소 a가 집합 S의 원소가 아님을 나타낸다.

집합을 어떻게 표현할까? 우리가 사용할 수 있는 형식적인 집합의 표현에는 두 가지가 있다. 첫 번째는 집합의 원소를 단순히 열거하거나 나열하는 방법이고, 두 번째는 술어를 사용하여 집합의 특징을 나타내는 원소들의 성질을 서술하는 것이다.

다음은 집합의 표현방법에 대한 소개이다.

- **원소 나열법** : 집합의 원소들을 모두 나열하는 방법이다.
- **조건 제시법** : 집합의 원소들이 가지고 있는 특정한 성질을 나타내는 방법으로, $S=\{x \mid p(x)\}$와 같이 표시된다. 여기서 x는 원소를 나타내고, $p(x)$는 원소들이 가지고 있는 성질을 기술하는 술어이다.

예제 1.1 **다음 집합을 원소 나열법으로 표현하여라.**

(1) 영문 소문자의 처음 세 개의 집합
(2) 5의 배수인 집합
(3) 대한민국 수도의 집합

풀이 (1) $A=\{a,\ b,\ c\}$
(2) $B=\{5,\ 10,\ 15,\ \cdots\}$
(3) $C=\{\text{서울}\}$

예제 1.2 **다음 집합을 조건 제시법으로 표현하여라.**

(1) 4에서 5사이에 있는 무리수의 집합
(2) 10보다 큰 3의 배수인 집합

풀이 (1) $S=\{x|x\text{는 무리수이고}, 4\le x\le 5\}$
(2) $S=\{x|x\text{은 3의 배수이고},\ x>10\}$
$=\{x|n\text{은 자연수이고}, x=3n\text{ 이고 }\ x>10\}$

집합에서 특별한 집합과 그들의 표기법을 소개한다. 이 집합들은 자주 쓰이며 따라서 그들을 나타내기 위해서는 항상 같은 기호를 사용한다.

- N는 자연수들의 집합을 나타낸다.
- Z는 정수들의 집합을 나타낸다.
- Z^+는 양의 정수들의 집합을 나타낸다.
- Q는 유리수들의 집합을 나타낸다.
- R는 실수들의 집합을 나타낸다.
- C는 복소수의 집합을 나타낸다.

집합에서 원소의 개수가 자연수이면 **유한집합(finite set)**이라 하고, 원소의 개수가 자연수가 아니면 **무한집합(infinite set)**이라 한다.

[예제 1.1]에서 집합 A와 C는 유한 집합이고, 집합 B는 무한 집합이다.

정의 1.2 상등집합(equal set)

집합 A, B는 다음과 같을 때 상등 집합이라 하고, $A=B$로 표기한다.

$$A=B \Leftrightarrow \mathrm{A} \subseteq \mathrm{B} \text{ 그리고 } B \subseteq A$$

집합 A와 B가 상등하지 않으면 $A \neq B$로 표기한다.

예제 1.3 $A=\{1,2,3\}$**이고** $B=\{1,1,2,3,2,3\}$**일 때, 다음 물음에 답하시오.**

(1) 집합A와 집합B는 상등집합인가?
(2) 집합A의 개수를 구하시오.
(3) 집합B의 개수를 구하시오.

풀이

(1) A의 모든 원소는 B의 원소가 된다. 그러므로 $A \subseteq B$이다. 또한 B의 모든 원소는 A의 원소가 된다. 그러므로 $B \subseteq A$이다. 따라서 $A=B$이다.
(2) 집합 A의 개수는 3이다.
(3) 집합 A와 집합 B는 (1)에 의해 서로 상등하므로, 집합 B의 개수는 집합 A의 개수와 같다.

정의 1.3 전체 집합(universal set)과 공집합(empty set)

모든 원소를 포함하는 집합을 전체 집합이라 하고 U로 표기한다. 어떤 원소도 포함하지 않는 집합을 공집합이라 하며, $\varnothing$ 또는 $\{\ \}$로 표시한다.

전체집합으로부터 새로운 집합을 정의하는 방법을 소개한다.

정의 1.4 부분 집합(subset)과 진부분 집합(proper subset)

- $A \subseteq B$: 집합 A는 집합 B의 부분 집합이라 하며, 집합 A의 모든 원소는 집합 B의 원소이다. 이때, 집합 A는 집합 B에 포함된다.
- $A \not\subseteq B$: 집합 A는 집합 B의 부분 집합이 아니다.
- $A \subset B$: 집합 A는 B의 진부분 집합이라 하며, $A \subseteq B$ 이고 $A \neq B$이다.
- $A \not\subset B$: 집합 A는 B의 진부분 집합이 아니다.

예제 1.4 집합 $A = \{1, 2, 3\}$에 대하여 다음 물음에 답하시오.

(1) 집합 A의 부분 집합을 구하라.
(2) 집합 A의 진부분 집합을 구하라.

풀이 (1) 원소가 없는 A의 부분 집합 : $\{\}$
원소가 한 개인 A의 부분 집합 : $\{1\}, \{2\}, \{3\}$
원소가 두 개인 A의 부분 집합 : $\{1,2\}, \{1,3\}, \{2,3\}$
원소가 세 개인 A의 부분 집합 : $\{1,2,3\}$
따라서 집합 A의 부분집합은
$\{\{\}, \{1\}, \{2\}, \{3\}, \{1,2\}, \{1,3\}, \{2,3\}, \{1,2,3\}\}$
(2) 집합 A의 진부분집합은 $\{\{\}, \{1\}, \{2\}, \{3\}, \{1,2\}, \{1,3\}, \{2,3\}\}$이다.

집합 S의 원소가 n개 있으면, 집합 S의 부분 집합의 개수는 2^n개이며, 집합 S의 진부분 집합의 개수는 $(2^n - 1)$개이다. 위의 예제에서 집합 A의 원소의 개수가 3이므로, 집합 A의 부분집합의 개수는 $2^3 = 8$개이고, 집합 A의 진부분 집합의 개수는 $2^3 - 1 = 7$개다.

정리 1.5

임의의 집합 A, B, C와 전체 집합 U에 대하여 다음이 성립한다.

(1) $\varnothing \subseteq A$
(2) $A \subseteq A$
(3) $A \subseteq U$
(4) $A \subseteq B$ 이고 $B \subseteq C$ 이면 $A \subseteq C$ 이다.
(5) $A \subseteq B$ 이고 $B \subseteq A$ 이면 $A = B$ 이다.

위의 정리를 자세히 살펴보면 다음과 같다.

(1) 공집합은 모든 집합의 부분집합이다.
(2) 자기 자신은 자기집합의 부분집합이다.
(3) 전체집합은 임의의 부분집합을 포함한다.
(4) 집합 A의 원소가 집합 B의 원소이고, 집합 B의 원소가 집합 C의 원소이면, 집합 A의 원소는 집합 C의 원소이다.
(5) 집합 A의 원소가 집합 B의 원소이고, 집합 B의 원소가 집합 A의 원소이면, 집합 A의 원소는 집합 B의 원소와 같다.

예제 1.5 **다음 집합 $S=\{\varnothing,\ 1,\ 2\}$에 대하여 옳은 것을 모두 고르시오.**

(1) $\varnothing \in S$
(2) $1 \in S$
(3) $\varnothing \subseteq S$
(4) $1 \subseteq S$

풀이 (1), (2), (3)
(4) 1은 S의 부분집합이 아니고, 1은 S의 원소이다.

정의 1.6 **여집합(complement)**

$\overline{A}$: 집합 A의 여집합을 나타내며, 전체 집합 U에 속하면서 A에 속하지 않는 원소들의 집합이다. A의 여집합은 아래와 같이 나타낸다.

$$\overline{A}=\{x|x\in U, x\notin A\}$$

예제 1.6 **전체 집합 $U=\{1,2,3,4,5,6,7\}$의 부분 집합 A, B, C가 $A=\{1,2,3\}$, $B=\{1,4,6,7\}$, $C=\{1,2,3,4,5,6,7\}$로 주어졌을 때 다음 물음에 답하시오.**

(1) A의 여집합 $\overline{A}$을 구하시오. (2) B의 여집합 $\overline{B}$을 구하시오.
(3) C의 여집합 $\overline{C}$을 구하시오.

풀이 (1) $\overline{A}=\{4,5,6,7\}$ (2) $\overline{B}=\{2,3,5\}$
(3) $\overline{C}=\varnothing$

1.2 집합의 연산(Operations of Sets)

주어진 집합들을 결합하여 새로운 집합을 만드는 집합의 연산들에 대하여 살펴보자. 새로운 집합은 주어진 집합의 원소들을 이용하여 집합의 연산에 의해 새롭게 만들어질 수 있다.

주어진 집합들 사이의 연산에 대하여 이해를 돕기 위하여 그림으로 설명할 수 있다. 이러한 연산에 대한 관계를 그림으로 나타낸 것을 벤다이어그램(Venn diagram)이라 한다. 벤다이어그램에서 전체집합은 직사각형으로 표시하고 집합들은 원으로 표시한다. 주어진 연산에 따라 적용한 새로운 집합에 대한 결과는 다음과 같다.

(1) $A \cup B$: A와 B의 합집합(Union)

임의의 두 집합 A, B에 대하여 이들의 합집합은 집합 A의 원소이거나 또는 집합 B에 속하는 원소의 집합을 말하며, $A \cup B$로 표기한다.

$$A \cup B = \{x | x \in A \text{ or } x \in B\}$$

합집합 $A \cup B$을 벤 다이어그램으로 표현하면 〈그림 1.1〉과 같다.

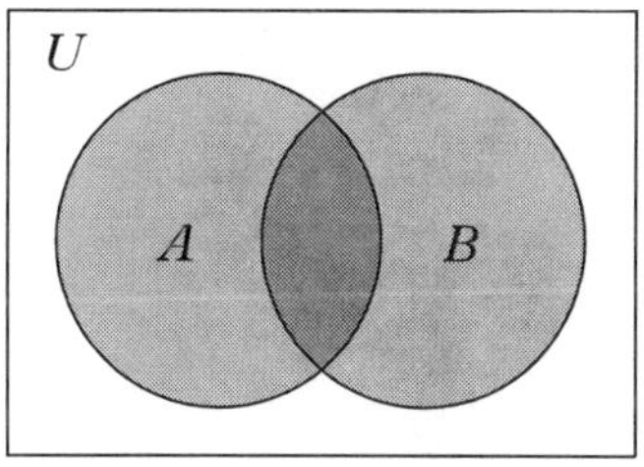

[그림 1.1] 합집합($A \cup B$)

예제 1.7 $A = \{1, 2, 3, 4\}$, $B = \{3, a, b\}$, $C = \{a, b, c\}$ **일 때 다음 물음에 답하시오.**

(1) $A \cup B$

(2) $B \cup C$

(3) $A \cup C$

풀이 (1) $A \cup B = \{1, 2, 3, 4, a, b\}$

(2) $B \cup C = \{3, a, b, c\}$

(3) $A \cup C = \{1, 2, 3, 4, a, b, c\}$

(2) $A \cap B$: A와 B의 교집합(Intersection)

임의의 두 집합 A, B에 대하여 교집합은 집합 A의 원소이고 집합 B의 원소에도 속하는 집합으로, $A \cap B$로 표기한다.

$$A \cap B = \{x | x \in A \text{ and } x \in B\}$$

교집합 $A \cap B$에 대한 벤 다이어그램은 〈그림 1.2〉와 같다.

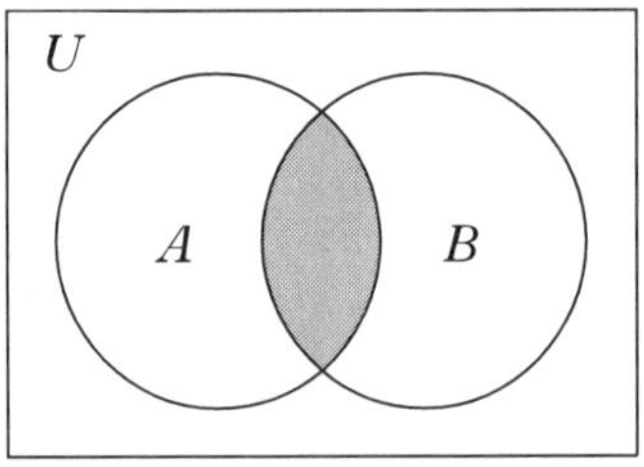

[그림 1.2] 교집합($A \cap B$)

예제 1.8 $A = \{0, 1, 2\}$, $B = \{1, 2, 3, 4\}$, $C = \{3, a, b\}$**일 때 다음 물음에 답하시오.**

(1) $A \cap B$
(2) $B \cap C$
(3) $A \cap C$

풀이 (1) $A \cap B = \{1, 2\}$
(2) $B \cap C = \{3\}$
(3) $A \cap C = \varnothing$

(3) $A - B$: A와 B의 차집합(Difference)

임의의 두 집합 A, B에 대하여 이들 간의 차집합은 집합 A의 원소 중에서 집합 B에 속하는 원소를 제외한 원소들의 집합으로, $A - B$로 표기한다.

$$A - B = \{x | x \in A \text{ and } x \notin B\}$$

$A - B$에 대한 벤 다이어그램은 〈그림 1.3〉과 같다.

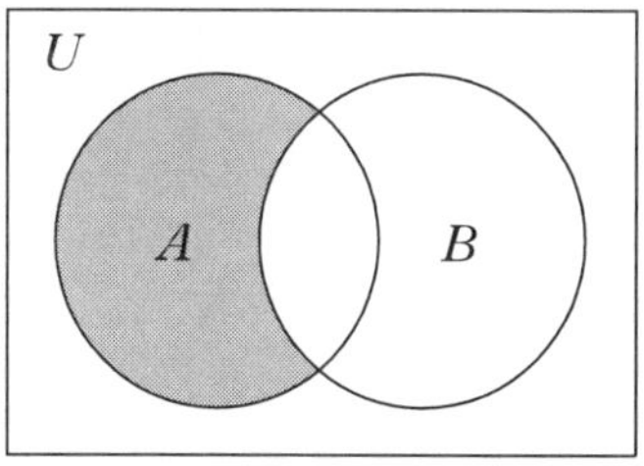

[그림 1.3] 차집합 $(A - B)$

예제 1.9 $A = \{1, 2, 3, 4, 5\}$, $B = \{1, 3, 5\}$, $C = \{3, a, b\}$**일 때 다음 물음에 답하시오.**

(1) $A - B$
(2) $B - C$
(3) $A - C$

풀이 (1) $A - B = \{2, 4\}$
(2) $B - C = \{1, 5\}$
(3) $A - C = \{1, 2, 4, 5\}$

(4) $A \oplus B$: A와 B의 대칭 차집합(Symmetric difference)

임의의 두 집합 A, B에 대하여 이들의 대칭 차집합은 $A \cup B$의 원소 중에서 $A \cap B$의 원소를 제외한 원소들의 집합을 말하며, $A \oplus B$로 표시한다.

$$\begin{aligned} A \oplus B &= \{x | x((A \cup B) - (A \cap B))\} \\ &= \{x | x \in A - B \text{ or } x \in B - A\} \end{aligned}$$

대칭 차집합 $A \oplus B$에 대한 벤 다이어그램은 〈그림 1.4〉와 같다.

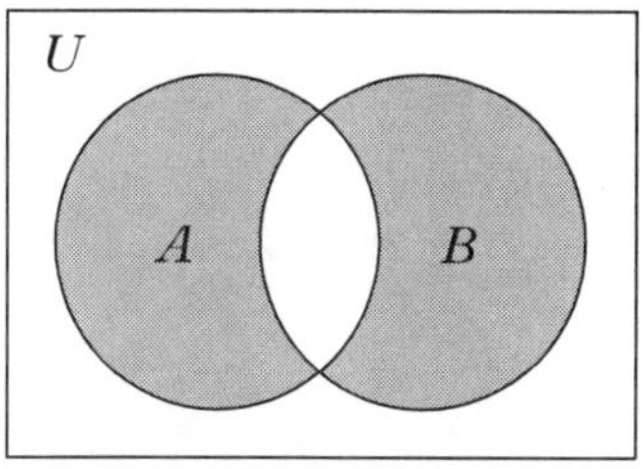

[그림 1.4] 대칭 차집합$(A \oplus B)$

예제 1.10 $A=\{1,2,3,4,5\}$**이고** $B=\{1,3,5,a,b\}$**일 때 다음 물음에 답하시오.**

(1) $A\cup B$

(2) $A\cap B$

(3) $A-B$

(4) $B-A$

(5) $A\oplus B$

풀이 (1) $A\cup B=\{1,2,3,4,5,a,b\}$

(2) $A\cap B=\{1,3,5\}$

(3) $A-B=\{2,4\}$

(4) $B-A=\{a,b\}$

(5) $A\oplus B=\{2,4,a,b\}$

(5) $A\times B$: A와 B의 곱집합(Cartesian product)

곱집합은 순서쌍(ordered pair)으로 설명할 수 있으며, 순서쌍은 순서로 구별할 수 있는 개체 (a, b)의 쌍으로 나타낸다. 순서쌍 (a,b)는 쌍의 원소들 간의 순서에 의해서 정해지므로 순서는 중요하다. 따라서 $a\neq b$이면 $(a,b)\neq(b,a)$이다. 그리고 두 순서쌍 $(a,b)=(c,d)$일 필요충분조건은 $a=c$이고 $b=d$이다. 따라서 순서쌍은 두 원소를 갖는 집합과 구별된다.

예제 1.11 **다음 중 옳은 것을 모두 고르시오.**

(1) $\{a,b\}=\{b,a,b\}$

(2) $\{a\}=\{a,a\}=\{a,a,a,a\}$

(3) $(a,b)\neq(b,a,b)$

(4) $(a,b)\neq(b,a,a)$

(5) $(b)\neq(b,b)$

풀이 (1), (2), (3), (4), (5)

정의 1.7 곱집합(cartesian product)

임의의 두 집합 A, B의 곱집합은 집합 A의 원소와 집합 B의 원소에 대한 모든 순서쌍의 집합 (a,b)을 말하며 $A\times B$로 표기한다.

$$A\times B=\{(a,b)\mid a\in A, b\in B\}$$

예제 1.12 $A=\{1,2,3\}$**이고** $B=\{a,b\}$**일 때 다음 물음에 답하시오.**

(1) $A\times B$　　(2) $B\times A$

풀이 (1)$A\times B=\{(1,a),(1,b),(2,a),(2,b),(3,a),(3,b)\}$

(2)$B\times A=\{(a,1),(b,1),(a,2),(b,2),(a,3),(b,3)\}$

집합 A에 대한 곱집합 $A\times A$는 A^2로 표시된다. 그리고 집합 A가 n번의 곱집합으로 이루어졌으면 A^n으로 표시한다.

예제 1.13 $A=\{1,2,3\}$**이고** $B=\{a,b\}$**일 때 다음 물음에 답하시오.**

(1) $A\times A$　　(2) $B\times B$

(3) $A\times B$　　(4) $B\times A$

풀이 (1) $A\times A=\{(1,1),(1,2),(1,3),(2,1),(2,2),(2,3),(3,1),(3,2),(3,3)\}$

(2) $B\times B=\{(a,a),(a,b),(b,a),(b,b)\}$

(3) $A\times B=\{(1,a),(1,b),(2,a),(2,b),(3,a)(3,b)\}$

(4) $B\times A=\{(a,1),(a,2),(a,3),(b,1),(b,2)(b,3)\}$

(6) 집합의 크기(cardinality)

집합 S의 기수는 그 집합의 크기 즉, 원소 개수를 나타내며 $|S|$로 표기한다. 여기서는 집합의 연산에 의해 새로 만들어진 집합들에 대한 기수에 대하여 알아보기로 하자. 집합 A, B, C가 유한집합일 때 다음 식들이 성립한다.

- $|A\cup B|=|A|+|B|-|A\cap B|$
- $|A\cap B|=|A|+|B|-|A\cup B|$
- $|A\cup B\cup C|=|A|+|B|+|C|-|A\cap B|-|A\cap C|-|B\cap C|+|A\cap B\cap C|$

- $|A-B| = |A| - |A \cap B|$

- $|A \times B| = |A| \cdot |B|$

예제 1.14 **집합 A, B, C 가 유한집합이고 $|A| = 5$, $|B| = 8$, $|C| = 10$, $|A \cap B| = 3$, $|A \cap C| = 4$, $|B \cap C| = 5$, $|A \cup B \cup C|$=17일 때, 다음 물음에 답하시오.**

(1) $|A \cap B \cap C|$ (2) $|A \times C|$

(3) $|A - C|$ (4) $|A \times B \times C|$

(5) $|A - B|$

풀이 (1) $|A \cup B \cup C| = |A| + |B| + |C| - |A \cap B| - |A \cap C| - |B \cap C| + |A \cap B \cap C|$

$17 = 5 + 8 + 10 - 3 - 4 - 5 + |A \cap B \cap C|$

$|A \cap B \cap C| = 6$

(2) $|A \times C| = |A| \cdot |C| = 50$

(3) $|A - C| = |A| - |A \cap C| = 1$

(4) $|A \times B \times C| = |A| \cdot |B| \cdot |C| = 400$

(5) $|A - B| = |A| - |A \cap B| = 2$

예제 1.15 **정수네 반 학생 중 적어도 한 과목을 좋아하는 학생이 70명이다. 수학을 좋아하는 학생이 45명이고, 역사를 좋아하는 학생이 30명일 때, 수학만 좋아하는 학생은 몇 명인가?**

풀이 수학을 좋아하는 학생의 집합을 A, 역사를 좋아하는 학생의 집합을 B라고 하면

$$|A \cup B| = 70,\ |A| = 45,\ |B| = 30$$

이다. 따라서

$$|A \cap B| = |A| + |B| - |A \cup B| = 45 + 30 - 70 = 5$$

이다. 우리가 구하려는 것은 $|A - B|$이므로

$$|A - B| = |A| - |A \cap B| = 45 - 5 = 40$$

가 된다. 그러므로 수학만 좋아하는 학생은 40명이다.

(7) 집합의 연산 법칙

집합에서 여러 개의 집합은 연산과 결합되어 새로운 집합으로 만들 수 있다. 새로운 집합을 간단하게 만드는 방법은 집합의 동치 관계를 이용한다. 이러한 집합의 동치관계는 기본법칙에 따라 간소한 집합으로 표현될 수 있다.

집합의 연산을 이용한 동치관계의 기본법칙은 〈표 1.1〉에 나타나 있다.

[표 1.1] 집합의 연산 법칙

법칙 이름	집합의 동치관계
멱등 법칙(idempotent law)	$A \cup A = A$ $A \cap A = A$
항등 법칙(identity law)	$A \cup \varnothing = A$, $\varnothing \cap A = \varnothing$ $U \cup A = U$, $A \cap U = A$
교환 법칙(commutative law)	$A \cup B = B \cup A$ $A \cap B = B \cap A$
결합 법칙(associative law)	$(A \cup B) \cup C = A \cup (B \cup C)$ $(A \cap B) \cap C = A \cap (B \cap C)$ $(A \oplus B) \oplus C = A \oplus (B \oplus C)$
분배 법칙(distributive law)	$A \cup (B \cap C) = (A \cup B) \cap (A \cup C)$ $A \cap (B \cup C) = (A \cap B) \cup (A \cap C)$
흡수 법칙(absorption law)	$(A \cap B) \cup A = A$ $(A \cup B) \cap A = A$
이중 부정 법칙(complement law)	$\overline{\overline{A}} = A$
여 법칙(inverse law)	$A \cup \overline{A} = U$, $A \cap \overline{A} = \varnothing$ $\overline{U} = \varnothing$, $\overline{\varnothing} = U$
드모르간 법칙(DeMorgan's law)	$\overline{(A \cup B)} = \overline{A} \cap \overline{B}$ $\overline{(A \cap B)} = \overline{A} \cup \overline{B}$

예제 1.16 **드모르간 법칙 중 $\overline{(A \cup B)} = \overline{A} \cap \overline{B}$를 벤 다이어그램을 사용하여 식이 성립함을 보여라.**

풀이 $\overline{(A \cup B)}$에 대한 벤 다이어그램을 그리면 다음과 같다.

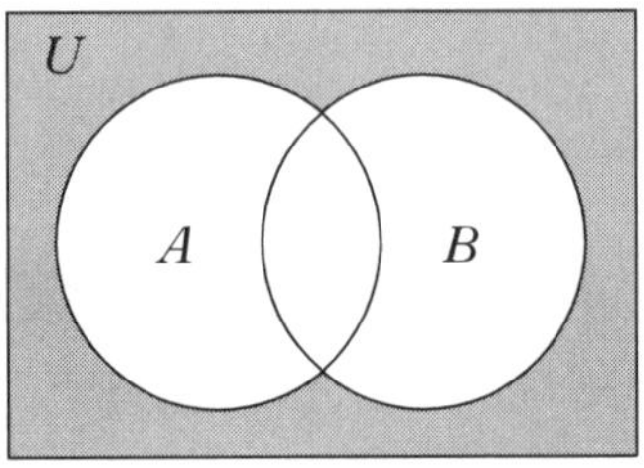

$\overline{A}$와 $\overline{B}$의 벤다이어그램은 각각 다음과 같다.

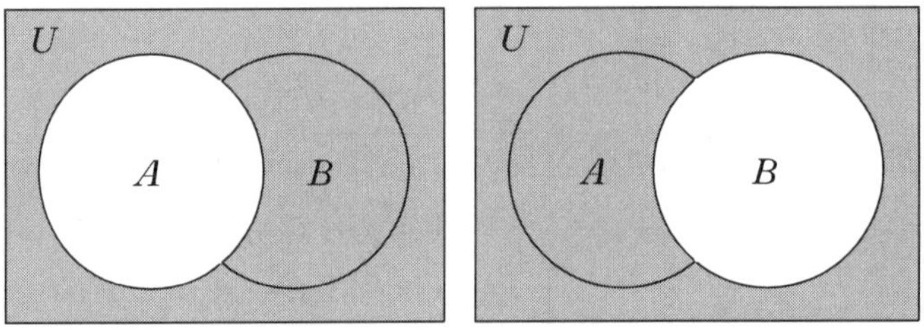

그러므로 $\overline{A} \cap \overline{B}$의 벤 다이어그램은 $\overline{(A \cup B)}$의 벤 다이어그램과 같다.

정의 1.8 **쌍대(duality)**

집합에서 그 집합 안에 있는 교집합을 합집합으로 바꾸고, 전체 집합을 공집합으로 서로 바꾸어 만들어진 새로운 집합을 원래 집합의 쌍대라고 한다.

쌍대에 대한 원리를 사용하여, 드모르간의 법칙에서 $\cap$을 $\cup$로 바꾸면 다음과 같다.

$$\overline{A} \cap \overline{B} = \overline{(A \cup B)}$$

또한, 드모르간의 법칙에서 $\cup$을 $\cap$로 바꾸어 쌍대의 원리를 적용하면 다음과 같다.

$$\overline{A} \cup \overline{B} = \overline{(A \cap B)}$$

그리고 전체집합과 공집합에 쌍대의 원리를 적용하면

$$\overline{U} = \varnothing \,,\ \ \overline{\varnothing} = U$$

임을 알 수 있다.

1.3 명제(Proposition)

참과 거짓을 뚜렷이 판별할 수 있는 근거는 실생활 뿐 아니라 컴퓨터를 이용한 문제 해결을 위해 필요하다. 이 절에서는 참 또는 거짓에 관련된 정의와 법칙에 대하여 소개한다.

정의 1.9 명제(proposition)

참(true)이거나 거짓(false)을 정확히 판정할 수 있는 문장이나 식을 명제라 한다.

명제는 영문 소문자 $p,\ q,\ r,\cdots$ 등으로 표시하여 나열하며, 참 또는 거짓 중에서 하나의 값만을 가질 수 있다. 이때 참 또는 거짓의 값을 그 명제의 진리값(truth value)이라 하며, 참일 때는 T(true), 거짓일 때는 F(false)로 각각 표시한다.

예제 1.17 다음 문장이나 식은 명제가 되는지 판정하시오.

(1) 몇 시 입니까?

(2) $x+y \leq 2$

(3) 아이패드는 값이 비싸다.

(4) 전자책은 종이책보다 보기 편하다.

풀이 (1)과 (2)는 참, 거짓 중에서 하나의 값을 가질 수 없다. (3)과 (4)는 생각하는 사람에 따라서 참이 될 수도 있고 거짓이 될 수도 있다. 그러므로 (1), (2), (3), (4)는 모두 명제가 아니다.

예제 1.18 다음 명제들의 참과 거짓을 판정하시오.

(1) $3+3=9$

(2) 선덕여왕은 고려의 왕이었다.

(3) 나이지리아의 수도는 아부자이다.

(4) 삼각형은 네 변으로 이루어졌다.

풀이 (1), (2) 그리고 (4)는 거짓이고, (3)은 참이다.

예제 1.19 **다음의 문장이나 식에서 명제를 찾아 명제의 진리 값을 구하라.**

(1) x가 유리수일 때 $x^2 = 4$이면, x는 2또는 -2이다.
(2) 인터넷 게임은 재미있다.
(3) 정삼각형은 두 각의 크기가 같다.
(4) $x + y = x - 2$

풀이 (1) 참인 명제이고, 진리값은 T이다.
(2) 사람마다 사고의 차이가 있으므로, 참 또는 거짓을 판별할 수 없다. 그러므로 명제가 아니다.
(3) 정삼각형은 세 각의 크기가 같아야 하므로 거짓인 명제이다. 그 진리값은 F이다.
(4) 변수의 값에 따라 참이 될 수도 있고 거짓이 될 수도 있으므로 명제가 아니다.

1.4 명제의 논리 연산(Logical Operations)

명제는 문장이나 식의 형태에 따라 단순명제와 합성명제로 분류할 수 있다. 하나의 문장이나 식으로 구성되어 참이나 거짓을 구분할 수 있는 명제를 단순 명제(simple proposition)라고 하고, 여러 개의 단순 명제가 결합되어 만들어진 명제를 합성 명제(composition proposition)라고 한다. 이 때, 여러 개의 단순 명제들을 연결시키는 역할을 하는 것을 논리 연산자(logical operators)라고 한다. 이렇게 단순명제로부터 만들어진 합성명제의 참 또는 거짓의 값을 결정하기 위하여 진리표(true table)를 이용한다.

진리표에는 먼저 단순 명제들을 표시하고 그 명제들이 가질 수 있는 모든 경우의 진리값을 표시한다. 하나의 단순 명제는 T 또는 F의 값을 가지므로, n개의 단순 명제가 있을 때 진리값의 경우 수는 2^n개다. 합성 명제의 진리값은 연결된 단순명제의 진리값과 논리연산자에 의하여 결정된다.

(1) 부정(Negation)

p가 명제이면 그에 대한 부정도 역시 명제이다. 이것을 p의 부정이라 하고 $\neg p$로 표기한다. $\neg p$의 진리값은 〈표 1.2〉와 같다.

[표 1.2] 부정에 대한 진리표

p	$\neg p$
T	F
F	T

예제 1.20 **부정의 부정은 원래의 명제와 같은 진리값을 가짐을 보여라**

풀이 p가 명제이면 p의 진리값은 T 또는 F의 값을 가지므로 p와 $\neg(\neg p)$에 대한 진리표는 다음과 같다.

p	$\neg p$	$\neg(\neg p)$
T	F	T
F	T	F

따라서 p와 $\neg(\neg p)$의 진리값은 같다. 즉, 부정의 부정은 원래의 명제와 진리 값이 같다.

(2) 논리곱(Conjunction)

p와 q가 명제라 하면 "p 그리고(AND) q"도 명제이며 $p \wedge q$로 표시한다. 이 명제는 두 명제가 모두 참인 경우만 전체가 참이 되는 명제이다. 그 외의 경우에는 모두 거짓이 된다. $p \wedge q$는 p와 q 논리곱이라고도 한다. $p \wedge q$에 대한 진리표는 다음과 같다.

[표 1.3] 논리곱에 대한 진리표

p	q	$p \wedge q$
T	T	T
T	F	F
F	T	F
F	F	F

예제 1.21 **다음의 합성 명제를 단순 명제로 구분하여 단순 명제의 진리값을 구하고, 합성 명제의 진리값을 구하라.**

(1) $4 > 2$이고, $3 \times 2 = 4$이다.

(2) 런던은 프랑스의 수도이고, 베이징은 일본의 수도이다.

풀이 (1) 두 개의 단순 명제로 구분하면 명제 p와 명제 q로 나타낼 수 있다. 즉,

$$p : 4 > 2$$
$$q : 3 \times 2 = 4$$

명제 p의 진리값은 T이고, 명제 q의 진리값은 F이다.
따라서 $p \wedge q$의 진리값은 F이다.

(2) 두 개의 단순 명제로 구분하면 명제 p와 명제 q로 나타낼 수 있다. 즉,

p : 런던은 프랑스의 수도이다.
q : 베이징은 일본의 수도이다.

명제 p의 진리값과 명제 q의 진리값은 모두 F이다.
따라서 $p \wedge q$의 진리값은 F이다.

(3) 논리합(Disjunction)

p와 q가 명제라 하면 "p 또는(OR) q"도 명제이며 $p \vee q$로 표시한다. 이 명제는 두 명제가 모두 거짓인 경우만 전체가 거짓이 되는 명제이다. 그 외의 경우에는 모두 참이 된다. $p \vee q$는 p와 q 논리합이라고 하며, $p \vee q$에 대한 진리표는 다음과 같다.

[표 1.4] 논리합에 대한 진리표

p	q	$p \vee q$
T	T	T
T	F	T
F	T	T
F	F	F

예제 1.22 **다음의 합성 명제를 단순 명제로 구분하여 단순 명제의 진리값을 구하고, 위의 진리표를 사용하여 합성 명제의 진리값을 구하라.**

(1) $5 \geq 2$, 또는 $3-2=5$이다.

(2) 고양이는 조류이거나, 개는 양서류이다.

풀이 (1) 단순 명제 $5 \geq 2$는 T이고, 단순 명제 $3-2=5$는 F이므로 합성 명제는 T이다.

(2) 두 단순 명제는 모두 진리값이 F이므로, 합성 명제의 진리값은 F이다.

(4) 배타적 논리합(Exclusive OR)

p와 q가 명제라 하면 "p 익스크루시브OR(exclusive OR) q"도 명제이며 $p \oplus q$로 표시한다. 이 명제는 p, q 중 어느 하나만이 참일 때 전체가 참이 되는 명제이다. 즉, 둘 다 모두 거짓이거나, 둘 다 모두 참 일 때는 전체명제가 거짓이 된다. $p \oplus q$는 p와 q의 배타적 논리합이라고도 하며, XOR이라고도 읽는다. 배타적 논리합 $p \oplus q$에 대한 진리표는 다음과 같다.

[표 1.5] 배타적 논리합에 대한 진리표

p	q	$p \oplus q$
T	T	F
T	F	T
F	T	T
F	F	F

(5) 조건(Implication)

p와 q가 명제라 하면, 조건 "$p \rightarrow q$"도 명제이다. 이 명제는 p가 참이고 q가 거짓인 경우에만 전체명제가 거짓이 되며, 다른 경우에는 모두 참이 된다. 이때 앞에 위치한 p를 가정(hypothesis) 또는 전제(premise)라고 하며, 뒤에 위치한 q를 결론(conclusion) 또는 결과(consequence)라고 한다. 조건 $p \rightarrow q$에 대한 진리표는 다음과 같다.

[표 1.6] 조건에 대한 논리표

p	q	$p \to q$
T	T	T
T	F	F
F	T	T
F	F	T

조건은 수학적 추론에서 광범위하게 쓰이기 때문에, 조건 연산자 →는 다양한 표현으로 나타내어진다. 같은 의미를 갖는 다른 표현들을 살펴보면 아래와 같다.

- p이면 q이다.
- p는 q의 충분 조건이다.
- q는 p의 필요 조건이다.
- p는 q를 함축(함의/암시/의미/뜻)한다.

$p \to q$는 p가 참이고 q가 거짓인 경우에만 거짓이다. p와 q가 참일 때는 참이며, p가 거짓일 때는 q의 진리값에 상관없이 항상 참이다.

$p \to q$의 진리값에서 p가 거짓이고 q가 참일 때 $p \to q$의 진리값이 왜 참이 되는가에 대하여 약간의 의문을 가질 것으로 생각되므로 예를 들어 설명을 하도록 한다.

어떤 교수가

"기말시험에서 100점을 맞는다면 A학점을 받을 수 있다." 라고 했다고 하자. 만약 기말고사에서 100점을 맞았다면 A학점을 기대할 것이고, 100점을 맞지 않았다면 학점 A를 기대하지 않을 것이다. 그런데 100점을 받았음에도 교수가 A학점을 주지 않았다면 속았다고 생각할 것이다.

100점을 받았다(참) → A학점 받았다(참) : 약속이행(참)
100점을 받았다(참) → A학점 받지 못했다(거짓) : 속았다, 약속 불이행(거짓)
100점을 받지 못했다(거짓) → A학점 받았다(참) : 기대도 안함(참)
100점을 받지 못했다(거짓) → A학점 받지 못했다(거짓) : 기대도 안함(참)

한 가지 중요한 것은, 조건은 조건을 표현한 자연언어(한국어) 문장의 실제 의미 또는 상식과는 별개로 생각하여야 한다는 것이다. 예를 들면,

"오늘이 수요일이면, 이산수학 강의가 있다"

라는 문장은 가정과 결과에 상식적인 인과관계가 존재한다. 하지만 다음과 같은 문장을 보자.

"오늘이 일요일이면, 3+6=9"

라는 문장은 가정과 결과에 상식적인 인과관계가 없으나 그 진리값은 참이다. 왜냐하면 결론부분이 참이기 때문이다.

위에서 알 수 있듯이 가정과 결과의 인과관계가 없는 문장들로서 실세계에서는 사용하지 않는 문장이지만 수학적 관점에서는 고려할 수 있는 것이다. 즉, 조건 연산자의 수학적 개념은 가정과 결론 사이가 실세계에 있어서 상식적인 원인-결과의 관계인지 아닌지는 별개의 문제이다.

예제 1.23 **다음의 명제에 대하여 진리값을 구하라.**

(1) 베토벤이 프랑스의 왕이라면, 인간은 하늘을 날 수 있다.
(2) $10-3>5$이면, $13-12>5$이다.

풀이 (1) 명제 p : '베토벤이 프랑스의 왕이다'는 F이고,
명제 q : '인간은 하늘을 날 수 있다' 또한 F이다.
그러므로 합성 명제 $p \rightarrow q$의 진리값은 T이다.

(2) 명제 p : $10-3>5$는 T이고,
명제 q : $13-12>5$ 는 F이다.
그러므로 명제 $p \rightarrow q$의 진리값은 F이다.

조건 연산자는 $p \rightarrow q$는 진리표에 의해 $\neg p \vee q$로 나타낼 수 있다. 즉, $p \rightarrow q$와 $\neg p \vee q$는 같은 진리표를 갖는다. 조건 명제 $p \rightarrow q$에서 이 명제의 역명제(inverse)는 $q \rightarrow p$로 표시하고, 이명제(reverse)는 $\neg p \rightarrow \neg q$, 그리고 대우명제(contraposition)는 $\neg q \rightarrow \neg p$로 표시한다. 대우명제는 $p \rightarrow q$의 진리값과 같으므로, 어떤 조건 명제를 증명할 때 대우명제를 사용하여 증명하기도 한다. 주어진 조건 명제의 진위를 파악하기 위해 그 명제의 대우명제를 이용하기도 한다.

예제 1.24 **다음 명제의 역명제, 이명제, 대우명제를 구하고, 조건명제와 대우명제가 동치임을 밝히시오.**

(1) 베토벤이 프랑스의 왕이라면, 인간은 하늘을 날 수 있다.
(2) $10-3>5$이면, $13-12>5$이다.

풀이 (1) 조건명제 : 베토벤이 프랑스의 왕이라면, 인간은 하늘을 날 수 있다. → T
역명제 : 인간이 하늘을 날 수 있으면, 베토벤이 프랑스의 왕이다. → T
이명제 : 베토벤이 프랑스의 왕이 아니라면, 인간은 하늘을 날 수 없다. → T
대우명제 : 인간이 하늘을 날 수 없으면, 베토벤이 프랑스의 왕이 아니다. → T
그러므로 조건명제와 대오명제는 동치이다.

(2) 조건명제 : $10-3>5$이면, $13-12>5$이다. → F
역명제 : $13-12>5$이면, $10-3>5$이다. → T
이명제 : $10-3\le 5$이면, $13-12\le 5$이다. → T
대우명제 : $13-12\le 5$이면, $10-3\le 5$이다. → F
그러므로 조건명제와 대우명제는 동치이다.

(6) 쌍방 조건

p와 q가 명제라 하면 $p\leftrightarrow q$도 명제이며, "p이면 q이고, q이면 p이다"라고 읽는다. 우리는 $p\leftrightarrow q$를 쌍방조건명제라 부르며, p와 q가 같은 진리값을 가질 때 참이 되며, 다른 진리값을 가질 경우에는 거짓이 된다. $p\leftrightarrow q$에 대한 진리표는 다음과 같다.

[표 1.7] 쌍방 조건에 대한 진리표

p	q	$p\leftrightarrow q$
T	T	T
T	F	F
F	T	F
F	F	T

쌍방 조건도 조건 연산자의 경우와 같이 다른 표현으로도 나타내어진다. 쌍방 조건 $p\leftrightarrow q$는 "p이면 q이고, q이면 p이다"이므로, 이것을 명제 p와 명제 q와의 연산자로 표시하면 $(p\rightarrow q)\wedge(q\rightarrow p)$와 같다. 이것을 진리표로 증명하면 다음과 같다.

p	q	$p\leftrightarrow q$	$p\rightarrow q$	$q\rightarrow p$	$(p\rightarrow q)\wedge(q\rightarrow p)$
T	T	T	T	T	T
T	F	F	F	T	F
F	T	F	T	F	F
F	F	T	T	T	T

논리 연산자들을 이용하여 합성 명제를 만들 때 하나의 연산자를 이용할 수도 있지만 여러 개의 연산자들을 사용할 수도 있다. 이와 같은 경우 앞에서 소개된 연산자들의 진리표와 그에 따르는 진리값을 이용하여, 연산의 순서대로 명제 연산의 진리값을 구하면, 합성 명제의 진리값을 찾을 수 있다.

예제 1.25 p, q, r**이 명제일 때 다음의 합성 명제에 대한 진리표를 만들어라.**

(1) $p\wedge(q\vee r)$

(2) $(q\wedge p)\rightarrow(p\vee r)$

풀이 (1)

p	q	r	$q\vee r$	$p\wedge(q\vee r)$
T	T	T	T	T
T	T	F	T	T
T	F	T	T	T
T	F	F	F	F
F	T	T	T	F
F	T	F	T	F
F	F	T	T	F
F	F	F	F	F

(2)

p	q	r	$q\wedge p$	$p\vee r$	$(q\wedge p)\rightarrow(p\vee r)$
T	T	T	T	T	T
T	T	F	T	T	T
T	F	T	F	T	T
T	F	F	F	T	T
F	T	T	F	T	T
F	T	F	F	F	T
F	F	T	F	T	T
F	F	F	F	F	T

(7) 논리 연산자의 우선순위

부정 연산자나 그 밖의 논리 연산자를 이용하여 합성명제를 만들 수 있다. 합성 명제를 구성하는 연산자가 어떤 순서로 적용되어야 하는지를 명확히 하기 위해 일반적으로 괄호를 사용하며, 우선순위는 다음과 같다.

논리연산자	우선순위
$\neg$	1
$\wedge$ $\vee$	2
$\rightarrow$ $\leftrightarrow$	3

1.5 명제의 동치관계

수학적 풀이에서 하나의 명제 표현을 동일한 진리값을 갖는 다른 명제로 바꾸는 것은 중요한 과정이다. 이와 같은 과정을 거쳐 주어진 합성명제를 보다 간소화 하거나 해결하기 쉬운 형태로 만들 수 있기 때문이다.

명제 p와 명제 q가 같은 논리값을 가질 때, 두 명제 p와 q에 관한 관계는 다음과 같다.

정의 1.10 논리적 동치(logical equivalence)

명제 p와 명제 q의 쌍방 조건 $p \leftrightarrow q$가 항진 명제이면, 명제 p와 명제 q는 논리적 동치라 하고, $p \Leftrightarrow q$ 또는 $p \equiv q$라고 표기한다.

두 명제가 논리적 동치일 때, 두 명제의 진리값이 서로 같으므로 하나의 명제를 다른 명제로 대신하여 사용할 수 있다. 따라서 복잡한 명제를 논리적 동치관계를 이용하여 보다 간단한 명제로 대치시킬 수 있다.

예제 1.26 **명제 $p \wedge (p \vee q)$ 와 p이 논리적 동치임을 보여라.**

풀이 두 명제 $p \wedge (p \vee q)$와 p에 대한 진리표는 다음과 같다.

p	q	$p \vee q$	$p \wedge (p \vee q)$
T	T	T	T
T	F	T	T
F	T	T	F
F	F	F	F

여기서 동치 관계에 대한 여러 가지 기본 법칙들을 이용하여 두 명제의 동치를 판단하려한다. 다음은 논리적 동치 관계에 대한 기본 법칙이다.

[표 1.8] 명제의 동치 관계에 대한 기본 법칙

기본 법칙	명제의 동치 관계
멱등 법칙	$p \vee p \Leftrightarrow p$ $p \wedge p \Leftrightarrow p$
항등 법칙	$p \vee F \Leftrightarrow p$ $p \wedge T \Leftrightarrow p$ $T \vee p \Leftrightarrow T$ $F \wedge p \Leftrightarrow F$
여 법칙	$\neg T \Leftrightarrow F$ $\neg F \Leftrightarrow T$ $p \vee (\neg p) \Leftrightarrow T$ $p \wedge (\neg p) \Leftrightarrow F$
이중 부정 법칙	$\neg(\neg p) \Leftrightarrow p$
교환 법칙	$p \vee q \Leftrightarrow q \vee p$ $p \wedge q \Leftrightarrow q \wedge p$ $p \leftrightarrow q \Leftrightarrow q \leftrightarrow p$
결합 법칙	$(p \vee q) \vee r \Leftrightarrow p \vee (q \vee r)$ $(p \wedge q) \wedge r \Leftrightarrow p \wedge (q \wedge r)$
분배 법칙	$p \vee (q \wedge r) \Leftrightarrow (p \vee q) \wedge (p \vee r)$ $p \wedge (q \vee r) \Leftrightarrow (p \wedge q) \vee (p \wedge r)$
흡수 법칙	$p \vee (p \wedge q) \Leftrightarrow p$ $p \wedge (p \vee q) \Leftrightarrow p$
드모르간 법칙	$\neg(p \vee q) \Leftrightarrow (\neg p) \wedge (\neg q)$ $\neg(p \wedge q) \Leftrightarrow (\neg p) \vee (\neg q)$
조건 법칙	$p \rightarrow q \Leftrightarrow \neg p \vee q$

두 명제의 관계가 동치인 것을 증명하는 방법은 두 명제에 대한 진리표를 구하여 두 명제의 진리값이 같음을 증명하는 것이다. 이 방법은 합성명제가 단순명제의 간단한 합성으로 이루어졌을 경우에 사용된다. 하지만 단순명제의 복잡한 결합으로 이루어진 합성명제는 다른 방법으로 구하는 것이 효율적이다. 이 방법은 하나의 명제로부터 논리적 동치 관계의 기본 법칙을 이용하여 다른 명제로 유도해 내는 방법이다.

예제 1.27 **명제 $(p \rightarrow \neg q) \vee r$과 $(p \rightarrow r) \vee (q \rightarrow r)$이 논리적 동치임을 진리표를 이용하여 증명하라.**

풀이 두 명제에 따른 진리표를 그려보면 다음과 같다.

p	q	r	$\neg q$	$p \rightarrow \neg q$	$(p \rightarrow \neg q) \vee r$	$p \rightarrow r$	$q \rightarrow r$	$(p \rightarrow r) \vee (q \rightarrow r)$
T	T	T	F	F	T	T	T	T
T	T	F	F	F	F	F	F	F
T	F	T	T	T	T	T	T	T
T	F	F	T	T	T	F	T	T
F	T	T	F	T	T	T	T	T
F	T	F	F	T	T	T	F	T
F	F	T	T	T	T	T	T	T
F	F	F	T	T	T	T	T	T

위의 진리표에서 명제 $(p \rightarrow \neg q) \vee r$의 진리값과 명제 $(p \rightarrow r) \vee (q \rightarrow r)$의 진리값이 같으므로 두 명제는 논리적 동치이다.

또, 다른 방법인 기본법칙을 이용하면 다음과 같다.

$(p \rightarrow \neg q) \vee r$

$\Leftrightarrow (\neg p \vee \neg q) \vee r$ 조건 법칙

$\Leftrightarrow (\neg p \vee r) \vee (\neg q \vee r)$ 분배 법칙

$\Leftrightarrow (p \rightarrow r) \vee (q \rightarrow r)$ 조건 법칙

따라서 두 명제 $(p \rightarrow \neg q) \vee r$과 $(p \rightarrow r) \vee (q \rightarrow r)$는 논리적 동치이다.

예제 1.28 **다음의 명제를 간단한 식으로 나타내어라.**

$$p \wedge (p \vee q)$$

풀이 $p \wedge (p \vee q)$

$\Leftrightarrow (p \vee F) \wedge (p \vee q)$	항등 법칙
$\Leftrightarrow p \vee [(F \wedge p) \vee (F \wedge q)]$	분배 법칙
$\Leftrightarrow p \vee [F \vee F]$	항등 법칙
$\Leftrightarrow p \vee F$	멱등 법칙
$\Leftrightarrow p$	여 법칙

정의 1.11

- **항진 명제(tautology)**
  합성 명제에서 진리값이 항상 참일 때, 그 명제를 항진 명제라 한다.
- **모순 명제(contradiction)**
  합성 명제의 진리값이 항상 거짓일 때, 그 명제를 모순 명제라 한다.

예제 1.29 p**가 단순 명제일 때** $p \vee (\neg\neg\neg p)$**는 항진 명제이고,** $p \wedge (\neg\neg\neg p)$**는 모순 명제임을 보여라.**

풀이 합성 명제 $p \vee (\neg\neg\neg p)$와 $p \wedge (\neg\neg\neg p)$에 대한 진리표는 다음과 같다.

p	$\neg p$	$\neg\neg p$	$\neg\neg\neg p$	$p \vee (\neg\neg\neg p)$	$p \wedge (\neg\neg\neg p)$
T	F	T	F	T	F
F	T	F	T	T	F

$p \vee (\neg\neg\neg p)$의 진리값은 항상 참이므로 항진 명제이고, $p \wedge (\neg\neg\neg p)$의 진리값은 항상 거짓이므로 모순 명제이다.

1.6 술어논리 (Predicate Logic)

변수를 포함하는 문장이 수학이나 컴퓨터 프로그램에 나타나는 경우가 있다. 이 문장들은 변수 값이 결정되지 않으면 참인지 거짓인지 판정할 수 없다. 변수를 포함하는 문장과 명제와의 관계를 예를 들어 살펴보면 다음과 같다.

수식 $x^2+2x-3=0$는 x의 값이 -3 또는 1인 경우에만 참의 값을 갖는다. 이런 경우 $x^2+2x-3=0$을 만족시키는 변수가 있다고 한다. 따라서 변수의 값에 따라 그 문장이나 수식은 명제가 될 수도 있고 안 될 수도 있다.

'정수는 여자다'라는 문장에 대하여 생각해 보자. 정수는 이 문장에서의 주어이며, 문장의 객체이다. 이 문장의 술어(predicate)부분은 '여자다'이다. 이러한 형태의 문장은 객체를 x라고 하면 다음과 같이 표현된다.

'x는 ⋯ 이다'

이런 형태의 문장은 그 명제를 p라고 할 때, 변수 x에 참인 값을 대입하면 $p(x)$는 참인 명제가 되고 변수 x에 거짓인 값을 대입하면 $p(x)$는 거짓인 명제가 된다. 이러한 $p(x)$를 변수 x에 대한 명제 술어(propositional predicate)라고 한다. 따라서 명제 술어는 값을 대입하면 명제가 된다.

예제 1.30 $p(x)$**가** $x^2+5x+4=0$**일 때 다음 물음에 답하시오.**

(1) $p(2)$는 명제인가? 명제가 되면 진리값을 구하시오.
(2) $p(-4)$는 명제인가? 명제가 되면 진리값을 구하시오.

풀이 (1) $p(2)$는 명제술어에 특정한 값을 대입하였으므로, 명제가 된다. 또한 $p(x)$에서 x에 2를 대입하면 식이 성립하지 않으므로 거짓인 명제가 된다.
(2) $p(-4)$는 명제술어에 특정한 값을 대입하였으므로, 명제가 된다. 또한 $p(x)$에서 x에 -4를 대입하면 식이 성립하므로 참인 명제가 된다.

예제 1.31 x**가 자연수일 때, 명제술어** $p(x)$**가** $x^3+1>0$**이면 다음 물음에 답하시오.**

(1) $p(2)$는 명제인가? 명제가 되면 진리값을 구하시오.
(2) $p(x)$의 진리값이 거짓인 x의 값은 무엇인가?

풀이 (1) $p(2)$는 명제술어에 특정한 값을 대입하였으므로, 명제가 된다. 또한 $p(x)$에서 x에 2를 대입하면 식이 성립하므로 참인 명제가 된다.

(2) x가 자연수일 경우 $x^3+1>0$은 모든 x에 대하여 참이므로, $p(x)$의 진리값은 항상 참이다. 그러므로 $p(x)$의 진리값이 거짓인 x는 없다.

위의 예제에서 보듯이 명제술어에서 객체를 나타내는 변수의 값에 특정한 값을 대입하면 참이나 거짓을 판정할 수 있는 명제가 된다. 이 방법 외에 명제술어를 명제로 바꾸는 다른 방법으로 한정기호를 사용하는 방법이 있다. 한정기호에는 전체 수량과 존재 수량이라고 하는 두 가지 종류가 있으며, 이들은 기호를 사용하여 나타낼 수가 있다.

정의 1.12 전체 수량

전체수량은 모든 또는 임의의 라는 뜻을 포함하고 있으며, 기호 $\forall$로 표시된다. 변수 x가 가질 수 있는 모든 값에 대한 $p(x)$의 전체 수량은 다음과 같다.

'정의역에 속하는 모든 x에 대하여 $p(x)$는 참이다'

명제술어 $p(x)$에 대한 전체 수량은 $\forall x p(x)$로 표시될 수 있다.
전체수량 $\forall x p(x)$가 참인 명제가 되기 위한 필요충분 조건은 명제술어 $p(x)$가 전체 집합 U에 대하여 모든 x에 대하여 성립하여야 한다.

정의 1.13 존재 수량

존재수량은 존재한다 라는 뜻을 포함하고 있으며, 기호 $\exists$로 표시된다.
변수 x가 가질 수 있는 모든 값에 대한 $p(x)$의 존재 수량은 다음과 같다.

'정의역에 속하는 어떤 x에 대하여 $p(x)$가 참인 x가 존재한다.'

명제술어 $p(x)$에 대한 존재 수량은 $\exists x p(x)$로 표시될 수 있다.
$\exists x p(x)$가 참인 명제가 되기 위한 필요충분 조건은 전체 집합 U에서 명제술어 $p(x)$를 만족시키는 x가 적어도 한 개 이상 존재하여야 한다.

예제 1.32 x**가 자연수이고** $p(x)$**가** '$2x=x+4$'**이라고 할 때 다음 물음에 답하시오.**

(1) $p(3)$가 명제라면 진리값을 구하시오.
(2) $\forall x p(x)$가 명제라면 진리값을 구하시오.
(3) $\exists x p(x)$가 명제라면 진리값을 구하시오.

풀이 (1) 명제술어 $p(x)$에서 x의 값에 3을 대입 하였으므로, $p(3)$는 명제가 된다.

또한 대입한 값이 6=7이 되므로 등식이 성립하지 않아 거짓 명제가 된다.

(2) 모든 자연수 x를 $2x = x+4$에 대입하면 항상 성립해야 하는데 $x=4$일 때만 성립하므로 거짓인 명제이다.

(3) $2x = x+4$를 만족하는 자연수가 존재하므로 참인 명제이다.

예제 1.33 **x가 정수일 때 다음과 같은 명제술어가 주어졌을 때, 한정기호의 의미를 문장으로 서술하시오.**

$p(x)$: x는 3의 배수이다　　　　$q(x)$: x는 홀수이다

$r(x)$: x는 짝수이다　　　　$s(x)$: x는 소수이다

(1) $\exists x p(x)$

(2) $\forall x (p(x) \vee q(x))$

(3) $\exists x (q(x) \rightarrow s(x))$

(4) $\neg(\forall x\, q(x))$

(5) $\forall x (r(x) \wedge s(x) \rightarrow x = 2)$

풀이 (1) 3의 배수인 정수가 존재한다.

(2) 모든 정수는 3의 배수이거나 홀수이다.

(3) 홀수이면 소수인 정수가 존재한다.

(4) 모든 정수가 홀수는 아니다.

(5) 모든 정수에 대하여, 짝수이고 소수인 정수는 2이다.

예제 1.34 **x의 대상은 학생이고 명제술어가 다음과 같이 주어졌을 때, 다음의 문장들을 한정기호로 표시하시오.**

$p(x)$: x는 공부한다.　　　　$q(x)$: x는 잠을 잔다.

(1) 모든 학생은 잠을 잔다.

(2) 공부하는 학생이 존재한다.

(3) 모든 학생은 공부하고 잠도 잔다.

(4) 공부하지 않는 학생도 있다.

풀이 (1) $\forall x q(x)$

(2) $\exists x p(x)$

(3) $\forall x (p(x) \wedge q(x))$

(4) $\exists x \neg p(x)$

한정기호의 전체 수량 또는 존재 수량의 부정에 대해 살펴보면 다음과 같다.

- 전체 수량에서 '모든 x에 대하여 $p(x)$가 성립한다'고 하면, 그에 대한 부정을 기호로 나타내면 다음과 같다.

$\neg(\forall x p(x)) \Leftrightarrow$ 어떤 x에 대해 $p(x)$는 거짓이다.
$\Leftrightarrow$ $p(x)$가 성립하지 않는 x가 존재한다.
$\Leftrightarrow \exists x(\neg p(x))$

- 존재 수량에서 '$p(x)$가 성립하는 x가 존재한다'라고 하면, 그에 대한 부정을 기호로 나타내면 다음과 같다.

$\neg(\exists x p(x)) \Leftrightarrow$ $p(x)$가 참이 되는 x가 존재하지 않는다.
$\Leftrightarrow$ 모든 x에 대하여 $p(x)$는 거짓이다.
$\Leftrightarrow \forall x(\neg p(x))$

예제 1.35 **x는 '동물'이고, $p(x)$는 'x는 잠을 잔다'일 때 다음 문장의 부정을 서술하고, 그 부정을 기호로 표시하시오.**

(1) 모든 동물은 잠을 잔다.
(2) 잠을 자는 동물이 존재한다.
(3) 모든 동물이 잠을 자지 않는다.

풀이 (1) 이 명제의 부정은 '잠을 자지 않는 동물도 있다'이다. 이것을 기호로 표시하면, $\neg(\forall x p(x)) \Leftrightarrow \exists x(\neg p(x))$ 이 된다.
(2) 이 명제의 부정은 '모든 동물은 잠을 자지 않는다'가 된다. 기호로 표시하면, $\neg(\exists x p(x)) \Leftrightarrow \forall x(\neg p(x))$ 이 된다.
(3) 이 명제의 부정은 '잠을 자는 동물도 있다'가 되므로, (2)의 문제와 같다. 이것을 한정기호로 표시하면 다음과 같다.
$\neg(\forall_x \neg p(x)) \Leftrightarrow \exists x \neg\neg p(x)$
$\Leftrightarrow \exists x\, p(x)$

1.7 추론(Argument)

주어진 명제 p_1, p_2, $\cdots$, p_n를 근거로 하여 주어진 명제가 참일 때, 다른 명제 q가 참이 되도록 유도해 내는 방법을 추론이라 한다. 여기서 주어진 명제들을 이용하여 참과 거짓인지 유도하는 명제와의 관계를 표시하면 다음과 같다.

$$p_1,\ p_2,\ \cdots,\ p_n\ \vdash q$$

다음은 주어진 명제를 이용하여 유효추론과 허위추론에 대한 관계를 설명한 것이다.

정의 1.14

- **유효추론**

  p_1, p_2, $\cdots$, p_n $\vdash q$ 에서 주어진 가정 p_1, p_2, $\cdots$, p_n가 모두 참이고, 결론 q가 참인 추론을 유효추론이라 한다.

- **허위추론**

  p_1, p_2, $\cdots$, p_n $\vdash q$ 에서 주어진 가정 p_1, p_2, $\cdots$, p_n가 모두 참이고, 결론 q가 거짓인 추론을 허위추론이라 한다.

예제 1.36 **다음의 추론 $p\rightarrow q$, $p\vdash q$ 에서 명제를 이용하여 서술하시오.**

풀이 두 개의 명제 p, q를 서술하면 다음과 같다.

p : 오늘은 목요일이다.

q : 나는 공부를 한다.

따라서 가정과 결론으로 나누어 추론하면 다음과 같이 서술할 수 있다.

오늘이 목요일면 나는 공부를 한다.

오늘은 목요일이다.

그러므로 나는 공부를 한다.

위의 예제처럼 추론은 주어진 명제들로부터 결론을 얻는 것이기 때문에, 유도된 명제는 '그러므로'로 시작한다.

예제 1.37 **다음 추론이 유효 추론인지 허위 추론인지를 결정하여라.**

(1) $p \to q$, $\neg p \vdash q$

(2) 공부를 잘하면 장학금을 받는다.
강의에 출석하면 공부를 잘한다.
나는 장학금을 받지 않았다.
그러므로 나는 강의에 출석하지 않았다.

풀이 (1) 추론 $p \to q$, $\neg p \vdash q$에 대한 진리표를 만들면 다음과 같다.

p	q	$p \to q$	$\neg p$	q
T	T	T	F	T
T	F	F	F	F
F	T	T	T	T
F	F	T	T	F

진리표에서 가정 $p \to q$와 $\neg p$가 참인 경우는 세 번째와 네번째 행이다. 이때 추론의 결론인 q의 진리값을 살펴보면 세 번째 행은 참이고 네 번째 행의 진리값은 거짓이다. 그러므로 이 추론은 허위 추론이다.

(2) 먼저 추론을 가정과 결론에 대한 명제로 나타내면 다음과 같다.

p : 공부를 잘한다.
q : 장학금을 받는다.
r : 강의에 출석한다.

추론을 식으로 나타내면, $p \to q$, $r \to p$, $\neg q \vdash \neg r$이 된다. 이 식을 진리표로 나타내면 다음과 같다.

p	q	r	$p \to q$	$r \to p$	$\neg q$	$\neg r$
T	T	T	T	T	F	F
T	T	F	T	T	F	T
T	F	T	F	T	T	F
T	F	F	F	T	T	T
F	T	T	T	F	F	F
F	T	F	T	T	F	T
F	F	T	T	F	T	F
F	F	F	T	T	T	T

진리표에서 살펴보면 가정인 명제들 $p \to q$, $r \to p$, $\neg q$이 모두 참인 진리값은 맨 마지막에 행에 나타난다. 이때 추론의 결론인 $\neg r$의 진리값 또한 참이므로, 이 추론은 유효 추론이다.

예제 1.38 다음 추론이 유효 추론인지 허위 추론인지를 결정하여라.

(1) $p \to q,\ p \vdash q$ (2) $p \to q,\ \neg p \vdash q$ (3)
$p \to q,\ p \vdash \neg q$
(4) $p \to q,\ p \vdash p \wedge q$ (5) $p \to q,\ p \vdash p \vee q$

풀이 (1) 추론 $p \to q,\ p \vdash q$를 진리표로 만들면 다음과 같다.

p	q	$p \to q$	p	q
T	T	T	T	T
T	F	F	T	F
F	T	T	F	T
F	F	T	F	F

진리표에서 가정 $p \to q$와 p가 참인 경우는 첫 번째 행이다. 이때 추론의 결론인 q의 진리값은 참이다. 그러므로 이 추론은 유효추론이다.

(2) 추론에 대한 진리표는 다음과 같다.

p	q	$p \to q$	$\neg p$	q
T	T	T	F	T
T	F	F	F	F
F	T	T	T	T
F	F	T	T	F

진리표에서 가정 $p \to q$, $\neg q$가 참인 경우는 세 번째와 네 번째 행이다. 하지만 추론의 결론인 네 번째 행의 진리값이 거짓이다. 따라서 위의 추론은 허위추론이다.

(3) 진리표는 다음과 같다.

p	q	$p \to q$	p	$\neg q$
T	T	T	T	F
T	F	F	T	T
F	T	T	F	F
F	F	T	F	T

진리표는 살펴보면, 추론의 가정 $p \to q$와 p가 참인 경우는 첫 번째 행이고, 결론은 진리값이 거짓이다. 따라서 위의 추론은 허위추론이다.

(4) 추론에 대한 진리표는 다음과 같다.

p	q	$p \to q$	p	$p \wedge q$
T	T	T	T	T
T	F	F	T	F
F	T	T	F	F
F	F	T	F	F

추론의 가정 $p \to q$와 p가 모두 참인 경우는 첫 번째 행이고, 이행의 $p \wedge q$인 진리값도 참이다. 따라서 유효추론이다.

(5) 진리표는 다음과 같다.

p	q	$p \to q$	p	$p \vee q$
T	T	T	T	T
T	F	F	T	T
F	T	T	F	T
F	F	T	F	F

진리표에서 추론의 가정 $p \to q$와 p가 참인 경우는 첫 번째행이고, 추론의 결론인 $p \vee q$의 첫 번째행의 진리값도 참이다. 따라서 유효추론이다.

추론에 대한 참, 거짓은 위의 예제처럼 명제들과 그의 진리값을 비교해 보면 그 추론이 유효 추론인지 허위 추론인지를 알 수 있다. 하지만 합성명제인 경우와 가정이 복잡한 경우에는 추론에 제공하는 법칙을 사용하면 유효추론인지의 여부를 진리표를 이용하는 경우보다 쉽게 판정할 수 있다. 추론의 법칙 중에서 가장 많이 사용되고, 잘 알려진 법칙 몇 가지를 소개하면 다음과 같다.

(a) 삼단 논법 : $p \to q,\ q \to r \vdash p \to r$

(b) 긍정 논법 : $p,\ p \to q \vdash q$

(c) 부정 논법 : $\neg q,\ p \to q \vdash \neg p$

예제 1.39 **삼단 논법이 유효추론임을 증명하시오.**

풀이

p	q	r	$p \to q$	$q \to r$	$p \to r$
T	T	T	T	T	T
T	T	F	T	F	F
T	F	T	F	T	T
T	F	F	F	T	F
F	T	T	T	T	T
F	T	F	T	F	T
F	F	T	T	T	T
F	F	F	T	T	T

진리표에서 가정의 첫 번째, 다섯 번째, 일곱 번째 그리고 여덟 번째 행의 진리값은 참이다. 그리고 결론의 $p \to r$의 진리값도 첫 번째, 다섯 번째, 일곱 번째 그리고 여덟 번째 행에서 참이다. 따라서 유효 추론이다.

연습문제

01 청도에 있는 감에 관한 정보를 갖고 있는 웹페이지를 찾으려면 어떤 논리 연산자를 사용하여야 하는가? 중국에 있는 청도의 감에 관한 정보를 갖고 있는 웹페이지를 찾으려면 어떤 논리 연산자를 사용하여야 하는가?

02 '정수는 우등생이다'를 명제 p로 '정수는 행복하다'를 명제 q로 놓을 때, 다음 논리식으로 작성하시오.

(1) 정수는 우등생이고 행복하다.

(2) 정수는 우등생은 아니지만 행복하다.

(3) 정수는 우등생이지만 행복하지 않다.

03 다음 합성 명제에 대한 진리표를 작성하여라.

(1) $\neg(\neg p)$

(2) $(p \vee \neg q) \wedge r$

(3) $\neg(p \wedge \neg q)$

(4) $p \rightarrow (p \wedge \neg q)$

(5) $(p \rightarrow q) \vee (q \rightarrow r)$

(6) $(p \oplus q) \wedge (\neg q \rightarrow p)$

04 (1) $p \vee q$를 $\wedge$와 $\neg$를 사용하여 나타내어라.

(2) $p \wedge q$를 $\vee$와 $\neg$를 사용하여 나타내어라.

05 논리 연산자 $\overline{\wedge}$를 부정곱(NAND) 연산자라 하고, 그에 대한 진리표는 다음과 같다.

p	q	$p \overline{\wedge} q$
T	T	F
T	F	T
F	T	T
F	F	T

(1) $p \overline{\wedge} p$와 $\neg p$가 동치임을 보여라.

(2) $(p \overline{\wedge} p) \overline{\wedge} (q \overline{\wedge} q)$와 $p \vee q$가 동치임을 보여라

(3) $p \wedge q$를 $\overline{\wedge}$만을 사용하여 나타내어라.

06 다음 식을 간소화하여라.

(1) $\neg(\neg p \wedge \neg q)$

(2) $\neg(p \rightarrow \neg q)$

(3) $\neg(\neg p \vee (p \rightarrow \neg q))$

(4) $(p \rightarrow q) \wedge (p \rightarrow \neg q)$

(5) $p \wedge (p \vee \neg q)$

(6) $(p \wedge q \wedge r) \vee (q \wedge r)$

07 x는 "북극곰"를 $p(x)$는 "x는 헤엄을 잘 친다."을 각각 나타낼 때, 다음 문장을 기호로 나타내시오.

(1) 모든 북극곰은 헤엄을 잘 친다.

(2) 헤엄을 못 치는 북극곰도 있다.

(3) 헤엄을 못 치는 북극곰은 없다.

(4) 모든 북극곰은 헤엄을 못 친다.

08 다음 추론이 유효 추론인지 허위 추론인지를 결정하여라.

(1) $\neg p \wedge q,\ q \vdash \neg p$

(2) $\neg p \rightarrow q,\ q \vdash \neg p$

(3) $p \rightarrow \neg q,\ \neg r \rightarrow p \ \vdash q \rightarrow \neg r$

(4) $p \rightarrow q,\ r \rightarrow \neg q \ \vdash \neg p \vee r$

09 다음 추론을 논리 연산자를 이용하여 논리식으로 타나내고, 유효 추론인지 허위 추론인지를 판별하여라.

(1) 오늘 비가 오면, 체육수업을 하지 않는다.
나는 체육수업을 하거나 공부를 하지 않았다.
나는 체육수업을 하지 않았다.
―――――――――――――――
따라서 오늘 비가 오지 않았다.

(2) 나는 공부를 하면, 기분이 좋다.
나는 도서관에 가거나 미술관에 갔다.
오늘은 기분이 좋다.
―――――――――――――――
따라서 오늘은 미술관에 갔다.

10 $A=\{a, c, e, g, m\}$, $B=\{b, d, f, g, m\}$, $C=\{a, b\}$일 때 다음 집합의 연산을 계산하여라.

(1) $A \cup B$　　(2) $A \cap B$

(3) $A-C$　　(4) $B \times C$

(5) $A \cup (B \cup C)$　　(6) $(A \cup B) \cap (A \cup C)$

11 다음의 벤 다이어그램에 표시된 집합 A, B, C에 대하여 다음 집합의 연산 결과를 빗금으로 표시하여라.

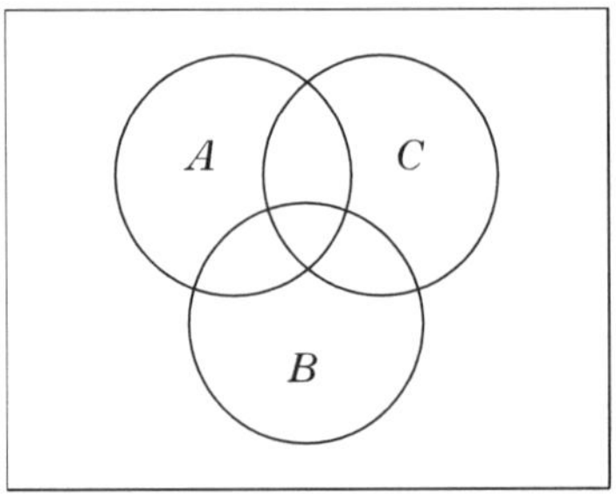

(1) $A \cap B \cap C$　　(2) $\overline{A} \cup B \cup C$

(3) $A \cup (B \cap C)$　　(4) $A-(B \cup C)$

(5) $(A \cup B)-C$　　(6) $\overline{A} \cap \overline{B} \cap C$

(7) $\overline{A} \cap (B \cup C)$　　(8) $(\overline{A} \cap B)-C$

12 다음의 벤 다이어그램을 참조하여, 다음에 대하여 참, 거짓으로 답하여라.

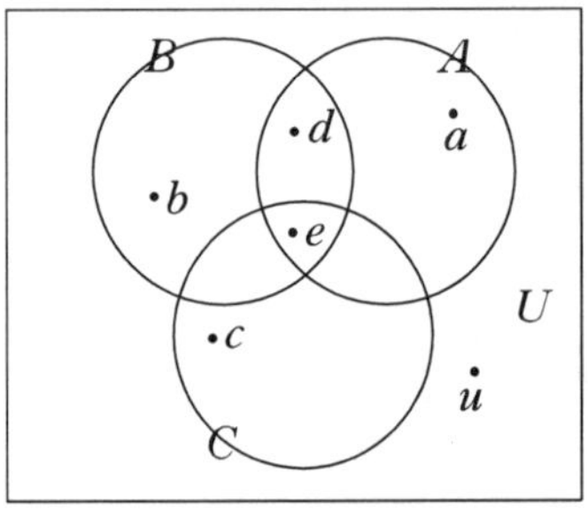

(1) $a \in A \cap B$　　(2) $e \in B \cup C$

(3) $b \in B \cap C$　　(4) $u \notin C$

(5) $e \in A \cap B \cap C$　　(6) $a \in A \cup B \cup C$

(7) $d \in A \cap C$　　(8) $c \in B \cap C$

CHAPTER

02

관계
(Relation)

CHAPTER

02 관계 (Relation)

앞장에서 소개된 집합에 대한 2개 이상의 원소들 간에는 수많은 관계가 있을 수 있으므로 2장에서는 집합을 구성하는 원소들 간의 관계를 소개한다. 예를 들어 사람들 간에는 '동창 관계', '부자 관계', '친구 관계' 등의 관계가 있을 수 있다.

이와 같이 관계는 다양한 응용 분야에서 널리 적용되는 매우 중요한 개념이다. 자료구조에서 데이터들 간에 관계를 표현하기 위한 수학적 모델로 쓰이고 있으며, 프로그램의 구조나 계산 이론(computation theory) 또는 알고리즘의 분석 등에서도 응용된다.

이 장에서는 관계의 이론적 배경이 되는 곱집합의 개념에서부터 관계의 가장 간단하면서 일반적으로 널리 사용되는 형태인 이항관계의 개념, 관계를 표현하는 방법과 관계의 성질에 따른 동치 관계에 대하여 소개한다. 그리고 관계를 이용하여 데이터베이스에 적용한다.

2.1 곱집합(Cartesian Product)

순서쌍(ordered pair)은 집합에서 원소를 순서로 구분하여 원소의 쌍인 (a, b)로 표시한다. 순서쌍은 $a \neq b$일 때 $(a, b) \neq (b, a)$라는 점에서 두 개의 원소로 이루어진 집합 $\{a, b\}$와는 다른 개념이다. 즉 임의의 두 순서쌍에 대하여 $(a, b)=(c, d)$는 $a=c$, $b=d$인 것과 서로 동치관계이다.

예제 2.1 **두 순서쌍이 $(2x-3, 3y-1)=(5, 5)$일때 x와 y의 값을 구하시오.**

풀이 $2x-3=5$, $3y-1=5$이므로 $x=4$, $y=2$이다.

집합 A, B에 대하여, A와 B의 곱집합(product, Cartesian product)은 $a \in A$이고 $b \in B$인 모든 순서쌍 (a, b)의 집합으로서 $A \times B$로 표기한다.

$$A \times B = \{(a, b) \mid a \in A \text{ 이고 } b \in B\}$$

곱집합 $A \times A$는 간단히 A^2로 표기하기도 한다.

따라서 두 집합 $A = \{a, b\}$, $B = \{1, 2, 3\}$에 대하여

$$A \times B = \{(a, 1), (a, 2), (a, 3), (b, 1), (b, 2), (b, 3)\}$$
$$B \times A = \{(1, a), (1, b), (2, a), (2, b), (3, a), (3, b)\}$$
$$A \times A = A^2 = \{(a, a), (a, b), (b, a), (b, b)\}$$

곱집합은 위에서 살펴본 것과 같이 교환법칙이 성립하지 않는다.

$$A \times B \neq B \times A$$

특히 집합 A나 집합 B 또는 집합 A, B 모두가 공집합이면, 곱집합 $A \times B$도 공집합이다. 곱집합에서 원소의 개수를 구하면 다음과 같다.

정의 2.1

공집합이 아닌 임의의 두 유한집합 A, B에 대하여 곱집합의 크기는

$$|A \times B| = |A| \cdot |B|$$

집합 A, B에 대하여 곱집합 $A \times B \neq B \times A$이지만 곱집합의 원소의 개수는

$$|A \times B| = |B \times A| \text{이다.}$$
$$|A \times B| = |A| \cdot |B| = 2 \times 3 = 6$$
$$|B \times A| = |B| \cdot |A| = 3 \times 2 = 6$$
$$|A \times B| = |B \times A|$$

곱집합의 정의는 유한개의 집합으로 확장시킬 수 있다. 집합 A_1, A_2, $\cdots$, A_n에 대하여, 집합들의 곱집합은 $a_1 \in A_1$, $a_2 \in A_2$, $\cdots$, $a_n \in A_n$인 모든 원소의 n-트플(n-tuple)

$$(a_1, a_2, \cdots, a_n)$$

로 이루어진 집합이며, $\prod_{i=1}^{n} A_i$로 표기한다.

$$\prod_{i=1}^{n} A_i = A_1 \times A_2 \times \cdots \times A_n = \{(a_1, a_2, \cdots, a_n) : a_i \in A_i, i = 1, 2, \cdots, n\}$$

A^2를 $A \times A$로 표기하였듯이, $A \times A \times \cdots \times A$는 간단히 A^n으로 표기한다.

예제 2.2 **집합 $A = \{0, 1\}$에 대하여**

$$A^n = \{(a_1, a_2, \cdots, a_n) : a_i = 0 \text{ 또는 } 1, \quad 1 \le i \le n\}$$

일 때 다음 물음에 답하시오.

(1) A^3를 구하시오.

(2) $|A^3|$를 구하시오.

풀이 (1) $A^3 = \left\{ \begin{matrix} (0, 0, 0), (0, 0, 1), (0, 1, 0), (0, 1, 1), \\ (1, 0, 0), (1, 0, 1), (1, 1, 0), (1, 1, 1) \end{matrix} \right\}$

(2) $|A^3| = 8$

2.2 관계와 역관계

집합 A, B의 곱집합 $A \times B$에 대하여 순서쌍 (a, b)의 첫 번째 원소인 a와 두 번째 원소인 b간에 특정한 연관집합 R을 이항관계(binary relation) 또는 관계(relation)라고 한다.

특히 R이 A에서 A로의 관계, 즉 관계 R이 $A \times A$의 부분집합이면 R을 A에 관한 관계(relation on A)라고 한다.

예제 2.3 **집합 $A = \{1,2\}$에서 관계가 다음과 같을 때 관계에 대한 원소를 구하시오.**

(1) $R_1 = \{(a, b) |\ a = b\}$

(2) $R_2 = \{(a, b) \mid a \le b\}$

풀이 (1) A에 관한 관계 R_1는

$$R_1 = \{(1, 1), (2, 2)\}$$

(2) A에 관한 관계 R_2는

$$R_2 = \{(1, 1), (1, 2), (2, 2)\}$$

곱집합 $A \times B$의 원소인 임의의 순서쌍 (a, b)에 대하여 $(a, b) \in R$이면 'a는 b에 대하여 R관계가 있다.'라고 하며 aRb로 표기한다. a와 b가 서로 관계가 없을 때는 $(a, b) \notin R$라 하며 $a \not R b$로 표기한다.

집합 A에서 B로의 관계 R은 $A \times B$의 부분집합으로, $A \times B$의 순서쌍에서 첫 번째 원소의 집합을 관계 R의 정의역(domain)이라 하고 Dom(R)로 표기하며, 두 번째 원소의 집합을 치역(range)이라고 하고 Ran(R)로 표기한다. 공변역(codomain)은 집합 B의 전체 원소로서 치역은 공변역의 부분집합니다.

집합 $A = \{1,2\}$에 대한 관계 $R = \{(a, b) \mid a \le b\}$을 원소나열법으로 표시하면 다음과 같다.

$$R = \{(1,\ 1),\ (1,\ 2),\ (2,\ 2)\ \}$$

위의 관계에 대한 표현을 정의에 따라 나타내면 관계 R은 다음과 같다.

$$1R1,\ 1R2,\ 2R2$$

또한 (2,1)은 관계 R의 원소가 아니므로, $2 \not R 1$로 표시할 수 있다. 그리고 관계 R의 정의역은 Dom(R)= $\{1,2\}$이고, 치역도 Ran(R)=$\{1,2\}$이다.

집합 A에서 B로의 관계 R에 대하여, 관계 R의 역관계(inverse relation)는 B에서 A로의 관계로 나타내며, R^{-1}로 표기한다.

$$R^{-1} = \{(b,\ a) \mid (a,\ b) \in R\}$$

또한, 임의의 관계 R에 대하여, $(R^{-1})^{-1} = R$이다.

예제 2.4 **집합 $A = \{1,2,3\}$과 집합 $B = \{2,3\}$에 대하여 관계 R이 아래와 같이 주어졌을 때 물음에 답하시오.**

$$R = \{(a, b) \mid a < b,\ a \in A,\ b \in B\ \}$$

(1) 곱집합 $A \times B$의 원소들을 구하시오.

(2) 관계 R의 원소들을 나열하시오.

(3) 관계 R의 원소들을 정의로 구하시오.

(4) 관계 R의 정의역을 구하시오.

(5) 관계 R의 치역을 구하시오.

(6) 관계 R의 역관계 R^{-1}을 나타내시오.

풀이 (1) $A \times B = \{(1, 2), (1, 3), (2, 2), (2, 3), (3, 2), (3, 3)\}$

(2) $R = \{(1, 2), (1, 3), (2, 3)\}$

(3) $1R2$, $1R3$, $2R3$

(4) $\text{Dom}(R) = \{1,2,3\}$

(5) $\text{Ran}(R) = \{2, 3\}$

(6) 관계 R의 역관계 R^{-1}은 관계 R에서 원소의 순서만 바꾸면 된다. 따라서

$$R^{-1} = \{(2, 1), (3, 1), (3, 2)\}$$

이고 $R^{-1} = \{(a, b) : a > b\}$이다.

2.3 관계의 표현

관계를 서술하는 방법은 집합을 서술하는 방법과 마찬가지로 다양하며, 관계의 성질을 서술하는 방법과 원소로 나열하는 방법 등으로 나누어 앞장에서 소개하였다. 또한 집합에서는 집합을 알기 쉽게 표현하는 방법으로 벤다이어그램을 사용하였으며 관계도 이와 같이 그림으로 표현하는 다양한 방법이 있다.

2.3.1 좌표 표현

원소 $a \in A$이고 $b \in B$인 모든 순서쌍 (a, b)에서 관계 R의 좌표 표현은 집합 A의 원소는 수평선의 점으로 집합 B의 원소는 수직선의 점으로 나타낸다. 이때 이 원소들 간에 관계가 성립할 때마다 평면 그래프 위에 수평선과 수직선의 점이 만나는 곳을 함께 표시한다.

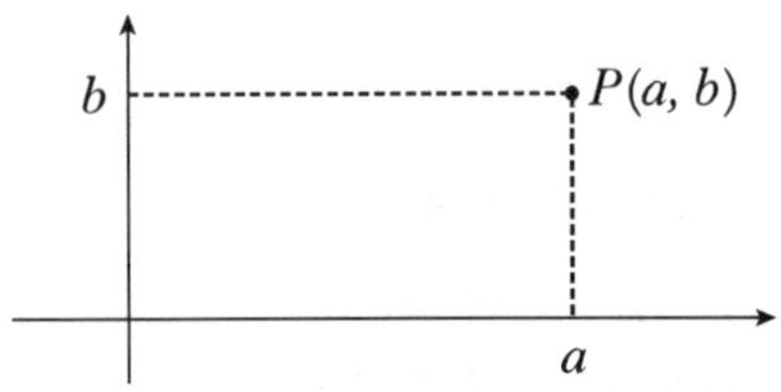

[그림 2.1] 평면 상의 점 P

예제 2.5 **관계** $R=\{(1,a),(2,b),(2,c),(3,a),(3,d),(4,b),(4,c)\}$**일 때, 관계**$R$**을 좌표 표현으로 나타내시오.**

풀이

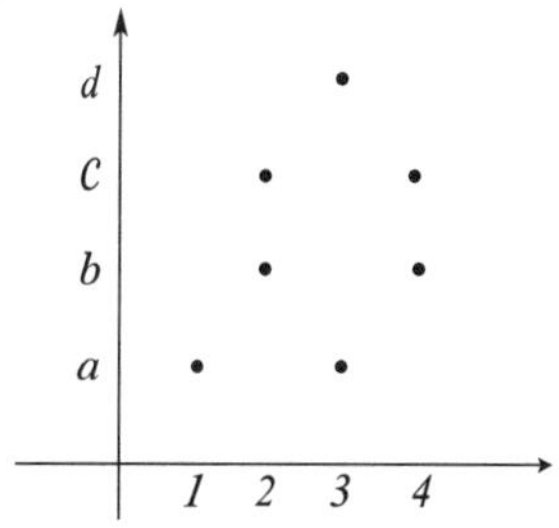

2.3.2 화살표 표현

관계에 대한 화살표 표현은 정의역과 치역으로 나누어진다. 정의역을 앞부분에 치역을 뒤에 배치하여, 이들 원소 간에 관계가 성립될 때 화살표를 그리는 방식으로 화살표 표현은 표시된다. 다음은 화살표를 이용한 관계 표현에 대한 예제이다.

예제 2.6 **집합** $A=\{1,\ 2,\ 3\}$**에 관한 관계** $R_1=\{(a,\ b)\,|\,a=b\}$ **이고,**

$$R_2=\{(a,\ b):\ a\le b\}$$

일 때 다음 물음에 답하시오.

(1) 관계 R_1의 원소를 나열하시오.

(2) 관계 R_2의 원소를 나열하시오.

(3) 관계 R_1과 R_2을 화살표 표현으로 나타내시오.

풀이 (1) $R_1=\{(1,\ 1),\ (2,\ 2),\ (3,\ 3)\}$

(2) $R_2=\{(1,\ 1),\ (1,\ 2),\ (1,\ 3),\ (2,\ 2),\ (2,\ 3),\ (3,\ 3)\}$

(3) 관계 R_1과 R_2에 대한 화살표 표현은 다음과 같다.

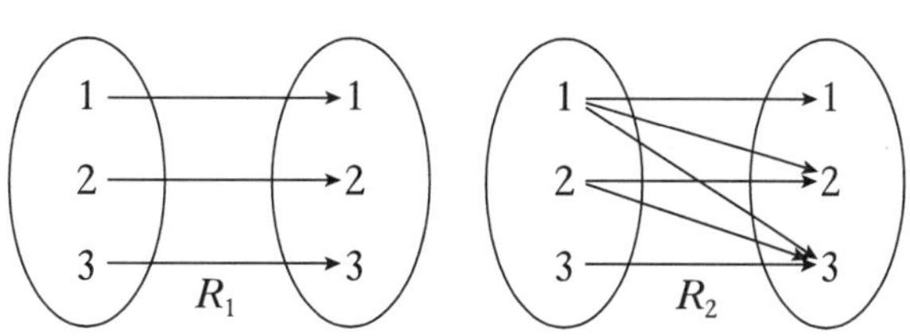

[그림 2.2] 화살표 표현

위와 같이 〈예제 2.6〉에서 관계 R_1 및 R_2와 같이 집합 A에서 A로의 관계, 즉 A에 관한 관계는 보다 효율적인 방법을 사용하여 화살표 표현으로 나타낼 수 있다.

2.3.3 유향그래프 표현

관계 R은 하나의 집합에만 연관이 되며, 주어진 집합의 각 원소를 하나의 정점으로 표시하고 원소들 간에 관계가 맺어지면 이들 원소를 유향그래프로 그려 표현한다.

다음 〈그림 2.3〉은 〈예제 2.6〉의 관계

$$R_2 = \{(1,\ 1),\ (1,\ 2),\ (1,\ 3),\ (2,\ 2),\ (2,\ 3),\ (3,\ 3)\}$$

을 유향 그래프로 표현한 것이다.

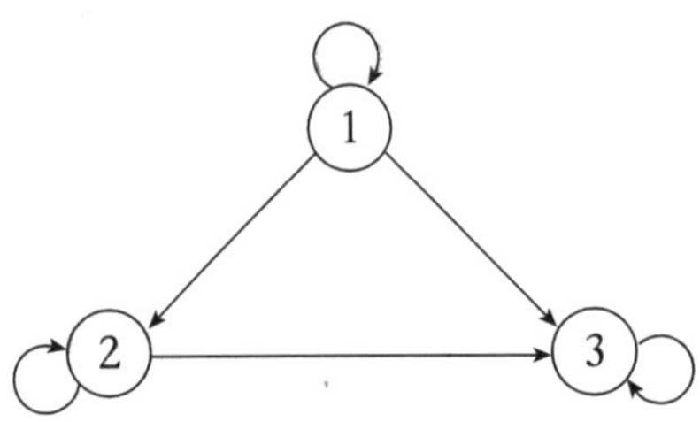

[그림 2.3] R_2의 유향 그래프

예제 2.7 **집합 $A = \{a, b, c, d\}$에 관한 관계**

$$R = \{(a,\ a),\ (a,\ b),\ (a, c),\ (b,\ d),\ (c,\ a), (c, b), (d, c), (d, d)\}$$

을 유향 그래프 표현으로 나타내시오.

풀이

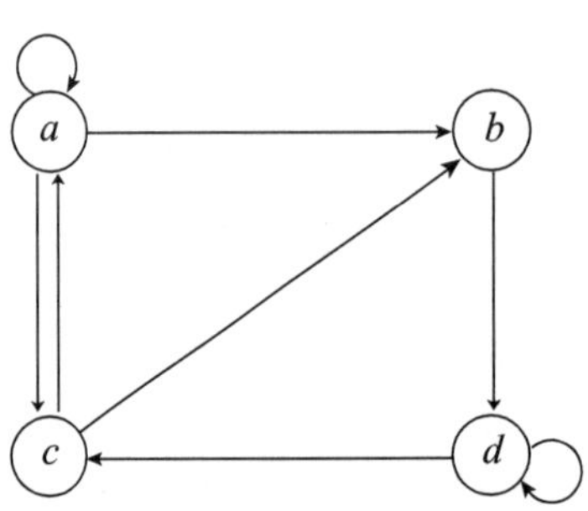

2.3.4 행렬 표현

화살표 표현과 유향 그래프를 이용한 관계를 표현하는 방법은 관계의 성질을 시각적으로 표현하는 것으로는 매우 유용하지만, 컴퓨터에 적용하거나 관계 간의 연산 등에 적용될 때는 번거롭다. 따라서 이러한 단점을 보완하기 위해 관계에 행렬을 적용한 행렬표현을 소개한다.

집합 $A=\{a_1, a_2, \cdots, a_m\}$과 $B=\{b_1, b_2, \cdots, b_n\}$에 대하여 R을 A에서 B로의 관계라고 할 때, 관계 R의 행렬 표현은 다음과 같은 $m \times n$ 행렬 M_R이다.

$$M_R = (m_{ij})_{m \times n}$$

여기서, $(m_{ij}) = \begin{cases} (a_i, b_j) \in R \text{ 이면 } m_{ij} = 1 \\ (a_i, b_j) \notin R \text{ 이면 } m_{ij} = 0 \end{cases}$

예제 2.8 **집합 $A=\{1, 2, 3\}$, $B=\{a, b, c, d\}$에 관한 관계**

$$R=\{(1, a), (1, b), (2, a), (3, b), (3, d)\}$$

에 대한 행렬 표현을 나타내시오.

풀이

A \ B	a	b	c	d
1	1	1	0	0
2	1	0	0	0
3	0	1	0	1

로부터 $M_R = \begin{pmatrix} 1 & 1 & 0 & 0 \\ 1 & 0 & 0 & 0 \\ 0 & 1 & 0 & 1 \end{pmatrix}$이다.

예제 2.9 **집합 $A=\{1, 2, 3\}$에 관한 관계 R 이 아래와 같은 행렬 표현으로 나타날 때 다음 물음에 답하시오.**

$$M_R = \begin{pmatrix} 0 & 1 & 1 \\ 1 & 0 & 1 \\ 1 & 0 & 1 \end{pmatrix}$$

(1) 관계 R을 원소로 나타내시오.
(2) 관계 R을 유향그래프로 표현하시오.
(3) 관계 R을 좌표 표현으로 나타내시오.
(4) 관계 R을 화살표 표현으로 나타내시오.

풀이 (1) $R = \{(1, 2), (1, 3), (2, 1), (2, 3), (3, 1), (3, 3)\}$

(2) 관계 R에 대한 유향그래프 표현은 다음과 같다.

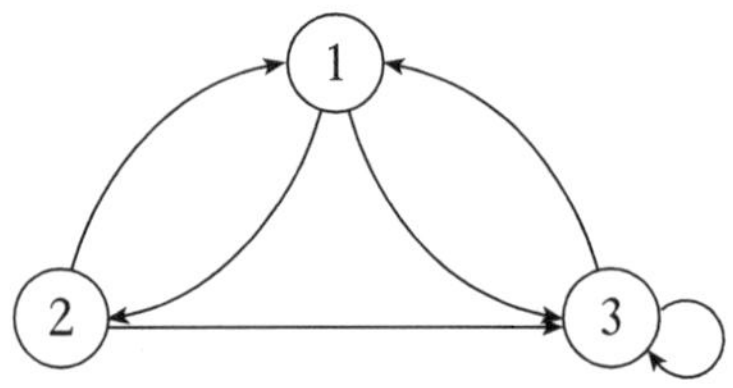

[그림 2.4] 유향 그래프

(3) 관계 R에 대한 좌표 표현은 다음과 같다.

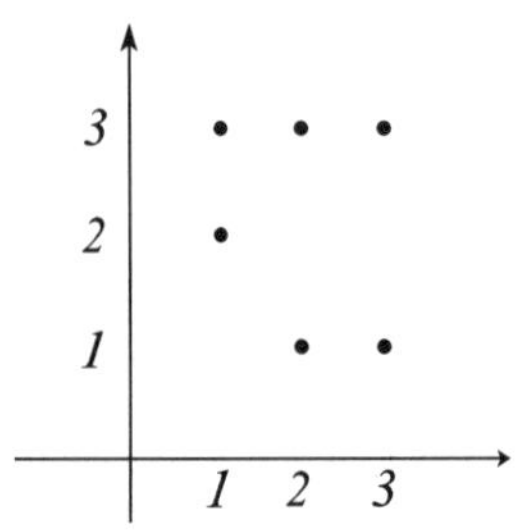

(4) 관계 R에 대한 화살표 표현은 다음과 같다.

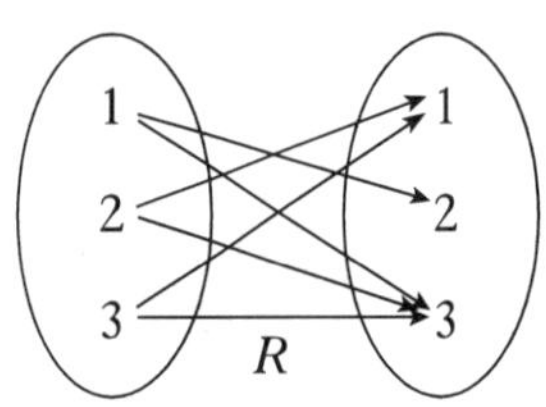

2.4 관계의 합성

집합 A, B, C에 대하여 R은 A에서 B로의 관계이고 S는 B에서 C로의 관계라고 할 때, 관계 R과 S의 합성 관계(composition relation)는 A에서 C로의 관계로서 $S \circ R$로 표기하고 다음과 같이 정의한다.

$S \circ R = \{(x, z) \mid x \in A$와 $z \in C$에 대하여, $(x, y) \in R$이고 $(y, z) \in S$인 $y \in B$가 존재$\}$

예제 2.10 **집합 $A=\{a, b, c\}$, $B=\{1, 2, 3, 4\}$, $C=\{x, y, z\}$에 대하여 아래와 같이 관계가 주어질 때 다음 물음에 답하시오.**

$$R=\{(a, 1), (a, 2), (b, 2), (c, 4)\}$$
$$S=\{(1, y), (3, x), (3, y), (4, z)\}$$

(1) 합성 관계 $S \circ R$ 을 원소로 나타내시오.

(2) 합성 관계 $S \circ R$을 화살표 표현으로 나타내시오.

풀이 (1) $S \circ R=\{(a, y), (c, z)\}$

(2)

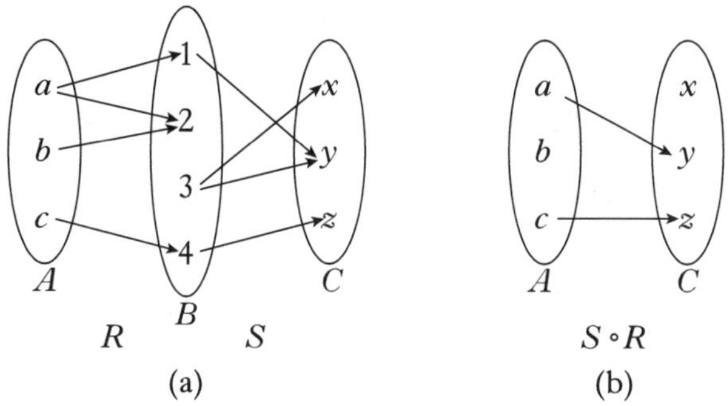

[그림 2.5] 합성 관계 $S \circ R$에 대한 화살표 표현

관계 R과 S의 합성 관계 $S \circ R$ 은 A에서 B 로 대응되고 다시 B에서 C로 대응하는 화살표를 따라가면 된다. 예를 들어 〈그림 2.5〉 (a)에서 c는 4로 대응되고 다시 4는 z로 대응되므로 즉, $(c, 4) \in R$이고, $(4, z) \in S$ 이므로 $(c, z) \in S \circ R$이다.

관계 R과 S의 합성 관계를 찾기 위하여 행렬 표현을 이용하면 편리하다. 집합 $A=\{a_1, a_2, \cdots, a_l\}$, $B=\{b_1, b_2, \cdots, b_m\}$, $C=\{c_1, c_2, \cdots, c_n\}$에 대하여, R은 A에서 B로의 관계이고 S는 B에서 C로의 관계라고 하면, R의 행렬 표현 M_1은 $l \times m$ 행렬이고 S의 행렬 표현 M_2는 $m \times n$행렬이다. 이 때 S의 합성 관계 $S \circ R$의 행렬 표현 M_3는 행렬 M_1과 M_2의 논리곱으로 $l \times n$행렬이다.

$$M_3 = M_1 \bullet M_2$$

예제 2.11 2×3 **행렬** M_1**과** 3×4 **행렬** M_2**이 각각 관계** R**과** S**의 행렬 표현으로 아래와 같이 표현된다.**

$$M_1 = \begin{pmatrix} 1\,1\,0 \\ 0\,1\,0 \end{pmatrix}, \quad M_2 = \begin{pmatrix} 1\,0\,1\,1 \\ 1\,0\,0\,0 \\ 0\,1\,0\,1 \end{pmatrix}$$

이 때, R**과** S**의 합성 관계** M_3**를 행렬 표현으로 나타내시오.**

$$M_1 = \begin{pmatrix} 1\,1\,0 \\ 0\,1\,0 \end{pmatrix}, \quad M_2 = \begin{pmatrix} 1\,0\,1\,1 \\ 1\,0\,0\,0 \\ 0\,1\,0\,1 \end{pmatrix}$$

풀이 R과 S의 합성 관계는 행렬 M_1과 M_2의 곱으로 나타날 수 있다. 따라서 행렬 M_1과 M_2의 곱인 M_3은

$$M_3 = M_1 \bullet M_2 = \begin{pmatrix} 1\,1\,0 \\ 0\,1\,0 \end{pmatrix} \bullet \begin{pmatrix} 1\,0\,1\,1 \\ 1\,0\,0\,0 \\ 0\,1\,0\,1 \end{pmatrix} = \begin{pmatrix} 1\,0\,1\,1 \\ 1\,0\,0\,0 \end{pmatrix}$$

이다. 여기에서

$$c_{11} = 1 + 1 + 0 = 1 + 0 = 1$$
$$c_{12} = 0 + 0 + 0 = 0$$
$$c_{13} = 1 + 0 + 0 = 1$$
$$c_{14} = 1 + 0 + 0 = 1$$
$$c_{21} = 0 + 1 + 0 = 1$$
$$c_{22} = 0 + 0 + 0 = 0$$
$$c_{23} = 0 + 0 + 0 = 0$$
$$c_{24} = 0 + 0 + 0 = 0$$

이다.

집합 A에 관한 항등 관계는 I_A로 표기하고 다음과 같이 정의한다.

$$I_A = \{(x,x) \mid x \in A\}$$

정의 2.2

관계 R이 집합 A에서 B로의 관계라고 할 때 다음이 성립한다.

$$R \circ I_A = I_B \circ R = R$$

2.5 관계의 성질

집합 A에 관한 관계 R은 정해진 특성에 따라 다음과 같이 정의될 수 있다.

(1) 모든 $x \in A$에 대하여 xRx이면, R은 반사적(reflexive)이다.
(2) 모든 $x \in A$에 대하여 $x \not R x$이면, R은 비반사적(irreflexive)이다.
(3) xRy일 때 yRx이면, R은 대칭적(symmetric)이다.
(4) xRy이고 yRx일 때 $x = y$이면, R은 반대칭적(anti-symmetric)이다.
(5) xRy이고 yRz일 때 xRz이면, R은 추이적(transitive)이다.

위에서 정의된 관계 R의 성질은 다음과 같은 사실을 주의해야 한다.

① 한 가지라도 해당 성질이 성립되지 않는 경우가 있으면, 주어진 관계는 그 성질을 가지지 않는다고 정의한다.
② 해당 성질이 성립되지 않는 경우를 주어진 관계에서 밝힐 수 없다면, 그 특성을 가지는 것으로 정의한다.

집합 A에 관한 관계 R이 반사 관계이면 $Dom(R) = Ran(R) = A$이다.

예제 2.12 **다음 관계를 관계의 성질에 따라 분류하여 보자. 집합 $A = \{1, 2, 3\}$에 관한 관계가 다음과 같이 주어질 때 다음 물음에 답하시오.**

$$R = \{(1, 2), (1, 3), (2, 2), (2, 3), (3, 1), (3, 3)\}$$

(1) 관계 R은 반사적인가?
(2) 관계 R은 대칭적인가?
(3) 관계 R은 반대칭적인가?
(4) 관계 R은 추이적인가?
(5) 관계 R은 비반사적인가?

풀이 (1) $1 \in A$에 대하여 $(1, 1) \notin R$이므로, 반사적이 아니다.

(2) $(1, 2) \in R$일 때 $(2, 1) \notin R$이므로, 대칭적이 아니다.

(3) $(1, 3) \in R$일 때 $(3, 1) \in R$일 때 $1 \neq 3$이므로, 반대칭적이 아니다.

(4) $(1, 3) \in R$이고 $(3, 1) \in R$일 때 $(1, 1) \notin R$이므로, 추이적이 아니다.

(5) $2 \in A$에 대하여 $(2, 2) \in R$이므로, 비반사적이 아니다.

예제 2.13 **다음 관계를 관계의 성질에 따라 분류하여 보자.**
집합 $A = \{a, b, c, d\}$에 관한 관계가 다음과 같이 주어질 때 다음 물음에 답하시오.

$$R = \{(a, b), (c, d)\}$$

(1) 관계 R은 반사적인가?

(2) 관계 R은 대칭적인가?

(3) 관계 R은 반대칭적인가?

(4) 관계 R은 추이적인가?

(5)관계 R은 비반사적인가?

풀이 (1) $a \in A$에 대하여 $a \not R a$이므로, 반사적이 아니다.

(2) aRb일 때 $b \not R a$이므로, 대칭적이 아니다.

(3) 주어진 관계는 xRy이나 $y \not R x$이므로 가정이 거짓이다. 따라서 조건에서의 무의미한 참이므로 이 관계는 반대칭적이다.

(4) 추이적이다. (3)과 마찬가지로 aRb인 순서쌍 (a, b)는 있으나 $bR*$인 순서쌍 $(b, *)$가 없으므로 $aR*$인 순서쌍$(a, *)$의 존재 유무에 관계없이 이 관계는 추이적이다.

(5) 비반사적이다.

관계의 성질을 행렬로 표현하였을 때 다음과 같은 특징을 갖는다.

- 반사적 관계의 행렬 표현은 대각 원소가 모두 1이어야 한다.
- 비반사적 관계의 행렬 표현은 대각 원소가 모두 0이어야 한다.
- 대칭적 관계의 행렬 표현은 대각선을 중심으로 마주보는 원소가 같아야 한다.
- 반대칭적 관계의 행렬 표현은 대각선을 제외한 모든 원소가 0이어야 한다.

예제 2.14 **관계가 다음과 같이 행렬표현으로 주어질 때 다음 물음에 답하시오.**

$$M = \begin{pmatrix} 1\,1\,0\,0 \\ 1\,1\,0\,0 \\ 0\,0\,1\,1 \\ 0\,0\,1\,1 \end{pmatrix}$$

(1) 관계의 행렬표현 M은 반사적인가?
(2) 관계의 행렬표현 M은 비반사적인가?
(3) 관계의 행렬표현 M은 대칭적인가?
(4) 관계의 행렬표현 M은 반대칭적인가?

풀이 (1) 대각 원소가 모두 1이므로 반사적이다.
(2) 대각 원소가 모두 0 이 아니므로 비반사적이 아니다.
(3) 대각선을 중심으로 마주보는 원소가 같으므로 대칭적이다.
(4) 대각선을 제외한 원소가 모두 원소가 모두 0 이 아니므로 반대칭적이 아니다.

2.6 닫힘 관계

동치관계는 중요한 개념이다. 따라서 주어진 관계가 동치관계인지 동치관계가 아닌지를 판정하는 것은 필요하다. 이장에서는 동치관계가 성립하지 않는 관계들에 대해 동치관계가 되도록 확장하는 방법을 설명한다. 이것은 닫힘(closure)이라는 개념으로 설명할 수 있다.

정의 2.3

관계 R이 집합 A에서 A로의 관계라고 할 때 다음의 세 가지 조건을 만족하면 반사닫힘이라 하며, 기호 $r(R)$로 표시된다.
(1) 반사닫힘 $r(R)$는 반사관계이다.
(2) 반사닫힘 $r(R)$는 관계 R을 포함한다.
(3) 반사닫힘 $r(R)$는 관계 R을 포함하는 반사관계 중 가장 작은 집합이다.

예제 2.15 **집합 $A = \{a, b, c\}$에 관한 관계 $R = \{(a, b), (b, c), (c, a)\}$에 대하여 다음 물음에 답하시오.**

(1) 관계 R은 반사적인가?

(2) 관계 R의 반사닫힘 $r(R)$을 구하시오.

풀이 (1) (a, a)의 원소가 포함되지 않았으므로 반사적이 아니다.

(2) $r(R) = \{(a, b), (b, c), (c, a), (a, a), (b, b), (c, c)\}$

정의 2.4

관계 R이 집합 A에서 A로의 관계라고 할 때 다음의 세 가지 조건을 만족하면 대칭닫힘이라 하며, 기호 $s(R)$로 표시된다.

(1) 대칭닫힘 $s(R)$는 대칭관계이다.

(2) 대칭닫힘 $s(R)$는 관계 R을 포함한다.

(3) 대칭닫힘 $s(R)$는 관계 R을 포함하는 대칭관계 중 가장 작은 집합이다.

예제 2.16 **집합 $A = \{a, b, c\}$에 관한 관계 $R = \{(a, b), (b, c), (c, a)\}$에 대하여 다음 물음에 답하시오.**

(1) 관계 R은 대칭적인가?

(2) 관계 R의 대칭닫힘 $s(R)$을 구하시오.

풀이 (1) $(a, b) \in R$에 대하여 $(b, a) \notin R$이므로 대칭적이 아니다.

(2) $s(R) = \{(a, b), (b, c), (c, a), (b, a), (c, b), (a, c)\}$

정의 2.5

관계 R이 집합 A에서 A로의 관계라고 할 때 다음의 세 가지 조건을 만족하면 추이닫힘이라 하며, 기호 $t(R)$로 표시된다.

(1) 추이닫힘 $t(R)$는 추이관계이다.

(2) 추이닫힘 $t(R)$는 관계 R을 포함한다.

(3) 추이닫힘 $t(R)$는 관계 R을 포함하는 추이관계 중 가장 작은 집합이다.

예제 2.17 **집합 $A=\{a, b, c\}$에 관한 관계 $R=\{(a, b), (b, c), (c, a)\}$에 대하여 다음 물음에 답하시오.**

(1) 관계 R은 추이적인가?

(2) 관계 R의 추이닫힘 $t(R)$을 구하시오.

풀이 (1) $(b, c) \in R$, $(c, a) \in R$에 대하여 $(b, a) \notin R$이므로 추이적이 아니다.

(2) $t(R)=\{(a, a), (a, b), (a, c), (b, a), (b, b), (b, c), (c, a), (c, b), (c, c)\}$

정리 2.6

관계 R이 집합 A에서 A로의 관계라고 할 때 다음이 성립한다.

(1) 반사닫힘 $r(R)=R \cup I$, 여기서 I는 단위행렬이다.

(2) 대칭닫힘 $s(R)=R \cup R^{-1}$

(3) 추이닫힘 $t(R)=\bigcup_{i=1}^{\infty} R^i$

위의 정리를 이용하면 닫힘관계를 쉽게 구할 수 있다.

예제 2.18 **집합 $A=\{a, b, c\}$에 관한 관계 $R=\{(a, b), (b, c), (c, a)\}$에 대하여 다음 물음에 답하시오.**

(1) 관계 R의 반사닫힘 $r(R)$을 구하시오.

(2) 관계 R의 대칭닫힘 $s(R)$을 구하시오.

(3) 관계 R의 추이닫힘 $t(R)$을 구하시오

풀이 (1) $r(R)=R \cup I=\{(a, b), (b, c), (c, a)\} \cup \{(a, a), (b, b), (c, c)\}$

$\{(a, b), (b, c), (c, a), (a, a)\ (b, b), (c, c)\}$

(2) $s(R)=R \cup R^{-1}=\{(a, b), (b, c), (c, a)\} \cup \{(b, a), (c, b), (a, c)\}$

$\{(a, b), (b, a), (b, c), (c, b)\ (c, a), (a, b)\}$

(3) $R^2=\{(a, c), (b, a), (c, b)\}$

$R^3=\{(a, a), (b, b), (c, c)\}$

$R^4=R,\ R^5=R^2,\ R^6=R^3 \cdots$

따라서, $R=R^4=R^7=\cdots$

$$R^2 = R^5 = R^8 = \cdots$$

$$R^3 = R^6 = R^9 = \cdots$$

그러므로 $t(R) = R \cup R^2 \cup R^3 \cup R^4 \cdots$

$= R \cup R^2 \cup R^3$

$= \{(a, b), (b, c), (c, a), (a, c), (b, a), (c, b), (a, a), (b, b), (c, c)\}$

2.7 동치 관계

집합 A에 관한 관계 R이 반사적, 대칭적, 추이적이면 관계 R을 동치 관계(equivalence relation)라고 한다.

관계 R이 동치 관계이면, 각 $x \in A$에 대하여 R에 관한 x의 동치류(equivalence class)는 $[x]$로 표기하고, 다음과 같이 정의한다.

$$[x] = \{y \mid (x, y) \in R\}$$

여기에서 주어진 동치 관계 R은 반사적 관계이므로 $x \in [x]$이다. 따라서 동치류 $[x]$는 절대로 공집합이 될 수 없다.

예제 2.19 **집합 $A = \{1, 2, 3\}$에 관한 관계 R이 다음과 같다.**

$$R = \{(1, 1), (1, 3), (2, 2), (3, 3), (3, 1)\}$$

이 때 다음 물음에 답하시오.

(1) 관계 R은 반사적인가?
(2) 관계 R은 대칭적인가?
(3) 관계 R은 추이적인가?
(4) 관계 R은 동치 관계인가?
(5) 1의 R에 관한 동치류 $[1]$을 구하시오.
(6) 2의 R에 관한 동치류$[2]$를 구하시오.

풀이 (1) (1, 1), (2,2) 그리고 (3,3)은 모두 관계 R 의 원소이므로, 반사적이다.
(2) $(1,3) \in R$ 일 때 $(1, 3) \in R$ 이므로 관계 R은 대칭적이다.

(3) $(1,1)\in R$ 이고 $(1,3)\in R$ 일 때 $(1,\ 3)\in R$ 이다.
$(1,3)\in R$ 이고 $(3,1)\in R$ 일 때 $(1,\ 1)\in R$ 이다.
$(1,3)\in R$ 이고 $(3,3)\in R$ 일 때 $(1,\ 3)\in R$ 이다.
따라서 관계 R은 추이적이다.

(4) 관계 R 은 반사적, 대칭적 그리고 추이적이므로 동치관계이다.

(5) $[1]=\{1,\ 3\}$

(6) $[2]=\{2\}$

정리 2.7

집합 A에 관한 동치 관계 R에 대하여 다음이 성립한다.

i) $[x]=[y] \quad \Leftrightarrow \ xRy$

ii) $[x]\neq[y]$이면 $[x]\cap[y]=\varnothing$

관계 R에 의한 집합 A의 몫 집합(quotient)은 A의 동치류의 모임으로서 A/R로 표기하며 다음과 같이 정의한다.

$$A/R=\{[x]:x\in A\}$$

정리 2.8

집합 A에 관한 동치 관계 R에 대하여, 몫집합 $A/R=\{[x]:x\in A\}$는 A의 분할이다. 역으로 A의 분할 π에 대하여 A에 관한 관계 R_π가 정의될 수 있으며, 이 관계 R_π는 A에 대한 동치관계이다. 여기서 R_π는 다음과 같다.

$$R_\pi=\{(\mathrm{x},\mathrm{y})\mid[\mathrm{x}]=[\mathrm{y}]\}$$

예제 2.20 **(1) $A=\{1,\ 2,\ 3\}$에 관한 관계 R이 다음과 같다.**

$$R=\{(1,\ 1),\ (1,\ 3),\ (2,\ 2),\ (3,\ 3),\ (3,\ 1)\}$$

이 때 다음 물음에 답하시오.

(1) 관계 R은 동치 관계인가?

(2) 관계 R에 의한 원소들의 동치류를 구하시오.

(3) 관계 R에 의한 집합 A의 몫집합을 구하시오.

(4) 집합 A의 분할을 구하시오.

풀이 (1) 관계 R은 앞의 예제에 의해 동치관계이다.

(2) $[1]=\{1, 3\}$, $[2]=\{2\}$, $[3]=\{3, 1\}$

(3) $A/R=\{[1]=[3], [2]\}=\{\{1, 3\}, \{2\}\}$

(4) 집합 A의 분할은 A/R 이다.

예제 2.21 **(1) 정수 집합에 관한 관계 R이 다음과 같다.**

$R=\{(x,y) \mid x \equiv y \pmod 5\}=\{(x,y) \mid x-y$는 5로 나누어 떨어진다.$\}$

이 때 다음 물음에 답하시오.

(1) 관계 R은 동치 관계인가?

(2) 관계 R에 의한 원소들의 동치류를 구하시오.

(3) 관계 R에 의한 집합 Z의 몫집합을 구하시오.

(4) 집합 Z의 분할을 구하시오.

풀이 (1) 모든 $x \in Z$에 대하여 $x \equiv x \pmod 5$이므로 반사적이다.
$x \equiv y \pmod 5$이면 $y \equiv x \pmod 5$이므로 대칭적이다.
$x \equiv y \pmod 5$이고 $y \equiv z \pmod 5$이면
$(x-z)/5=(x-y+y-z)/5=(x-y)/5+(y-z)/5$이므로
$x \equiv z \pmod 5$이다. 따라서 추이적이다.
위의 결과로부터 관계 $x \equiv y \pmod 5$는 동치 관계이다.

(2) 동치 관계 $x \equiv y \pmod 5$는 다음과 같은 5개의 동치류를 가진다.
$[0]=\{x \in Z \mid x-0$ 가 5로 나누어짐$\}=\{\cdots, -10, -5, 0, 5, 10, \cdots\}$
$[1]=\{x \in Z \mid x-1$ 가 5로 나누어짐$\}=\{\cdots, -9, -4, 1, 6, 11, \cdots\}$
$[2]=\{x \in Z \mid x-2$ 가 5로 나누어짐$\}=\{\cdots, -8, -3, 2, 7, 12, \cdots\}$
$[3]=\{x \in Z \mid x-3$ 가 5로 나누어짐$\}=\{\cdots, -7, -2, 3, 8, 13, \cdots\}$
$[4]=\{x \in Z \mid x-4$ 가 5로 나누어짐$\}=\{\cdots, -6, -1, 4, 9, 14, \cdots\}$

(3) $Z/R = \{[0], [1], [2], [3], [4]\}$

(4) $[0] \cup [1] \cup [2] \cup [3] \cup [4] = Z$이므로 R에 의한 Z의 몫 집합 Z/R은 Z의 분할이다.

예제 2.22 **집합 $A = \{1, 2, 3\}$의 분할 π가 다음과 같이 주어졌다.**

$$\pi = \{\{1, 3\}, \{2\}\}$$

이 때 집합 A의 동치관계 R_π을 구하시오.

풀이 집합 A의 동치관계 R_π는 다음과 같다.

$$R_\pi = \{(1, 1), (1, 3), (2, 2), (3, 3), (3, 1)\}$$

집합A에 관한 관계 R이 반사적, 반대칭적, 추이적이면 R을 반순서 관계(partially ordered relation)라 한다.

예제 2.23 **(1) 실수의 집합 R에 관한 관계 R이 다음과 같다.**

$$R = \{(x,y) \mid x \le y\}$$

이 때 다음 물음에 답하시오.

(1) 관계 R은 반사적인가?
(2) 관계 R은 반대칭적인가?
(3) 관계 R은 추이적인가?
(4) 관계 R은 반순서 관계인가?

풀이 (1) $a \in R$에 대하여, $a \le a$이므로 반사적이다.
(2) $a, b \in R$에 대하여, $a \le b$이고 $b \le a$일 때 $a = b$이므로 반대칭적이다.
(3) $a, b, c \in R$에 대하여, $a \le b$이고 $b \le c$일 때 $a \le c$이므로 추이적이다
(4) 이 관계는 (1), (2) 그리고 (3)에 의하여 반순서 관계이다.

2.8 관계형 데이터베이스

미국 SDC(System Development Corporation)라는 회사가 1963년 6월 개최한 "컴퓨터 중심의 데이터베이스 개발과 관리"라는 심포지엄 제목에서 데이터베이스(database)는 처음으로 사용되었다. 데이터 파일로부터 정보를 쉽게 검색하는 문제에 관한 논문이 대부분인 이 심포지엄에서 데이터베이스라는 용어는 자기 테이프와 같은 저장 장치에 저장된 데이터 파일을 의미했다. 이에 바크만(Charles W. Bachman)은 1963년 IDS

(Integrated Data Store)라는 데이터베이스 관리 시스템을 만들어 데이터베이스 환경을 확립했다.

데이터베이스는 같은 데이터가 상이한 목적을 가진 응용에 여러 번 중복되어 사용될 수 있다는 공용의 개념에 기초를 두고 있다. 따라서 데이터베이스(database)란 어느 한 조직의 여러 응용 시스템들이 공용할 수 있도록 통합, 저장된 운영 데이터의 집합이라 할 수 있다.

이러한 데이터베이스를 응용 프로그램 등이 공용으로 사용할 수 있게 관리해 주는 시스템을 데이터베이스 관리 시스템(database management system)이라고 한다.

〈그림 2.6〉은 이러한 데이터베이스 관리 시스템의 구조를 설명한 것이다.

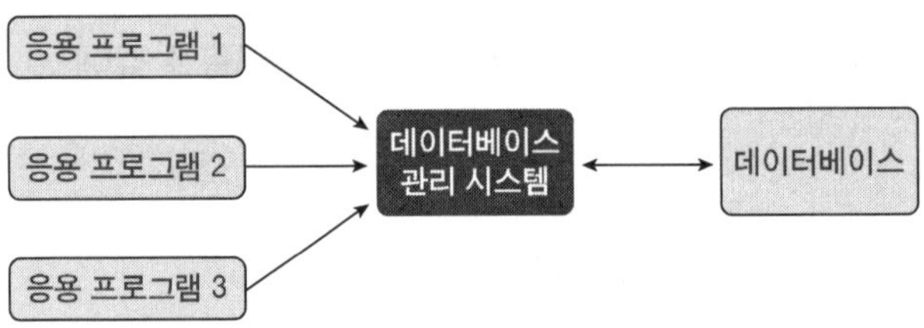

[그림 2.6] 데이터베이스 관리 시스템의 구조

데이터베이스 관리 시스템의 중요한 역할은 사용자로 하여금 실질적으로 데이터가 컴퓨터 속에 저장되어진 형태로 사용하게 하기 보다는 추상적인 관점에서 사용자가 데이터를 다룰 수 있게 해주는 것이다.

데이터를 모델화하는 방법으로, 추상적인 관점의 데이터 구조를 테이블의 형태로 만드는 것인데 이를 관계형 데이터베이스라고 한다. 〈표 2.1〉의 학생 성적표는 관계형 데이터베이스에 대한 예이다. 이 관계에서 각 항목 A_1, A_2, A_3, …, A_n은 하나의 부분집합이 되고 이러한 집합을 n−항 관계(n−ary relation)라고 한다.

A_1은 학번의 집합이고, A_2는 학과의 집합, A_3는 과목번호의 집합, A_4는 성적의 집합이라 할 때, (1004, 기계과, C503, 77)과 같은 관계를 구성하는 요소들을 4−투플(4−tuple)이라 한다.

이와 같은 테이블은 다양한 형태의 데이터를 효율적으로 다루는 방법을 보여주는데, 관계형 데이터베이스 모델의 기본적인 형태가 된다.

[표 2.1] 학생 성적표

학번	학과	과목번호	성적
1001	정보통신공학과	C501	70
1003	정보통신공학과	C502	70
1004	기계과	C503	77
1008	방송공학과	C504	87
1010	방송공학과	C506	90

n-항 관계를 나타내는 테이블은 데이터를 저장하는데 사용되므로, 저장된 정보를 검색하기 위하여 연산자들을 정의하여야 한다. 관계 연산에서 사용되는 기본적인 3가지의 n-항 관계 연산자는 다음과 같다.

selection : 이 연산자는 테이블에서 선택 기준을 만족하는 행(row)을 선택하는데 사용된다. 예를 들어 〈표 2.1〉에서 80점이 넘는 성적을 요구하는 4-투플을 찾고 싶다면, 다음과 같이 기술한다.

"학생 성적표에서 성적>80인 모든 행을 select 하여라."

이러한 요구에 대한 결과는 〈표 2.2〉와 같다.

[표 2.2] 특정 점수의 성적표

학번	학과	과목번호	성적
1008	방송공학과	C504	87
1010	방송공학과	C506	90

projection : 때로는 특정 열(column)을 선택하여 새로운 n-항 관계 테이블을 만들 수 도 있다. 예를 들어 〈표 2.1〉에서, 학과와 과목번호를 선택하면 〈표 2.3〉과 같다.

[표 2.3] 학과별 과목번호

학과	과목번호
정보통신공학과	C501
정보통신공학과	C502
기계과	C503
방송공학과	C504
방송공학과	C506

join : 세 번째 연산자로 두 개의 테이블을 결합시켜 새로운 테이블을 만들 수 도 있다. 만약 두 개의 테이블이 한 개 이상의 같은 열을 가지고 있다면, 서로 결합시킬 수가 있다. 보통 열을 가지는 테이블에서 join 연산은 두 테이블에서 특정 열을 가지는 항목을 모든 행으로 결합한다. 물론 join 되는 두 개의 테이블에 같은 열을 가지고 있지 않으면 생성되는 테이블은 비게 된다.

[표 2.4] 학과별 지도교수

학과	지도교수
정보통신 공학과	유정수
기계과	고명진
방송 공학과	김정환
방송 공학과	김일주
전기 전자과	이새론

다음은 학생 성적표에서 학생의 학번과 학과별 지도교수의 join연산 결과로서, 〈표 2.1〉과 〈표 2.4〉를 join 시키면 다음 〈표 2.5〉를 얻을 수 있다.

[표 2.5] join 결과

학번	학과	과목번호	성적	지도교수
1001	정보통신공학과	C501	70	유정수
1003	정보통신공학과	C502	70	유정수
1004	기계과	C503	77	고명진
1008	방송공학과	C504	87	김정환
1018	방송공학과	C504	87	김일주
1010	방송공학과	C506	90	김정환
1010	방송공학과	C506	90	김일주

연습문제

01 집합 $A=\{1, 2\}$, $B=\{a, b, c\}$, $C=\{r, s\}$라 할 때, 곱집합 $A\times B\times C$를 구하시오.

02 집합 $A=\{1, 2, 3, 4\}$상에서의 관계 R은 〈그림 2.7〉과 같은 유향그래프로 나타내질 때 다음 물음에 답하시오.

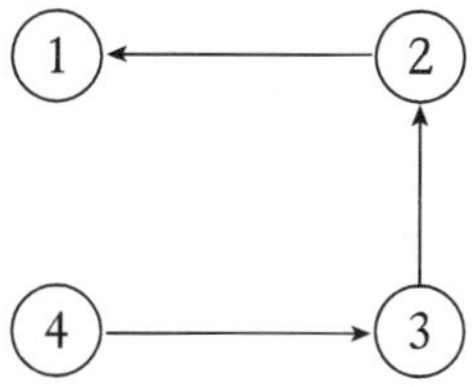

[그림 2.7] 유향그래프

(1) 관계 R의 원소를 나열하시오.
(2) 관계 R을 행렬 M_R로 나타내시오.
(3) 관계 R을 좌표 표현을 나타내시오.
(4) 관계 R을 화살표 표현을 나타내시오.

03 집합 $A=\{1, 2, 3, 4\}$상에서의 관계 $R=\{(1, 2), (1, 1), (1, 3), (2, 4), (3, 2)\}$과 관계 S가 $S=\{(1, 4), (1, 3), (2, 3), (3, 1), (4, 1)\}$로 주어졌을 때 물음에 답하시오.

(1) 합성관계 $R\circ S$ 를 구하시오.
(2) 합성관계 $R\circ S$의 역관계를 구하시오.
(3) 합성관계 $R\circ R$ 를 구하시오.

04 다음 그림의 가계도를 보고 관계를 나타내시오.

(1) R={(x, y)| x는 y의 할머니이다}

(2) S={(x, y)| x는 y의 엄마이다}

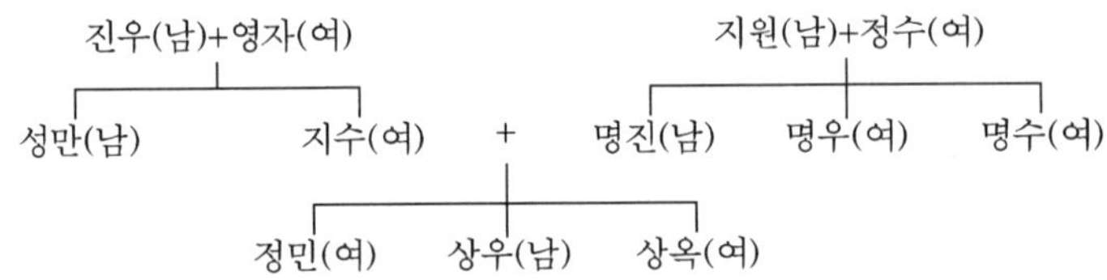

05 다음과 같은 관계가 집합 $A=\{1, 2, 3\}$에서 주어질 때 물음에 답하시오.

$$R=\{(1, 1), (1, 2), (1, 3), (3, 3)\}$$
$$S=\{(1, 1,), (1, 2), (2, 1), (2, 2), (3, 3)\}$$
$$T=\{(1, 1), (1, 2), (2, 2), (2, 3)\}$$

(1) 반사관계인 것은?

(2) 비반사 관계인 것은?

(3) 대칭관계인 것은?

(4) 반대칭 관계인 것은?

(5) 추이관계인 것은?

06 다음 유향 그래프를 보고 반사관계, 대칭관계, 반대칭관계, 추이관계가 성립하는지 판별하시오.

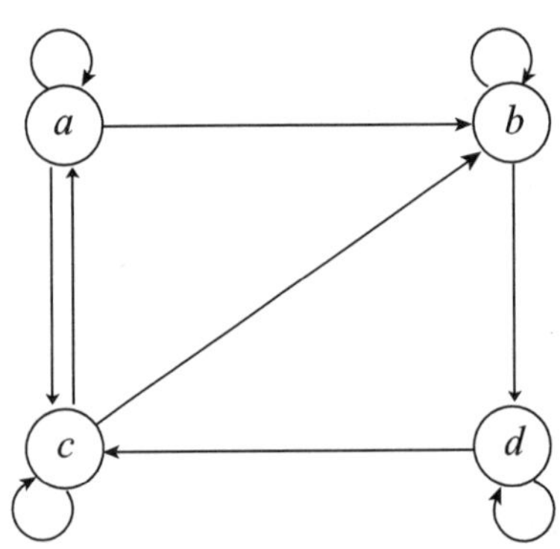

07 사람들의 집합에서 다음 관계들이 반사적, 대칭적 혹은 추이적 관계인지를 판단하시오.

(1) x는 y와 나이가 같다.
(2) x는 y보다 나이가 많다.
(3) x와 y는 같은 부모를 가진다.
(4) x는 y의 형이나 남동생이다.

08 집합 $A=\{a,b,c\}$ 에서의 관계 $R=\{(a,a),(a,b),(b,b),(c,a)\}$ 이 주어졌을 때 다음 물음에 답하시오.

(1) 관계 R의 반사적 닫힘을 구하시오.
(2) 관계 R의 대칭적 닫힘을 구하시오.
(3) 관계 R의 추이적 닫힘을 구하시오.

CHAPTER

03

부울 대수 (Boolean Algebra)

CHAPTER 03

부울 대수 (Boolean Algebra)

1854년 영국의 수학자 부울(George Boole)은 논리적 성질을 표현하는 수학적 기호로 부울 대수(Boolean Algebra)를 소개하였다. 이것을 1938년 샤논(Claude Elwood Shannon)은 부울 대수의 논리규칙이 회로를 설계하는데 사용될 수 있음을 증명하였다.

논리적 상태인 명제는 참(true) 또는 거짓(false)의 두 가지로 표현되며, 숫자 1 또는 0으로 대치되어 두 가지 상태를 나타내는 장치로 표현될 수 있다. 이것은 전기의 흐름에서의 켜짐과 꺼짐, 스위치의 열림과 닫힘 그리고 회로의 흐름과 막힘 등의 실생활에 적용될 수 있으며 무엇보다도 컴퓨터에 적용되어 복잡한 문제를 해결할 수 있는 도구로 사용될 수 있다.

이 장에서는 부울식(Boolean Expression)의 정의와 부울식의 표현을 설명하고, 카노우맵(Karnaugh Map)을 이용하여 부울 함수(Boolean Function)를 간소화하는 방법을 소개한다. 이러한 최소화된 부울 함수는 논리 회로에 적용된다.

3.1 부울식(Boolean Expression)

부울 대수는 다음과 같이 두 개의 원소를 갖는 집합과 단항연산자 그리고 이항연산자로 구성된다.

$$\langle B = \{0, 1\},\ +(\text{OR}),\ \cdot\,(\text{AND}),\ '(\text{Complement})\rangle$$

부울식은 부울대수에서 표현되는 식으로, 부울식에서 연산자의 우선 순위는 다음과 같다.

우선순위	연산자
1	괄호
2	'(Complement)
3	• (AND)
4	+ (OR)

부울식의 연산자는 다음과 같다.

1) '(Complement)

p	p'
0	1
1	0

2) • (AND)

•	0	1
0	0	0
1	0	1

3) +(OR)

+	0	1
0	0	1
1	1	1

따라서 부울식은 0과 1로 이루어진 입력 값을 부울 연산자의 처리 과정을 거쳐 0 또는 1의 출력 값으로 나타낼 수 있다. 부울 연산자에서 •는 논리 연산의 ∧와 같으며, +는 논리 연산의 ∨와 같은 의미로 사용할 수 있다. 또한 '(Complement)는 논리 연산의 ¬(부정) 와 같음을 알 수 있다.

예제 3.1 **다음 부울 식의 결과 값을 구하라.**

(1) $0+0'$

(2) $1 \cdot 0 \ \cdot 1 + 1' \cdot 0$

(3) $(1+0')' + 0 \cdot 1$

(4) $1 \cdot 0 + (0 \cdot 1' + 0' \cdot 0')$

(5) $(1+0)' \cdot 0$

풀이 (1) $0+0' = 0+1$

$= 1$

(2) $1 \cdot 0 \ \cdot 1 + 1' \cdot 0 = 0 \cdot 1 + 0 \cdot 0$

$= 0+0$

$= 0$

(3) $(1+0')' + 0 \cdot 1 = (1+1)' + 0$

$= 1' + 0$

$= 0 + 0$

$= 0$

$$\begin{aligned}(4)\ 1\cdot 0+(0\cdot 1'+0'\cdot 0') &= 0+(0\cdot 0+1\cdot 1)\\ &= 0+(0+1)\\ &= 0+1\\ &= 1\end{aligned}$$

$$\begin{aligned}(5)\ (1+0)'\cdot 0 &= (1)'\cdot 0\\ &= 0\cdot 0\\ &= 0\end{aligned}$$

정의 3.1

부울식은 다음과 같이 정의된다.
1) 상수 0과 1는 부울식이다.
2) 부울 변수는 부울식이다.
3) f_1과 f_2가 부울식일 때 다음 식들은 모두 부울식이다.

$$f'_1,\ f_1+f_2,\ f_1\cdot f_2,\ (f_1)$$

부울 변수가 x, y, z라 할 때 다음 식들은 부울식이 된다.

$$1'+y\cdot 0+(x+y+z)'$$
$$(x'\cdot y)'+x'+0\cdot y$$

위와 같이 부울 변수 x, y로 이루어지는 부울식은 무수히 많다. 하지만 부울식은 각각의 부울변수에 0 또는 1값을 대입하여 유한개의 값을 얻을 수 있다. 이때 두 부울식이 같은 진리값을 갖는다면 두 부울식을 동치라고 한다. f_1과 f_2가 동치인 부울식이라면 $f_1=f_2$라 쓴다.

부울식에 대하여 많은 유용한 항등식을 얻을 수 있는데, 이것은 부울식의 기본법칙을 이용하여 구할 수 있다. 다음은 부울식의 기본법칙에 관한 설명이다.

[표 3.1] 부울식의 기본법칙

p, q, r을 부울 변수라 하면 다음이 성립한다.	
멱등 법칙(idempotent law)	$p \cdot p = p$ $p + p = p$
항등 법칙(idemtity law)	$p + 0 = p$ $p + 1 = 1$ $p \cdot 1 = p$ $p \cdot 0 = 0$
교환 법칙(commutative law)	$p + q = q + p$ $p \cdot q = q \cdot p$
결합 법칙(associative law)	$p + (q + r) = (p + q) + r$ $p \cdot (q \cdot r) = (p \cdot q) \cdot r$
분배 법칙(distributivelaw)	$p + (q \cdot r) = (p + q) \cdot (p + r)$ $p \cdot (q + r) = (p \cdot q) + (p \cdot r)$
흡수 법칙(absorption law)	$p + (p \cdot q) = p$ $p \cdot (p + q) = p$
여 법칙(inverse law)	$p + p' = 1$ $p \cdot p' = 0$
이중 부정 법칙(complement law)	$(p')' = p$
드모르간 법칙(DeMorgan's law)	$(p + q)' = p' \cdot q'$ $(p \cdot q)' = p' + q'$

부울 법칙들은 명제의 동치관계에 대한 기본법칙과 마찬가지로 진리표를 만들어 두 진리표의 진리값이 같다는 것을 보인다. 부울식에서 연산자 • 는 부울 변수들 사이에서 생략할 수 있다. 즉 $x \bullet y$은 간단히 xy로 나타낸다.

예제 3.2 **p, q, r이 부울 변수일 때 부울식 $(p'+r)'q = pqr'$이 성립함을 증명하여라.**

풀이

$(p'+r)'q = (p')'r'q$	드모르간 법칙
$= pr'q$	이중 부정 법칙
$= pqr'$	교환 법칙

예제 3.3 다음 부울식을 기본법칙을 이용하여 간소화하시오.

(1) $w + yw$ (2) $xy + wy + xz + wz$

(3) $wx + (x'z)' + yz'$

풀이 (1) $w + yw = 1w + yw$ 항등 법칙

$= (1 + y)w$ 분배 법칙

$= 1w$ 항등 법칙

$= w$ 항등 법칙

(2) $xy + wy + xz + wz = (x + w)y + (x + w)z$ 분배 법칙

$= (x + w)(y + z)$ 분배 법칙

(3) $wx + (x'z)' + yz' = wx + ((x')' + z') + yz'$ 드모르간 법칙

$= wx + (x + z') + yz'$ 이중 부정 법칙

$= (wx + x) + z' + yz'$ 결합 법칙

$= x + z'$ 흡수 법칙

예제 3.4 다음 두 부울식이 동치관계임을 진리표와 법칙을 이용하여 증명하시오.

$$y + xz = (y + x)(y + z)$$

풀이 (1) 진리표를 이용하면 다음과 같다.

x	y	z	xz	$y+x$	$y+z$	$y+xz$	$(y+x)(y+z)$
0	0	0	0	0	0	0	0
0	0	1	0	0	1	0	0
0	1	0	0	1	1	1	1
0	1	1	0	1	1	1	1
1	0	0	0	1	0	0	0
1	0	1	1	1	1	1	1
1	1	0	0	1	1	1	1
1	1	1	1	1	1	1	1

(2) 법칙을 이용하면 다음과 같다.

$$\begin{aligned}(y + x)(y + z) &= (y + x)y + (y + x)z \\ &= yy + xy + yz + xz \\ &= y + xy + yz + xz \\ &= y + yz + xz \\ &= y + xz\end{aligned}$$

3.2 부울식의 표현(Representation of boolean Expressions)

부울 변수를 이용한 부울식은 무한히 많은 방법으로 표현할 수 있다. 하지만 일정한 수를 변수로 사용하는 부울식의 값은 언제나 일정하다. 부울 변수들을 정의역으로 정한 후 함수로 표현하는 방법에 대하여 알아보자.

부울 변수 $b_i \in B$, $i = 1, 2, \cdots, n$에 대한 부울 함수(Boolean function) f는

$$f : B \times B \times B \times \cdots \times B \rightarrow B$$

로 나타내지며, $f(b_1, b_2, \cdots, b_n) \in B$이다.

$B = \{0, 1\}$이므로 $B^n = \{(b_1, b_2, \cdots, b_n) \mid b_i \in B, 1 \le i \le n\}$은 0과 1로 구성된 n개의 쌍으로 이루어진 집합이다. 이때 변수 b_i $(i = 1, 2, \cdots, n)$는 0과 1만을 가질 수 있으며 이러한 변수를 부울변수(Boolean variable)라 한다.

정리 3.2

부울변수 $x = (b_1, b_2, \cdots, b_n) \in B^n$에 대하여 부울함수 f, g 의 연산은 다음과 같이 정의된다.

$$f : B^n \rightarrow B, \quad g : B^n \rightarrow B$$

1) $(f + g)(x) = f(x) + g(x)$
2) $(f \cdot g)(x) = f(x) \cdot g(x)$
3) $(f')(x) = (f(x))'$

n차 부울함수는 다음과 같이 정의되고

$$F^n = \{ f \mid f : B^n \rightarrow B \}$$

n차 부울함수의 개수는 다음과 같다.

$$| F^n | = 2^{2^n}$$

예제 3.5 **부울 변수 $x, y, w, z \in B$일 때 부울 함수를 찾으시오.**

(1) $f(y, w) = w + yw$
(2) $f(y, w) = w + yw + 1$

(3) $f(x,\ y,\ w,\ z) = wxy + wy' + z + 3$

(4) $f(x,\ y,\ w,\ z) = wxy + wy + xz + wz$

(5) $f(x, y, w, z) = wx + (x'z)' + (yz')$

풀이 (1), (2), (4) 그리고 (5)는 부울함수이다.

하나의 부울 변수 $b \in B = \{0, 1\}$ 에서 표현될 수 있는 부울 함수는 $2^{2^1}=4$개 이다. 이 부울 함수의 원소를 f_1, f_2, f_3, f_4라 하면 다음과 같이 나타낼 수 있다.

b	f_1	f_2	f_3	f_4
0	0	0	1	1
1	0	1	0	1

따라서 이것을 함수형태로 나타내면 다음과 같다.

$$f_1(0)=f_1(1)=0,$$
$$f_2(0)=0,\ f_2(1)=1,$$
$$f_3(0)=1,\ f_3(1)=0,$$
$$f_4(0)=f_4(1)=1$$

예제 3.6 부울 변수를 두 개 사용할 때 부울 함수의 원소를 구하시오.

풀이 두 개의 부울변수에 대한 부울 함수의 수는 $2^{2^2}=2^4=16$개이다.
이 부울 함수의 원소를 f_1, f_2, $\cdots$, f_{16}라 하면 다음과 같다.

x	y	f_1	f_2	f_3	f_4	f_5	f_6	f_7	f_8	f_9	f_{10}	f_{11}	f_{12}	f_{13}	f_{14}	f_{15}	f_{16}
0	0	1	0	1	0	1	0	1	0	1	0	1	0	1	0	1	0
0	1	0	1	1	0	0	1	1	0	0	1	1	0	0	1	1	0
1	0	0	0	0	1	1	1	1	0	0	0	0	1	1	1	1	0
1	1	0	0	0	0	0	0	0	1	1	1	1	1	1	1	1	0

위의 예제에서 부울 함수를 살펴보면, $f_8(x, y)=1$인 경우는 $x = y = 1$ 이다. 그러므로 $f_8(x, y)=xy$로 표시된다. $f_9(x, y)=1$인 경우는 $x=y=0$ 이거나 $x=y=1$ 일 경우이므로 $f_9(x, y)=x'y' + xy$으로 표현할 수 있다. 모든 부울 함수는 두 개의 부울 변수와 부울 연산자로 표현할 수 있다.

또한, 부울 함수들도 부울 연산자를 이용하여 다른 함수들로 표현할 수 있다. 예를 들면, $f_3 = f_1 + f_2$, $f_{16} = f_1 \cdot f_2$로 표시할 수 있다.

위의 예제에서 두 개의 부울 변수로 표현되는 최소의 부울 함수는 16개이다. 하지만 두 개의 부울 함수와 부울 연산자를 이용한 부울 함수는 많이 만들어진다. 그리고 부울 변수의 수가 늘수록 부울 함수는 보다 더 많이 만들 수 있다.

다음은 부울 변수에 의한 부울 함수를 표현하는 새로운 방법을 소개한다.

정의 3.3

- **최소항**
  부울 변수에 의한 부울함수의 값이 1일 때, 이 부울변수를 최소항이라 한다.
- **최소항의 논리곱**
  최소항의 부울변수들을 논리곱의 결합으로 나타내는 방법을 최소항의 논리곱이라 한다. 이때 부울변수의 값이 0이면 그 부울변수에 부정을 한 후 논리곱으로 나타낸다.

모든 부울함수는 최소항의 논리곱으로 유일하게 표현된다.

예제 3.7 $x=0$, $y=0$, $z=1$**일 때 부울 함수** $f(x, y, z)$**의 값은 1이 되고, 다른 경우에는 0의 값일 때, 부울 함수에 대한 진리표를 구하고,** $f(x, y, z)=1$ **인 최소항을 부울 변수의 곱으로 나타내어라.**

풀이 부울 변수가 3개이므로, $2^3 = 8$개의 항이 만들어진다.

x	y	z	$f(x, y, z)$
0	0	0	0
0	0	1	1
0	1	0	0
0	1	1	0
1	0	0	0
1	0	1	0
1	1	0	0
1	1	1	0

위의 진리표에서 $x=0$, $y=0$, $z=1$일 때 $f(x, y, z)=1$이므로 $f(x, y, z)=x'y'z$이다.

부울 함수는 함수값이 1인 부울 변수의 항들 중에서 1의 값을 갖는 변수들의 논리합으로 표현하여 간단히 나타낼 수 있다. 이때 각각의 최소항들은 부울 변수의 곱으로 나타내며 해당되는 변수가 x일 때 그 값이 1이면 x, 0이면 x'으로 표시한다. 부울변수가 $x=1, y=0,\ z=1$이라면 그에 해당하는 최소항을 변수들의 곱으로 나타내면 $xy'z$가 된다.

정의 3.4 논리곱의 합

최소항이 한 개 이상일 경우 부울함수을 최소항의 논리합으로 나타낸다. 즉, 부울 함수는 부울 변수의 곱의 합으로 표현된다.

예제 3.8 부울 변수에 대한 진리표가 다음과 같을 때 부울 함수 $f(x,\ y,\ z)$를 구하여라.

x	y	z	$f(x, y, z)$
0	0	0	1
0	0	1	1
0	1	0	0
0	1	1	0
1	0	0	1
1	0	1	0
1	1	0	1
1	1	1	0

풀이 부울 함수는 $f(x, y, z)=1$인 최소항들의 합이므로

$$f(x, y, z) = x'y'z' + x'y'z + xy'z' + xyz'$$

이다.

예제 3.9 다음의 부울 함수를 부울 변수의 곱의 합으로 나타내어라.

(1) $f(x, y) = x \bullet y$

(2) $f(x, y) = x' + y'$

(3) $f(x, y, z) = x \bullet y + z'$

풀이 (1) $f(x, y) = x \bullet y$에 대한 진리표를 나타내면 다음과 같다.

x	y	$x \bullet y$
0	0	0
0	1	0
1	0	0
1	1	1

따라서 부울함수 $x \bullet y$의 값이 1인 최소항들을 곱의 합으로 나타내면

$$f(x, y) = xy$$

이다.

(2) $f(x, y) = x' + y'$에 대한 진리표를 나타내면 다음과 같다.

x	y	x'	y'	$x' + y'$
0	0	1	1	1
0	1	1	0	1
1	0	0	1	1
1	1	0	0	0

위의 진리표에서 부울함수 $x' + y'$의 값이 1인 최소항들을 곱의 합으로 나타내면

$$f(x, y) = x'y' + x'y + xy'$$

이다.

(3) $f(x, y, z) = x \bullet y + z'$의 진리표는 다음과 같다.

x	y	z	$x \bullet y$	z'	$x \bullet y + z'$
0	0	0	0	1	1
0	0	1	0	0	0
0	1	0	0	1	1
0	1	1	0	0	0
1	0	0	0	1	1
1	0	1	0	0	0
1	1	0	1	1	1
1	1	1	1	0	1

위의 진리표에서 $f(x, y, z)$의 곱의 합을 구하면

$$f(x, y, z) = x'y'z' + x'yz' + xy'z' + xyz' + xyz$$

이다.

3.3 부울 함수의 간소화(Minimization of Boolean Function)

부울 변수에 의한 부울 함수는 좀 더 간단한 형태의 식으로 표현하면 경제적으로 사용할 수 있다. 부울 함수를 간단히 표현하는 방법에는 부울식의 기본법칙을 이용하거나 카노우 맵을 이용한다.

3.3.1 기본 법칙을 이용한 부울식

부울식의 기본법칙을 이용하여 부울 함수를 간단히 하는 방법은 부울 대수의 기본 성질을 이용하는 것이다. 부울식이 간단한 경우에는 쉽게 결과를 표현할 수 있지만 부울변수가 많을 경우 그 과정이 복잡하다.

예제 3.10 **다음 부울 함수를 부울식의 기본 법칙을 이용하여 간단히 하여라.**

(1) $f(x, y) = xy' + x'y' + x'y$

(2) $f(x, y, z) = x'yz' + xy'z' + xyz'$

(3) $f(x, y, z) = x'y'z' + x'yz' + xy'z' + xyz'$

풀이 (1) $f(x, y) = xy' + x'y' + x'y$

$= x'(y' + y) + xy'$ 분배 법칙

$= x' + xy'$ 여 법칙

$= (x' + x)(x' + y')$ 분배 법칙

$= x' + y'$ 여 법칙

$= (x \cdot y)'$ 드모르간 법칙

(2) $f(x, y, z) = x'yz' + xy'z' + xyz'$

$= xy'z' + x'yz' + xyz'$ 교환 법칙

$= xy'z' + yz'(x' + x)$ 분배 법칙

$= xy'z' + yz' \cdot 1$ 여 법칙

$= xy'z' + yz'$ 항등 법칙

(3) $f(x, y, z) = x'y'z' + x'yz' + xy'z' + xyz'$

$= x'z'(y' + y) + xz'(y' + y)$ 분배 법칙

$= x'z' + xz'$ 여 법칙

$= z'(x' + x)$ 분배 법칙

$= z'$ 여 법칙

3.3.2 카노우 맵

모든 부울식은 최소항에 대한 곱의 합으로 유일하게 표현됨을 알았다. 그리고 이러한 표현은 진리표와 유일하게 대응됨을 보였다. 이제는 유일하게 표현된 부울함수를 가장 간단한 식으로 표현하는 도구를 소개한다. 이 도구는 카노우 맵으로 알려져 있으며, 논리회로 설계를 돕기 위해 1950년에 고안되었다.

카노우맵은 부울함수에서 부울 변수들을 사각형안에 적은 후, 인접한 최소항들을 서로 묶어 부울 함수를 간소화하는 방법이다. 카노우맵을 그릴 때는 최소항들에 대한 부울 변수들을 이용하여 최소항들 중 1의 값을 해당되는 변수의 사각형 안에 '1'로 표시한다. 그리고 '1'로 표시된 사각형들의 부울식을 연결하여 규칙에 따라 부울 함수로 나타낸다. 이 때 n개의 부울 변수가 있으면 2^n개의 사각형이 필요하다. 카노우맵은 변수의 개수에 따라 맵을 만든 후 규칙을 이용하여 간소화된 부울 함수를 구한다.

(1) 두 변수에 대한 카노우맵

두 변수를 x와 y라 할 때, 이 변수들이 가질 수 있는 모든 경우인 $2^2 = 4$개의 사각형이 필요하다. 두 변수에 대한 카노우맵은 다음과 같다.

$x \backslash y$	0	1
0	$x'y'$	$x'y$
1	xy'	xy

[그림 3.1] 두 변수에 대한 카노우맵

두 변수 카노우 맵에서 부울 변수가 x=y=0일 때 그에 해당되는 부울 함수는 $x'y'$이 되고, x=y=1일 때 부울 함수는 xy이다. 또한 x=1, y=0일 때는 xy'인 부울 함수가 된다. 그리고 x=0, y=1일 때의 부울 함수는 xy'이다.

예제 3.11 **다음과 같은 카노우맵이 주어질 때, 부울함수를 구하시오.**

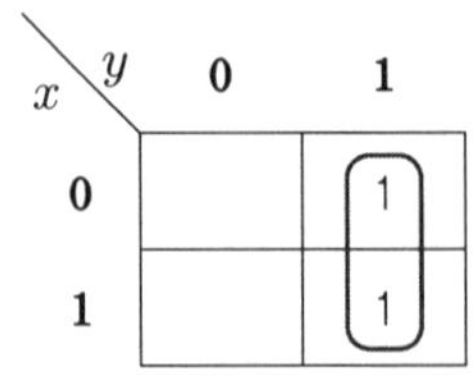

풀이 위의 카노우 맵에서 $x=0$이고 $y=1$일 때와 $x=1$이고 $y=1$일 때만 부울함수가 1의 값을 가지므로 부울함수로 표현하면 $f(x, y)=x'y+xy$이다.

카노우 맵의 사각형에서 부울함수의 값이 1이면 '1'로 표시하고, 부울함수가 0이면 사각형을 공백으로 놓는다. '1'로 표시된 사각형이 인접하였으면 함께 묶어서 다음에 제시된 규칙에 따라 간단히 표현될 수 있다.

정리 3.5

두변수 카노우맵에 대한 규칙은 다음과 같다.

1) 카노우맵에서 인접한 1은 결합되어 하나의 변수로 표현된다.
2) 카노우맵에서 개별적인 1은 두 변수의 논리곱으로 표현된다.
3) 카노우맵에서 1에 대응되는 모든 부울식은 논리합으로 결합되어 표현된다.

예제 3.12 **다음과 같이 카노우 맵이 주어질 때, 부울 함수를 간단히 표현하시오.**

(1)

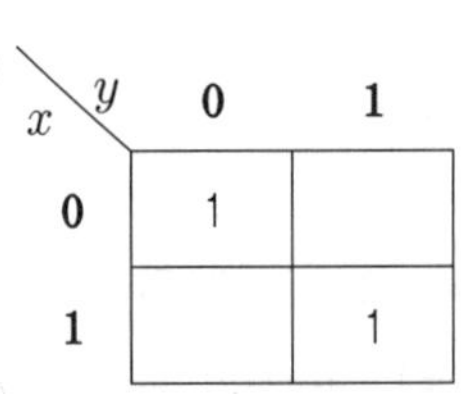

(2)

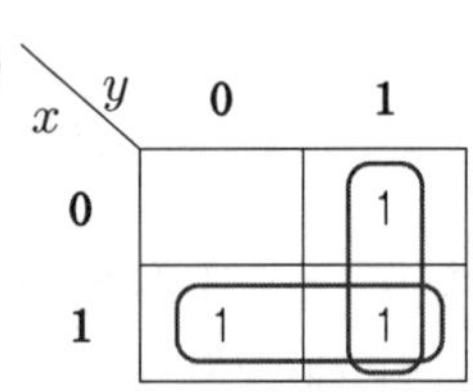

풀이 (1) $f(x, y)=x'y'+xy$

(2) $f(x, y)=x+y$

예제 3.13 **다음 부울 함수를 카노우 맵을 이용하여 간단히 표현하시오.**

(1) $f(x, y)=x'y'+x'y$

(2) $f(x, y)=x'y'+x'y+xy'$

풀이 (1)

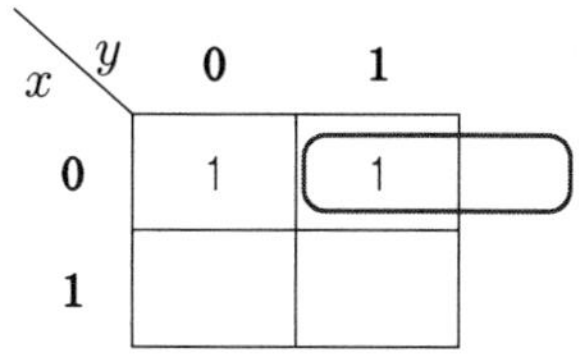

$f(x, y) = x'y' + x'y = x'$

(2)

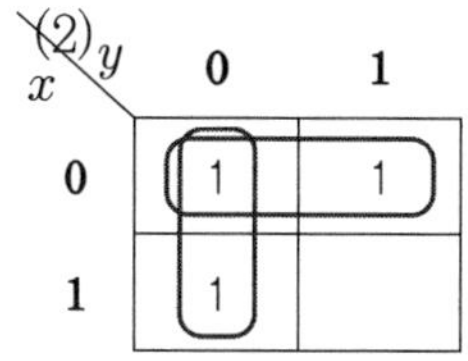

$f(x, y) = x'y' + xy' + x'y = x' + y'$

(2) 세 변수에 대한 카노우맵

부울 변수가 세 개 이면, 이 변수들이 가질 수 있는 모든 경우가 $8(=2^3)$이므로 8개의 사각형이 필요하다. 세 변수에 대한 카노우 맵은 다음과 같다.

x \ yz	00	01	11	10
0	$x'y'z'$	$x'y'z$	$x'yz$	$x'yz'$
1	$xy'z'$	$xy'z$	xyz	xyz'

[그림 3.2] 세 변수에 대한 카노우맵

세 변수 카노우 맵에서 부울 변수가 $x=y=z=0$일 때 그에 해당되는 부울 함수는 $x'y'z'$이 되고, $x=y=z=1$일 때 부울 함수는 xyz이다. 세 변수에 대한 카노우 맵도 두 변수에 대한 카노우 맵과 마찬가지로 부울 변수에 따라 사각형에 표시되며, 주의해야 할 것은 사각형에서 01 다음에 10 이 아니라 11이라는 것이다. 그리고 왼쪽 끝의 사각형들은 오른쪽 끝의 사각형들과 인접되어 있다고 가정한다.

정리 3.6

세 변수 카노우맵에 대한 규칙은 다음과 같다.

1) 카노우맵에서 4개의 인접한 사각형의 모임은 결합되어 하나의 변수로 표현된다.
2) 카노우맵에서 2개의 인접한 사각형의 모임은 결합되어 2개의 변수로 표현된다.
3) 카노우맵에서 하나의 1을 가진 개별적인 사각형은 3개의 변수로 표현된다.

카노우 맵이 아래와 같을 때, 4개의 인접한 사각형은 한 개로 묶어 하나의 변수 x'로 표시된다.

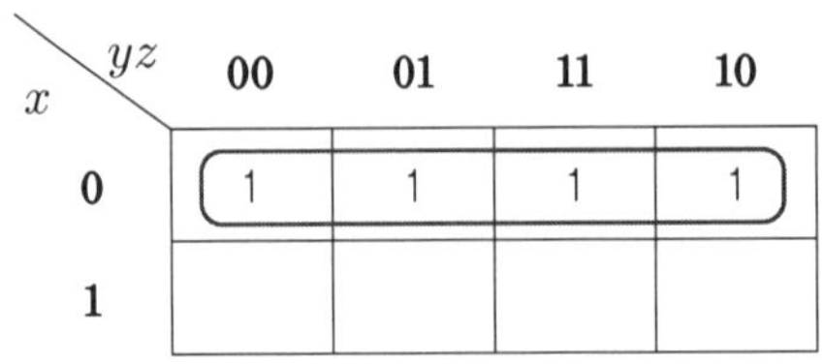

[그림 3.3] 세 변수의 카노우맵

예제 3.14 **다음의 진리표를 이용하여 물음에 답하시오.**

(1) 다음의 진리표를 갖는 부울함수를 나타내시오.

(2) 다음의 진리표를 갖는 카노우맵을 그리시오.

(3) 다음의 진리표를 갖는 부울함수를 (2)를 이용하여 간단히 표현하시오.

x	y	z	$f(x,\ y,\ z)$
0	0	0	1
0	0	1	1
0	1	0	0
0	1	1	1
1	0	0	1
1	0	1	1
1	1	0	0
1	1	1	1

풀이 (1) $f(x,y,z) = x'y'z' + x'y'z + x'yz + xy'z' + xy'z + xyz$

(2) 진리표로부터 카노우맵을 그리고 인접한 사각형을 묶으면 다음과 같다.

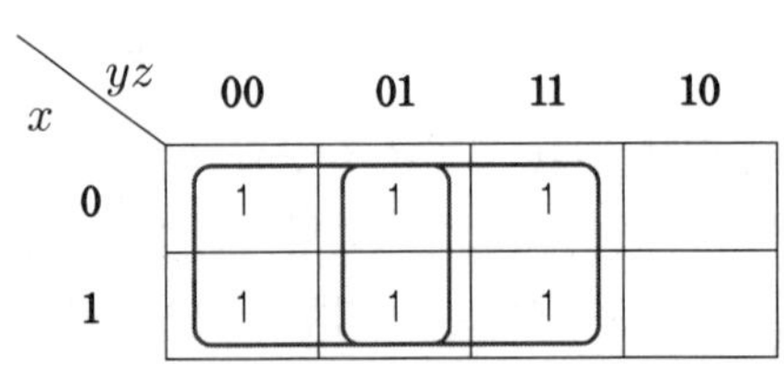

(3) 4개의 사각형은 묶어 하나의 변수 y'으로 표시되며, 또다시 4개의 사각형은 하나로 묶어 z으로 나타낸다. 따라서 $f(x, y, z) = y' + z$이다.

예제 3.15 **다음과 같이 부울 함수가 주어졌을 때 물음에 답하시오.**

$$f(x,y,z) = x'y'z' + xy'z' + x'yz' + xyz'$$

(1) 부울 함수를 진리표로 나타내시오.

(2) 부울 함수를 카노우 맵으로 그리시오.

(3) 카노우 맵을 사용하여 부울 함수를 간단히 표현하시오.

풀이 (1) 부울 함수 $f(x,\ y,\ z)$를 진리표로 나타내면 다음과 같다.

x	y	z	$f(x,\ y,\ z)$
0	0	0	1
0	0	1	0
0	1	0	1
0	1	1	0
1	0	0	1
1	0	1	0
1	1	0	1
1	1	1	0

(2) 부울 함수 $f(x,\ y,\ z)$를 카노우 맵으로 그리면 다음과 같다.

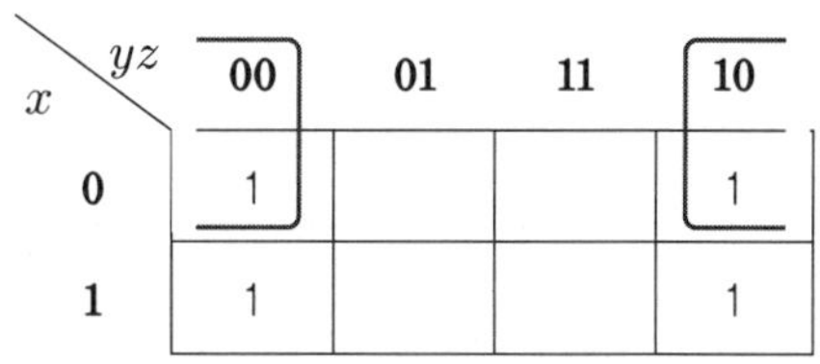

(3) 네 개의 인접한 사각형은 묶어 하나의 변수 z'으로 표현된다. 따라서 부울 함수 $f(x,\ y,\ z)$는 $f(x,\ y,\ z) = z'$ 이다.

(3) 네 변수에 대한 카노우맵

부울 변수가 네 개이며 이 변수가 x, y, z, w일 때, 이 변수들이 가질 수 있는 모든 경우는 $16(=2^4)$이므로 16개의 사각형이 필요하다. 네 변수에 대한 카노우 맵은 다음과 같다.

$xy \backslash zw$	00	01	11	10
00	$x'y'z'w'$	$x'y'z'w$	$x'y'zw$	$x'y'zw'$
01	$x'yz'w'$	$x'yz'w$	$x'yzw$	$x'yzw'$
11	$xyz'w'$	$xyz'w$	$xyzw$	$xyzw'$
10	$xy'z'w'$	$xy'z'w$	$xy'zw$	$xy'zw'$

[그림 3.4] 네 변수에 대한 카노우 맵

네 변수 카노우 맵에서 부울 변수가 $x=y=z=w=0$일 때 그에 해당되는 부울 함수는 $x'y'z'w'$이 되고, $x=y=z=w=1$일 때 부울 함수는 $xyzw$이다. 네 변수에 대한 카노우 맵도 세 변수 카노우 맵과 마찬가지로 부울 변수에 따라 사각형에 표시되며, 01 다음에 11이 오고, 왼쪽 끝 사각형들과 오른쪽 끝 사각형들이 인접되어 있다고 가정한다. 그리고 위쪽 사각형들과 아래쪽 사각형들도 인접되어 있다고 가정한다.

정리 3.7

네 변수 카노우맵에 대한 규칙은 다음과 같다.

1) 카노우맵에서 8개의 인접한 사각형의 모임은 결합되어 하나의 변수로 표현된다.
2) 카노우맵에서 4개의 인접한 사각형의 모임은 결합되어 2개의 변수로 표현된다.
3) 카노우맵에서 2개의 인접한 사각형의 모임은 결합되어 3개의 변수로 표현된다.
4) 카노우맵에서 하나의 1을 가진 개별적인 사각형은 4개의 변수로 표현된다.

예제 3.16 **다음과 같이 부울 함수가 주어졌을 때 물음에 답하시오.**

$$f(x,y,z,w)=xyz'w'+xyz'w+xyzw+xy'z'w+xy'zw$$

(1) 부울 함수를 카노우 맵으로 그리시오.

(2) 카노우 맵을 사용하여 부울 함수를 간단히 표현하시오.

풀이 (1) 부울 함수 $f(x,\ y,\ z,\ w)$를 카노우 맵으로 그리면 다음과 같다.

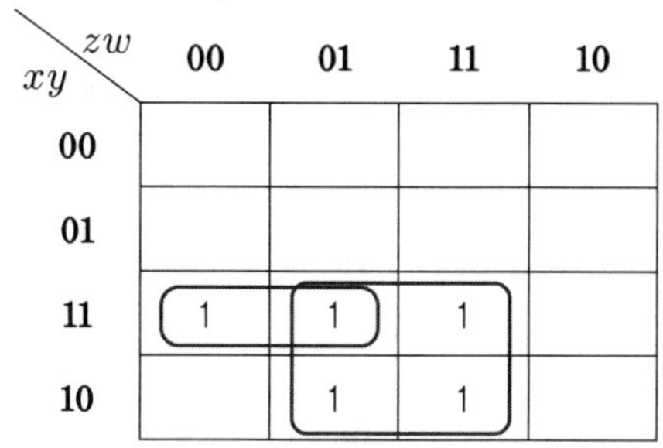

(2) 네 개의 인접한 사각형을 하나로 묶어서 표현하면 두 개의 변수 xw로 표시된다. 두 개의 인접한 사각형은 묶어 세 개의 변수 xyz'로 표시된다. 그러므로 $f(x, y, z, w) = xw + xyz'$이다.

예제 3.17 **다음의 진리표를 보고 물음에 답하시오.**

(1) 다음의 진리표를 갖는 부울 함수 $f(x,\ y,\ z,\ w)$를 표시하시오.

(2) 다음의 진리표를 갖는 카노우 맵을 그리시오.

(3) 다음의 진리표를 갖는 부울 함수를 (2)를 이용하여 간단히 표현하시오.

x	y	z	w	$f(x,\ y,\ z,\ w)$
0	0	0	0	1
0	0	0	1	0
0	0	1	0	1
0	0	1	1	0
0	1	0	0	0
0	1	0	1	1
0	1	1	0	0
0	1	1	1	1
1	0	0	0	1
1	0	0	1	0
1	0	1	0	1
1	0	1	1	0
1	1	0	0	0
1	1	0	1	1
1	1	1	0	0
1	1	1	1	1

풀이 (1) $f(x, y, z, w) = x'y'z'w' + x'y'zw' + x'yz'w + x'yzw$
$+ xyz'w + xyzw + xy'z'w' + xy'zw'$

(2) 부울 함수에 대한 카노우 맵을 그리면 다음과 같다.

xy \ zw	00	01	11	10
00	1			1
01		1	1	
11		1	1	
10	1			1

(3) 네 개의 인접한 사각형은 묶어 두개의 변수 yw으로 표현되며, 인접한 네 개의 사각형은 $y'w'$로 표현된다. 따라서 부울 함수 $f(x, y, z, w)$는

$$f(x, y, z, w) = yw + y'w'$$

3.4 스위치 이론

부울 함수로 표현된 식은 컴퓨터의 전자회로를 설계하는데 사용할 수 있다. 컴퓨터의 전자회로 설계에서 입력은 부울 변수를 사용하며, 출력은 부울 함수로 나타낸다. 입력에 대한 처리과정은 부울 연산자를 이용하며 연산자는 게이트로 표현된다.

3.4.1 논리회로 설계

전기회로에서 스위치(switch)가 닫힌 상태이면 전류는 흐르고, 스위치가 열린 상태이면 전류는 차단된다.

열린 스위치

[그림 3.5] 전류의 차단

닫힌 스위치

[그림 3.6] 전류의 흐름

이렇게 스위치가 연결된 상태일 때 부울 함수의 값은 1이라 정하고, 차단된 상태일 때는 부울 함수의 값을 0이라 정한다. 일반적으로 전자회로를 설계할 때 부울 연산을 수행하는 장치는 논리게이트를 사용하여 나타낸다.

스위치의 연결 상태가 직렬인지 병렬인지에 따라 부울 함수의 결과 값은 다양하게 나

타난다. 스위치가 직렬로 연결되면 부울 연산자 AND를 AND 게이트로 정의하며, 이때 연산자 AND를 수행하는 장치인 AND 게이트는 다음과 같다.

$x \backslash y$	**0**	**1**
0	0	0
1	0	1

AND 연산자

AND 스위치

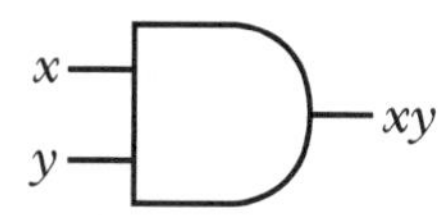

AND 게이트

[그림 3.7] 연산자 AND에 대한 스위치와 게이트

AND 게이트는 두 스위치 x와 y가 모두 연결될 때 부울 함수가 1의 값을 갖는다.

병렬로 연결된 스위치의 부울 연산자 OR은 OR 게이트로 정의한다. 이때 연산자 OR를 수행하는 장치인 OR 게이트는 다음과 같다.

$x \backslash y$	**0**	**1**
0	0	1
1	1	1

OR 연산자

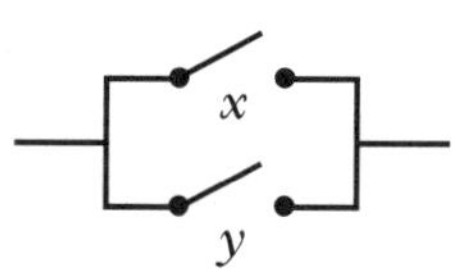

OR 스위치

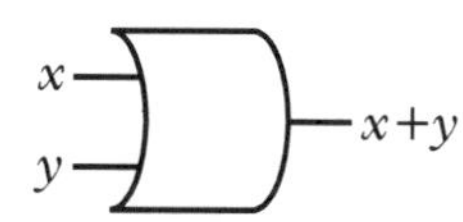

OR 게이트

[그림 3.8] 연산자 OR에 대한 스위치와 게이트

OR 게이트는 두 스위치 x와 y 중에서 하나만 연결되어도 부울 함수가 1의 값을 갖는다.

부울 연산자 '(Complement)은 NOT 게이트로 정의되며, 이때 연산자 '(Complement)를 수행하는 장치인 NOT 게이트는 다음과 같다.

x	x'
0	1
1	0

Complement 연산자

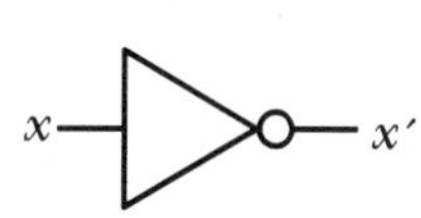

NOT 게이트

[그림 3.9] 연산자 '(Complement)에 대한 게이트

부울 연산자 NOT 과 AND의 결합인 NAND 연산자에 관한 NAND 게이트는 다음과 같이 정의된다.

x	y	$(xy)'$
1	1	0
1	0	1
0	1	1
0	0	1

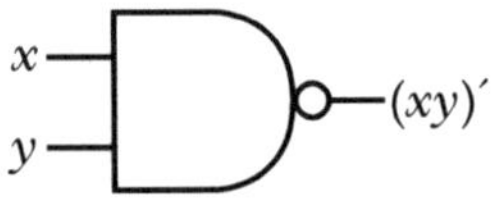

[그림 3.10] 연산자 NAND에 대한 NAND 게이트

부울 연산자 NOT 과 OR의 결합인 NOR 연산자에 관한 NOR게이트는 다음과 같다.

x	y	$(x+y)'$
1	1	0
1	0	0
0	1	0
0	0	1

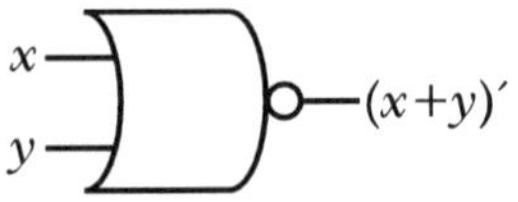

[그림 3.11] 연산자 NOR에 대한 NOR 게이트

부울 연산자 XOR에 관한 XOR게이트는 다음과 같다.

x	y	$x \oplus y$
1	1	0
1	0	1
0	1	1
0	0	0

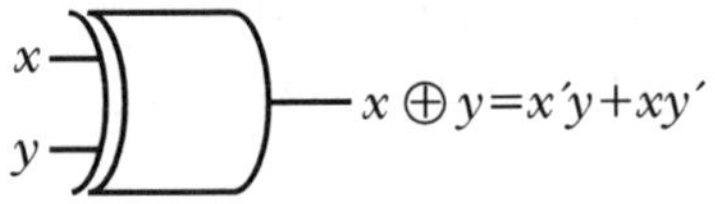

[그림 3.12] 연산자 XOR에 대한 XOR 게이트

XOR 게이트는 익스크루시브(Exclusive) OR 게이트라고 읽고, 두 부울 변수가 서로 다른 경우에만 부울함수의 값은 1이다.

NAND 게이트를 드모르간 법칙을 이용하면 다음과 같이 표현된다.

$$(xy)' = x' + y'$$

[그림 3.13] NAND 게이트

$x' + y'$를 구현하기 위해서는 x'과 y'에 대한 두 개의 NOT 게이트와 한 개의 OR 게이트가 필요하다. 하지만 $(xy)'$는 NAND 게이트 한 개로 구현이 가능하다.

또한, NOR 게이트는 드모르간 법칙을 이용하면 다음과 같다.

$$(x+y)' = x'y'$$

[그림 3.14] NOR 게이트

예제 3.18 **다음 부울함수에 대한 논리 회로를 그리시오.**

(1) $x'y' + xy$ (2) $(x+y) \cdot z$

(3) $(x+y)z' + y$

풀이 (1)

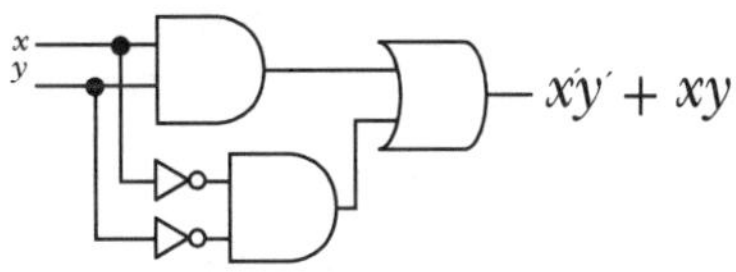

(2)

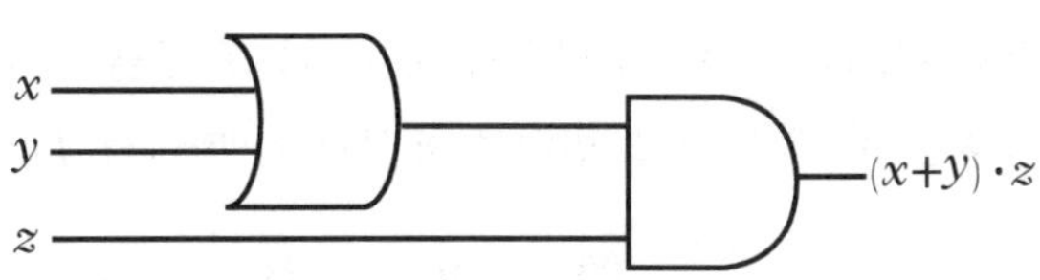

(3)

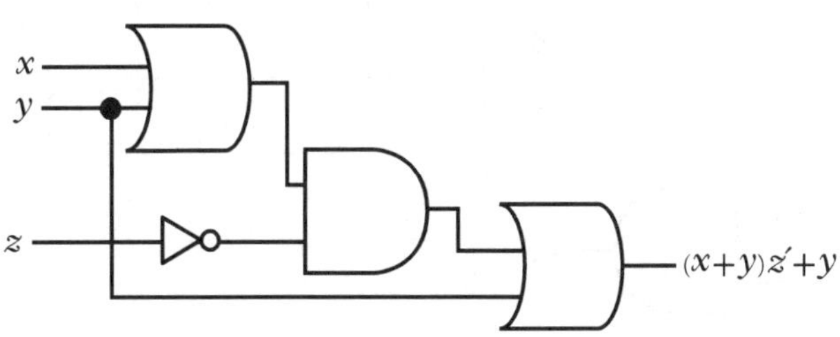

3.4.2 스위치 이론(Design of Logic Circuit)

논리 회로 설계는 디지털로 이루어진 컴퓨터를 만드는 전자회로 설계에 중요하며, 스위치 이론은 논리회로 설계에 부울 대수를 응용한 것이다. 부울 함수를 단순화하기 위해서는 카노우 맵을 이용하며, 단순화된 부울 함수는 가능한 적은 수의 게이트로 논리 회로를 설계할 수 있게 해준다. 적게 사용된 논리 게이트는 훨씬 간단한 회로를 만들 수 있기 때문에 경제적이다. 논리게이트들이 상호 연결된 것을 논리회로라 한다.

예제 3.19 **다음 부울함수 $f(x, y, z)$를 보고 물음에 답하시오.**

$$f(x, y, z) = xyz + xyz'$$

(1) 부울함수 $f(x, y, z)$를 논리회로로 나타내시오.
(2) 부울함수 $f(x, y, z)$를 기본법칙을 이용하여 간단히 표현하시오.
(3) 부울함수 $f(x, y, z)$를 카노우 맵을 이용하여 간단히 표현하시오.
(4) (3)에서 주어진 부울 함수를 논리회로로 나타내시오.

풀이 (1)

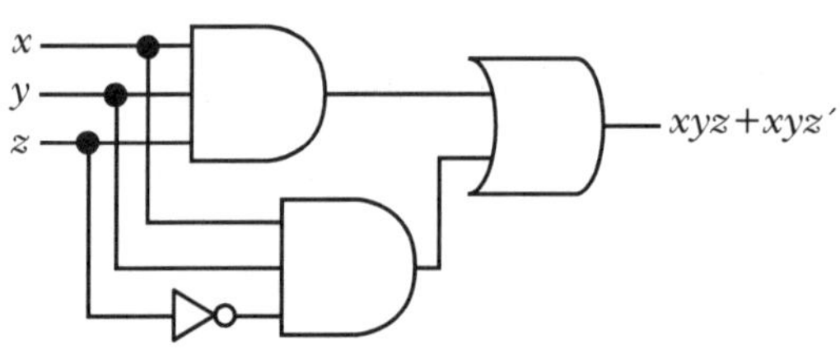

(2) $f(x, y, z) = xyz + xyz'$

$= xy(z + z')$ 결합법칙

$= xy$ 여법칙

(3) 부울 함수 $f(x, y, z)$는 세 변수에 대한 카노우 맵을 이용하면 인접한 두 개의 사각형은 두 개의 부울 변수로 표시된다. 따라서 $f(x, y, z) = xy$이다.

x \ yz	00	01	11	10
0				
1			1	1

(4)

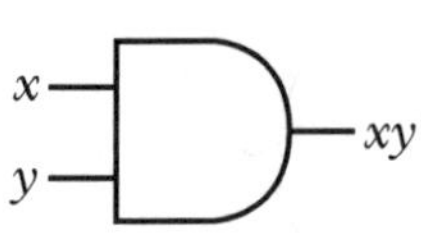

부울 함수를 카노우 맵을 이용하면 복잡한 회로를 간단한 회로로 표현 할 수 있다. 그러므로 전자회로를 설계하기 전에 먼저 부울 함수를 단순화하는 것은 경제적으로 필요하다.

예제 3.20 **다음 부울함수 $f(x, y, z)$를 보고 물음에 답하시오.**

$$f(x,\ y,\ z) = xyz + xy'z + x'yz + x'yz'$$

(1) 부울함수 $f(x, y, z)$를 논리회로로 나타내시오.

(2) 부울함수 $f(x, y, z)$를 기본 법칙을 이용하여 간단히 표현하시오.

(3) 부울함수 $f(x, y, z)$를 카노우 맵을 이용하여 간단히 표현하시오.

(4) (3)을 이용한 간단한 부울 함수를 논리회로로 나타내시오.

풀이 (1)

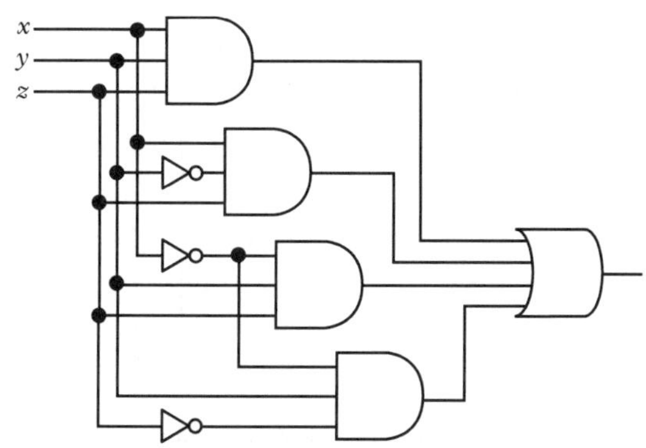

(2) $f(x,\ y,\ z) = xyz + xy'z + x'yz + x'yz'$

$= xz(y + y') + x'y(z + z')$

$= xz + x'y$

(3) 카노우 맵을 사용하면 $f(x,\ y,\ z) = x'y + xz$가 된다.

x \ yz	00	01	11	10
0			1	1
1		1	1	

(4) 논리 회로로 나타내면 다음과 같다.

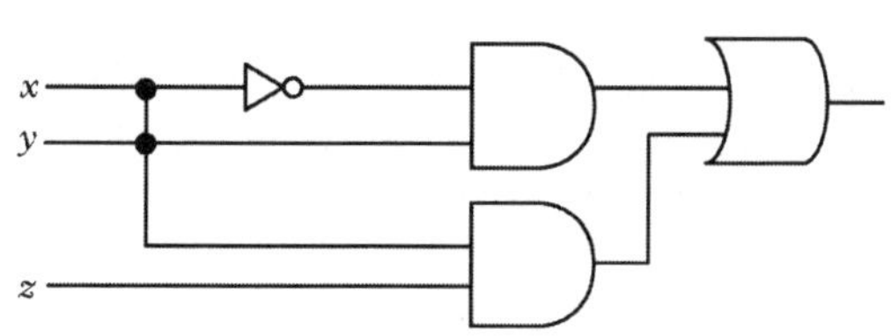

연습문제

01 다음 부울식의 결과 값을 구하시오.

(1) $1' + 0 + 1$

(2) $(1 \cdot 0)' + (1 \cdot 1')'$

(3) $1 + (0' + 1)' + 1$

(4) $0 + 1' \cdot (1 + 1)' + 0' \cdot 1'$

02 다음 부울식을 진리표로 나타내시오.

(1) $x' + y + z'$

(2) $xy' + x'y'$

(3) $xy' + (z + y)'$

03 다음에 주어진 진리표를 부울 함수로 나타내시오.

(1)

x	y	$f(x,y)$
0	0	1
0	1	1
1	0	1
1	1	1

(2)

x	y	z	$f(x,y,z)$
0	0	0	0
0	0	1	0
0	1	0	0
0	1	1	1
1	0	0	1
1	0	1	1
1	1	0	0
1	1	1	1

(3)

x	y	z	w	$f(x, y, z, w)$
0	0	0	0	0
0	0	0	1	1
0	0	1	0	0
0	0	1	1	1
0	1	0	0	0
0	1	0	1	0
0	1	1	0	1
0	1	1	1	0
1	0	0	0	0
1	0	0	1	1
1	0	1	0	0
1	0	1	1	1
1	1	0	0	0
1	1	0	1	1
1	1	1	0	0
1	1	1	1	1

04 기본 법칙을 이용하여 다음 부울 함수를 간단히 하시오.

(1) $f(x, y) = x'y + (x' + y')'$

(2) $f(x, y, z) = x'y'z' + x'y'z + xy'z' + xy'z$

(3) $f(x, y, z, w) = wx' + (xz)' + (y' + z')$

05 세 변수에 대한 카노우 맵을 사용하여 다음의 부울 함수를 간소화하여라.

(1) $f(x, y, z) = x'y'z + xy'z + xy'z'$

(2) $f(x, y, z) = xyz + x'yz + x'yz' + xy'z' + xy'z + xyz'$

(3) $f(x, y, z) = x'y'z + x'yz + xyz + xyz'$

06 다음의 카노우 맵을 보고 다음 물음에 답하시오.

xy \ zw	00	01	11	10
00	1	1	1	
01				
11				
10	1	1	1	

(1) 부울함수 $f(x, y, z, w)$를 구하여라.

(2) 카노우 맵을 이용하여 간소화된 부울함수 $f(x, y, z, w)$를 구하여라.

(3) 간소화된 부울함수 $f(x, y, z, w)$에 대한 논리회로를 그리시오.

CHAPTER

04

그래프
(Graphs)

CHAPTER 04 그래프 (Graphs)

그래프는 오늘날 컴퓨터 관련 학문에 있어서 매우 중요한 위치를 차지하고 있다. 18세기 스위스 수학자 Euler에 의해 처음으로 소개된 그래프는 쾨니히베르게 다리 문제에 이용되었으며 지금도 그래프는 여러 분야의 문제들을 해결하는데 사용되고 있다. 예를 들면, 회로를 평면회로 보드로 구현할 수 있는지의 여부와 월드와이드웹 구조를 연구하는데 그래프를 사용한다. 최단거리 순회문제, 컴퓨터 네트워크의 그래프 모델을 사용하여 두 대의 컴퓨터에 통신 링크를 사용하여 연결할 것인지를 결정할 수도 있다. 또한 시험시간들을 스케줄링하고 텔레비전 방송국들에 채널들을 할당하는데 그래프가 사용되고 있다.

4.1 그래프의 소개

쾨니히베르게(Konigsberg)다리 문제는 두 개의 섬과 강둑 사이를 연결하는 7개의 다리에서 각 다리를 정확히 한번만 지나가는 경로를 찾는 문제이다. 많은 사람들이 이 문제를 풀기 위해 노력하였으며 마침내 수학자인 오일러가 그래프이론을 이용하여 이 문제를 해결하였다.

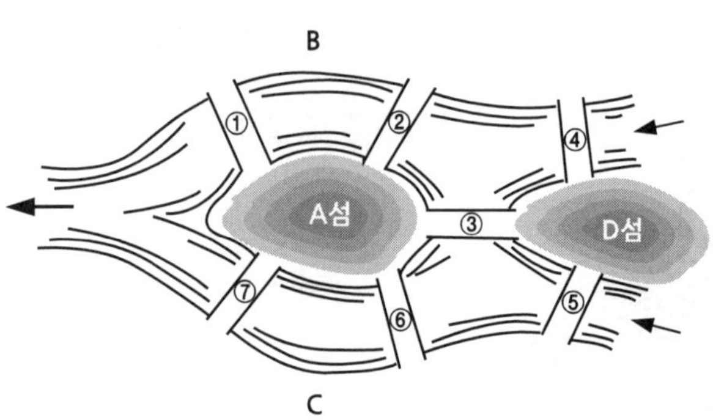

[그림 4.1] 쾨니히베르게 다리 문제

이 문제를 해결하는 방법은 다중그래프로 모델링하는 것이다. 다중그래프는 두 개의 원소들로 구성되는데 이중 하나는 '정점'(vertex) 또는 '노드'(node)라고 불리는 원소들의 집합과 정점들을 연결하는 '연결선'(edge)이라는 원소들의 집합이다. 다중그래프는 두 점 사이의 연결선들의 중복을 허용한다.

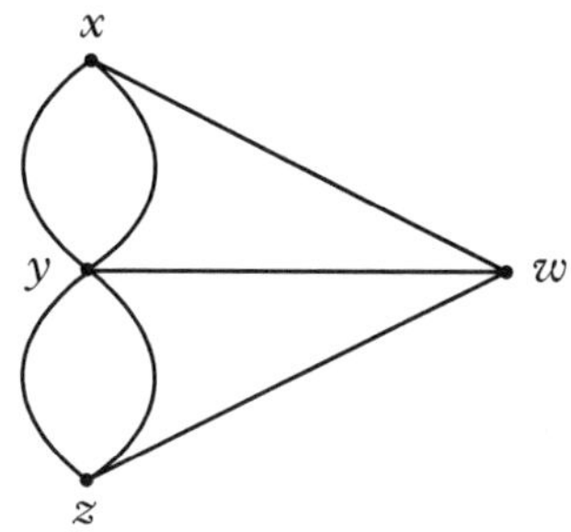

[그림 4.2] 쾨니히베르게 다리문제의 그래프적인 표현

쾨니히베르게 다리문제에서 두 섬은 정점 y과 정점 w로 나타내며 정점 x와 z는 두 섬과 연결된 지역을 의미한다. 그리고 7개의 다리는 정점들 사이의 선들인 연결선으로 나타낸다. 다중그래프에서 모든 연결선들을 정확히 한 번씩만 통과하는 경로를 오일러 경로(Eulerian path)라고 한다. 다중그래프에서 연결선의 수가 홀수인 정점의 수가 0 또는 2개이면 오일러 경로이다. 쾨니히베르게 다리문제를 그래프를 이용하여 해결하면 모든 4개의 정점들은 모두 홀수 개의 연결선을 가지므로 오일러 경로가 없다.

4.2 그래프의 정의

그래프는 $G=(V,E)$로 표현되며, 유한개의 '정점'(vertex) 또는 '노드'(node)들의 집합인 V와 '연결선'(edge)의 집합인 E로 이루어졌다.

집합 $V=\{1, 2, 3, 4\}$에 대한 연결선들의 집합 $E=\{(1, 3), (3, 2), (3, 4)\}$에 대한 그래프 $G=(V,E)$는 다음과 같다.

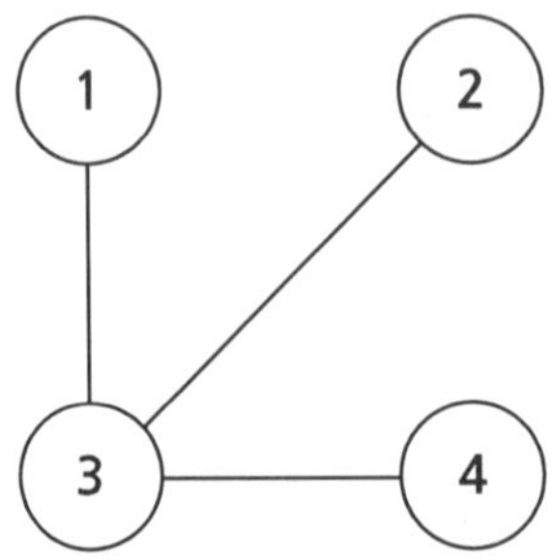

[그림 4.3] 그래프 $G=(V, E)$

위의 그림에서 그래프의 경로는 (1, 3, 2), (1, 3, 4), (4, 3, 1), (4, 3, 2), (2, 3, 1) 그리고 (2, 3, 4)로 나타낼 수 있다.

예제 4.1 **집합 $V=\{1, 2, 3, 4\}$에 대한 연결선의 집합을**

$$E=\{(1, 3), (2, 4), (3, 2), (3, 4)\}$$

라 할 때 그래프의 경로인 것을 찾으시오.

(1) (1, 2, 3) (2) (1, 3, 4)
(3) (1, 4, 2) (4) (2, 4, 3, 2)

풀이 (2), (4)는 그래프의 경로가 되고, (1), (3)은 연결선이 없으므로 그래프의 경로가 아니다.

정의 4.1

- **경로(path)**

그래프에서 한 정점 v_1에서 다른 정점 v_n까지 연결선으로 연결된 것을 경로라 한다. 이 때, 정점 v_1에서 정점 v_n로 가는 경로는 연결선 $(v_1, v_2, \cdots, v_n)$로 표시된다.

- **사이클(cycle)**

그래프에서 시작점과 끝점이 같은 경로를 사이클이라 한다.

- **방향 그래프(Directed graph)**

방향그래프 $G=(V, E)$에서 V는 공집합이 아닌 정점들의 집합이고, E는 연결선으로 방향이 있는 정점들의 쌍으로 이루어진 집합이다.

그래프 $G=(V,E)$에서 각 $i=1,2,\cdots,n$에 대한 정점 $v_i \in V$의 경로가 $(v_1,\ v_2,\ \cdots,\ v_n)$으로 주어지면 경로의 길이는 $n-1$이다.

집합 $V=\{1,2,3,4\}$에 대한 연결선들의 집합 $E=\{(1,4),(2,4),(3,2),(3,4)\}$에 대한 방향그래프 $G=(V,E)$는 다음과 같다.

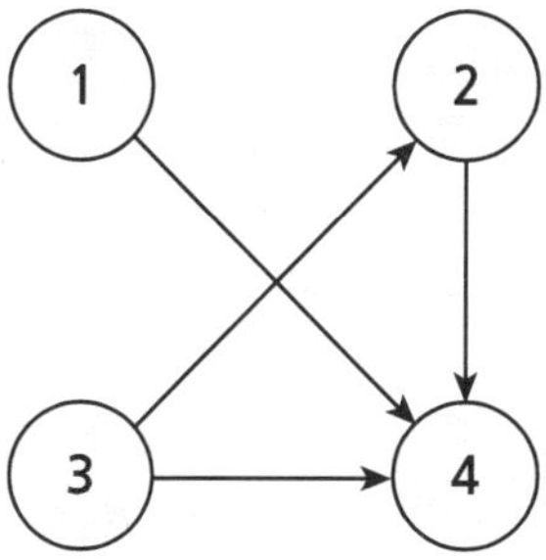

[그림 4.4] 방향 그래프 $G=(V,E)$

위의 그림에서 (1, 4), (2, 4), 그리고 (3, 4)는 길이가 1인 방향그래프의 경로이며, (3, 2, 4)는 길이가 2인 방향그래프의 경로이다.

정의 4.2

- **루프(Loop)**
  그래프 $G=(V,\ E)$에서 하나의 정점만을 갖는 연결선들의 집합이다.
- **단순 그래프(Simple graph)**
  단순그래프 $G=(V,\ E)$에서 V는 공집합이 아닌 정점들의 집합이고, E는 연결선의 집합으로 중복연결선과 루프가 없는 정점들의 쌍의 집합이다.
- **다중그래프(multi graph)**
  다중그래프 $G=(V,\ E)$는 정점들의 집합인 V, 연결선의 집합인 E에서 중복의 연결선을 포함하는 그래프이다.
- **가중 그래프(weighted graph)**
  그래프 G의 각 연결선에 0보다 큰 수가 할당되었을 때 이 값을 가중값(weight)이라고 하며, 가중값을 포함하는 그래프를 가중 그래프(weighted graph)라고 한다.

[그림 4.5] 단순 그래프

[그림 4.6] 다중그래프

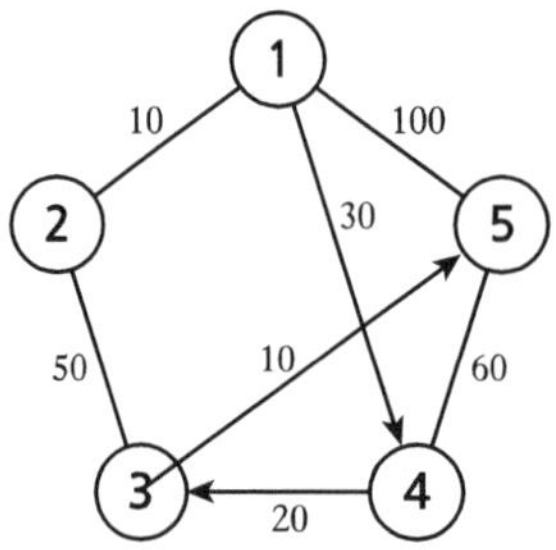

[그림 4.7] 가중 그래프

예제 4.2 **집합 $V=\{1, 2, 3, 4, 5, 6\}$에 대하여 다음과 같은 그래프가 주어질 때 물음에 답하시오.**

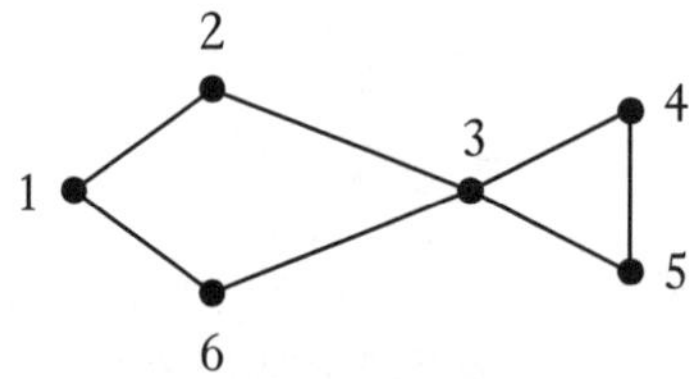

[그림 4.8] 그래프 G_1

(1) (1, 2, 3, 4, 5, 3, 6, 1)은 경로인가?

(2) (1, 2, 3, 4, 5, 3, 6, 1)은 사이클인가?

(3) 그래프 G_1은 단순그래프인가?

풀이 (1) 연결선으로 연결되므로 길이가 7인 경로이다.

(2) 시작점과 끝점이 같은 경로이므로 길이가 7인 사이클이다.

(3) 연결선이 중복되지 않고 루프도 아니므로 단순그래프이다.

정의 4.3

(1) $G=(V, E)$가 그래프이고 v가 정점이라 할 때 v의 차수(degree)는 $d(v)$로 표시하며, 이것은 정점 v에 인접하는 연결선들의 개수를 말한다.
(2) 두 개의 그래프 $G=(V, E)$, $G'=(V', E')$에서 $V' \subseteq V$, $E' \subseteq E$일 때 그래프 $G'=(V', E')$를 G의 부분 그래프(subgraph)라고 한다.
(3) 두 개의 그래프 $G=(V, E)$, $G'=(V', E')$에서 $V'=V$, $E' \subseteq E$일 때 그래프 $G'=(V', E')$를 G의 부분 신장그래프(spanning graph)라고 한다.

위의 그래프 G_1의 부분 그래프와 부분 신장그래프는 다음과 같다.

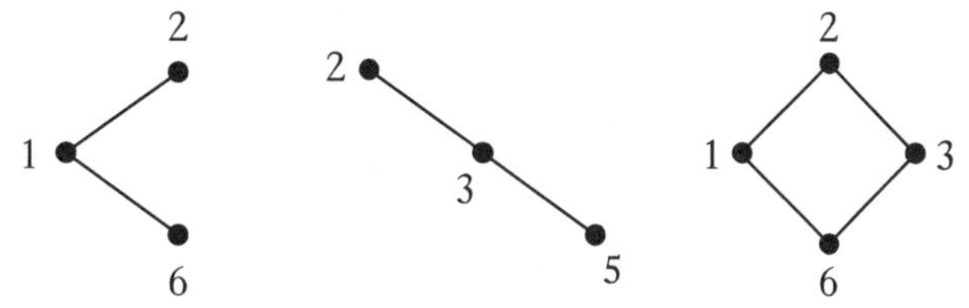

[그림 4.9] G_1의 부분 그래프

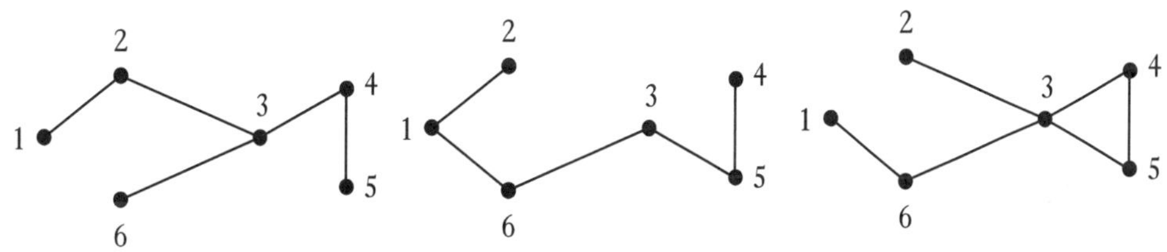

[그림 4.10] G_1의 부분 신장 그래프

4.3 그래프 표현 방법

그래프를 표현하는 방법 중 우리가 이해하기 가장 쉬운 방법은 그림을 이용하는 것이다. 하지만 컴퓨터는 그림으로 표현된 정보를 이해할 수 없기 때문에 행렬이나 인접리스트를 이용한다. 행렬을 이용한 그래프의 표현은 두 가지 방법이 있다. 하나는 두 개의 정점이 연결되는지를 알아보는 방법이고 다른 하나는 하나의 정점이 어느 연결선과 연결되는지를 나타내는 방법이다. 첫 번째는 인접 행렬(adjacency matrix)을 이용하며 두 번째는 접속 행렬(incidence matrix)을 이용한 방법이다.

(1) 인접 행렬(adjacency matrix)

두 개의 정점이 연결되어 있으면 1, 연결되지 않으면 0으로 정하여 그래프를 행렬로 표현할 때 이 행렬을 인접 행렬이라 한다. 즉 n 개의 정점을 갖는 그래프 $G=(V, E)$에서 행렬 $A=(a_{ij})_{n\times n}$의 원소를

$$a_{ij}=\begin{cases}1 & (v_i, v_j)\in E \\ 0 & (v_i, v_j)\notin E\end{cases}$$

라 하면, 행렬 A를 그래프 G의 인접행렬이라 한다.

예제 4.3 **그래프 G_1가 다음과 같이 주어질 때 인접 행렬을 구하시오.**

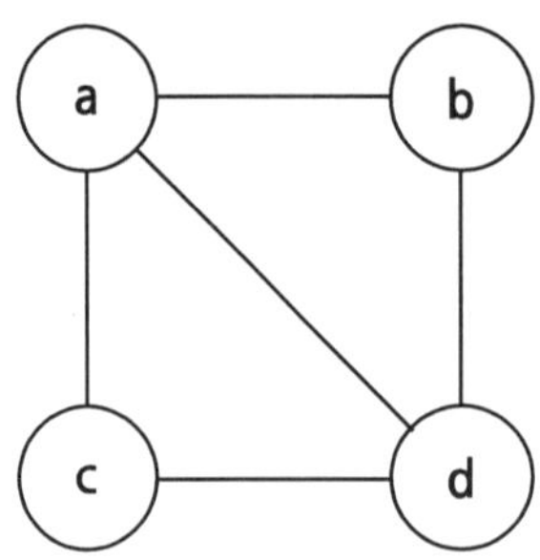

[그림 4.11] 그래프 G_1

풀이

	a	b	c	d
a	0	1	1	1
b	1	0	0	1
c	1	0	0	1
d	1	1	1	0

[그림 4.12] 그래프 G_1의 인접 행렬

배열을 이용한 그래프 표현

```
int matrix[3][3] = { { 0, 1, 1, 1},
                     { 1, 0, 0, 1},
                     { 1, 0, 0, 1},
                     { 1, 1, 1, 0} }
```

링크드 리스트를 이용한 그래프 표현

```
#define numNode    4
struct strNode {
        int node;
        struct strNode *link;
}

struct strNode *graph[numNode];

void init_list()
{
    struct strNode *newNode;
    int i;
    for(i=0; i<numNode ; i++)
        graph[i] = null;
    newNode = (struct strNode*)malloc(sizeof(newNode));
    newNode->link = graph[0];
    graph[0] = newNode;
    newNode->node = 2;
    newNode = (struct strNode*)malloc(sizeof(newNode));
    newNode->link = graph[0];
    graph[0] = newNode;
    newNode->node = 3;
    newNode = (struct strNode*)malloc(sizeof(newNode));
    newNode->link = graph[0];
    graph[0] = newNode;
    newNode->node = 4;
            :
}
```

(2) 접속 행렬(incidence matrix)

모든 정점이 연결되어 있고 루프가 없는 그래프 $G=(V,E)$에서 $v_i \in V$, $e_j \in E$에 대한 행렬 $A=(a_{ij})_{n \times n}$의 원소를

$$a_{ij} = \begin{cases} 1 & v_i \in e_j \\ 0 & v_i \notin e_j \end{cases}$$

라 하면, 행렬 $A=(a_{ij})_{n \times n}$ 을 그래프 G의 접속 행렬이라 한다. 즉, 행은 정점을 나열하고 열은 연결선을 나열하여 관계가 있는 행과 열에 1로, 관계가 없는 행과 열에 0으로 표시된 행렬이다.

예제 4.4 **그래프 G_2가 다음과 같이 주어질 때 접속 행렬을 구하시오.**

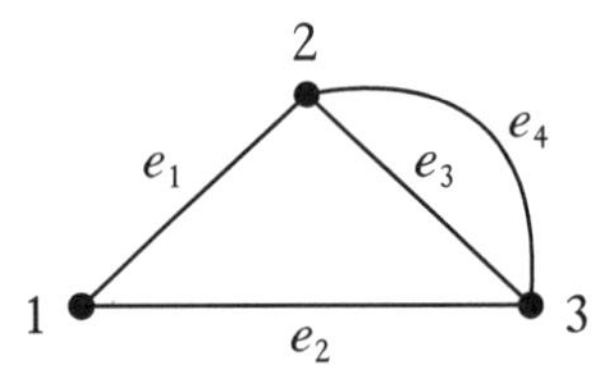

[그림 4.13] 그래프 G_2

풀이

$$\begin{array}{c} \\ 1 \\ 2 \\ 3 \end{array} \begin{array}{c} \begin{array}{cccc} e_1 & e_2 & e_3 & e_4 \end{array} \\ \begin{bmatrix} 1 & 1 & 0 & 0 \\ 1 & 0 & 1 & 1 \\ 0 & 1 & 1 & 1 \end{bmatrix} \end{array}$$

[그림 4.14] 그래프 G_2의 접속 행렬

(3) 인접 리스트(adjacency list)

인접 리스트는 각 정점에 대해 포인터가 주어지고, 그 정점에 연결된 정점들을 연결 리스트로 표시한다. 같은 리스트 내에서 순서는 관계가 없다.

예제 4.5 **〈그림 4.10〉의 그래프 G_1을 인접 리스트로 나타내시오.**

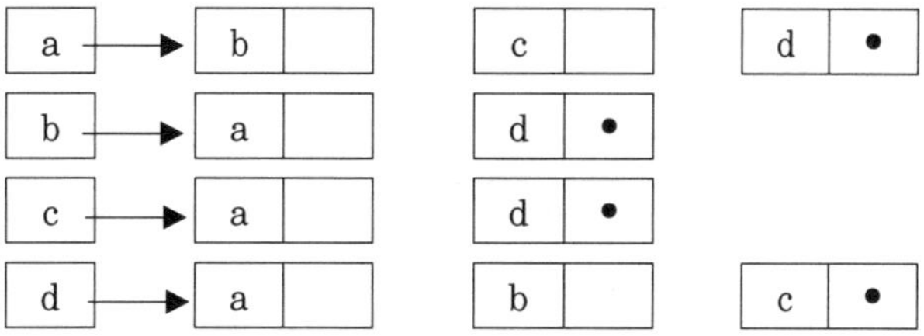

[그림 4.15] 그래프 G_1의 인접리스트

4.4 특수 그래프

정점과 연결선으로 이루어진 그래프 G의 정점에 대한 성질과 연결선에 대한 성질을 소개한다. 그래프에서 연결선의 성질은 오일러에 의해서 제안되었고 해밀턴은 정점에 대한 법칙을 소개하였다.

정의 4.4

오일러에 의해 소개된 오일러 경로와 오일러 순회는 다음과 같다.

(1) **오일러 경로(Eulerian path)**
그래프에서 각 연결선을 단 한 번씩만 통과하는 경로

(2) **오일러 순회(Eulerian circuit)**
그래프에서 각 연결선을 단 한 번씩만 통과하는 사이클

위에서 정의한 그래프 G가 오일러 경로를 가지기 위한 필요충분조건은 G가 연결 그래프이고 정점에 대한 홀수점이 0개 또는 2개인 경우이다. 그래프 G가 오일러 순회를 가지기 위한 필요충분조건은 G가 연결 그래프이고 모든 정점들이 짝수점을 가지는 경우이다. 정점에 대한 연결선의 수가 홀수 개 일 때 그 정점을 홀수점이라 하며, 연결선의 수가 짝수 개 일 때 그 정점을 짝수점이라 한다.

예제 4.6 **그래프 G_1과 G_2가 다음과 같이 주어질 때 오일러 경로를 갖는지 조사하시오.**

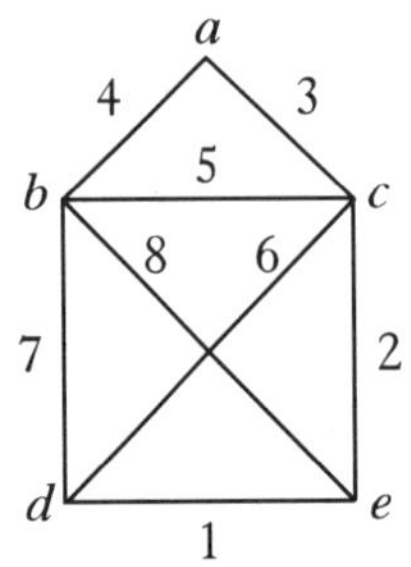

[그림 4.16] 그래프 G_1

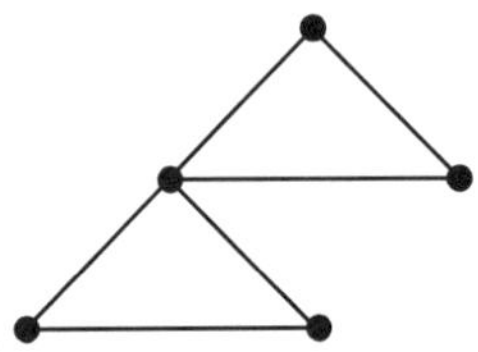

[그림 4.17] 그래프 G_2

풀이 그래프 G_1는 홀수점이 2개이므로 오일러 경로이고, 그래프 G_2는 홀수점이 없으므로 오일러 경로이다.

예제 4.7 **그래프 G가 다음과 같이 주어질 때 오일러 회로를 갖는지 조사하고, 오일러 경로와 오일러 순회를 구하시오.**

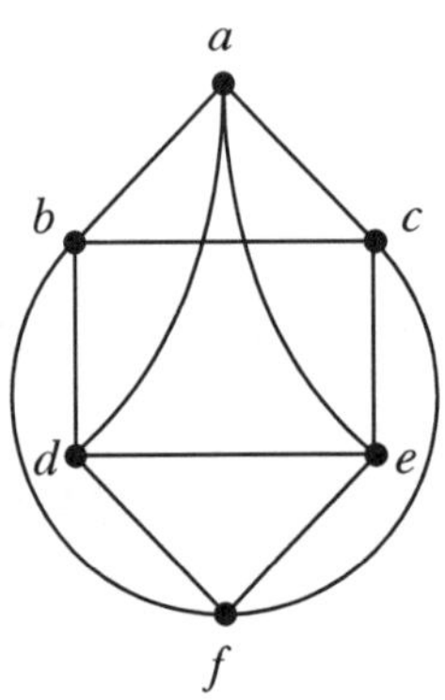

[그림 4.18] 그래프 G

풀이 그래프에서 모든 정점은 홀수점이 0개이므로 오일러 경로를 갖고, 또한 오일러 순회도 갖게 된다.

오일러 경로 : c–e–f–d–e–a–d–b–c–f–b–a

오일러 순회 : c–e–f–d–e–a–d–b–c–f–b–a–c

해밀턴에 의해 소개된 해밀턴 경로와 해밀턴 순회는 다음과 같다.

정의 4.5

(1) **해밀턴 경로(Hamiltonian path)**
그래프에서 각 정점들을 단 한 번씩만 통과하는 경로를 말한다.
(2) **해밀턴 순회(Hamiltonian circuit)**
그래프에서 각 정점들을 단 한 번씩만 통과하는 순회를 말한다.

예제 4.8 **그래프 G가 다음과 같이 주어질 때 해밀턴 순회를 갖는지 조사하시오.**

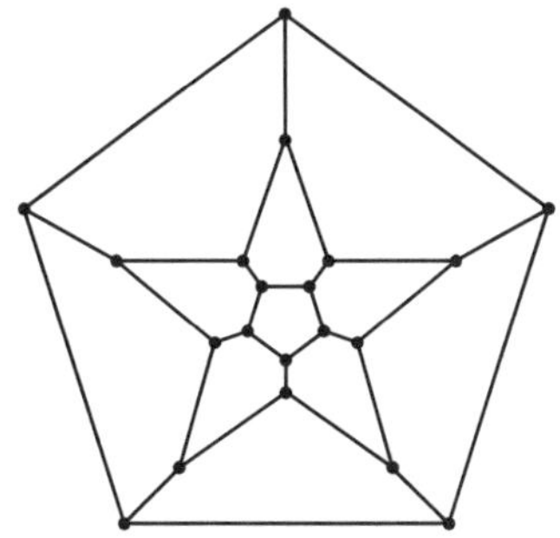

[그림 4.19] 그래프 G

풀이 아래의 그림과 같이 모든 정점을 단 한번씩만 통과하므로 해밀턴 순회를 갖는다.

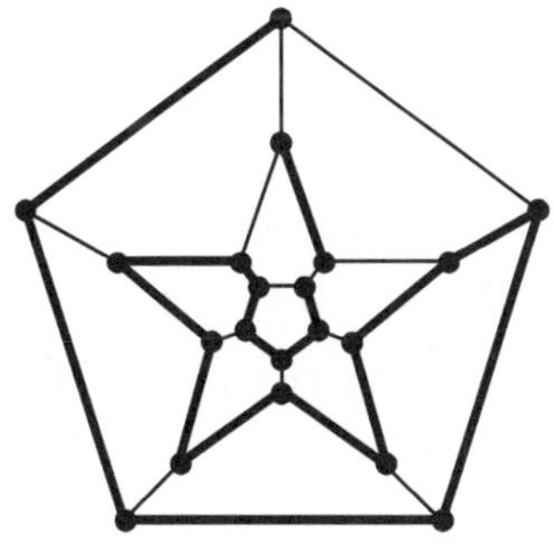

그래프가 해밀턴 순회가 존재하는지 판별하는 것은 매우 어려우며, 해밀턴 순회의 존재에 대한 문제는 아직도 미해결로 남아있다. 하지만 해밀턴 순회와 관련된 응용으로 방문 판매원 문제(traveling salesman problem)가 있다. 이 문제는 어느 한 도시에서 시작해서 모든 도시를 정확하게 한 번씩만 방문하고 마지막으로 처음 출발했던 도시로 다시 돌아오는 문제이다. 이와 같이 방문하는 경로를 찾는 문제는 그래프에서 해밀턴 순회

를 찾는 문제에 해당한다. 또한 도시를 연결하는 도로를 통과하는데 드는 비용이 도로마다 차이가 있으며, 여러 개의 해밀턴 순회가 존재한다면 방문 판매원은 여러 해밀턴 순회 중에서 가장 비용이 적게 드는 순회를 택하게 될 것이다. 방문 판매원 문제는 최근접 이웃 방법(nearest neighbor method)을 통하여 최소값은 아니더라도 근접한 값을 구할 수 있으며, 알고리즘이 최상이라기보다는 더 좋은 해밀턴 순회를 찾는다는 것을 의미한다. 이 방법은 임의로 선택한 정점에서 출발하여 그 정점과 가장 가까운 정점을 찾아서 연결하고 그 경로를 추가하는 과정을 반복하며 마지막에 순회를 형성하도록 하는 알고리즘이다.

알고리즘 1 **최근접 이웃 방법** $G(V, E)$

{이 알고리즘은 방문 판매원 문제의 근접한 최소값을 구한다.
따라서 가중치의 합 w가 최소값을 의미하지는 않으며, 경로는 정점의 목록 T로 나타나고 가중치는 변수 w에 저장된다.}

```
begin
        초기값 v₁ ∈ V을 선택한다.
        v′ ← v₁
        w ← 0
        경로 목록 T에 v′를 추가한다.
        while T ≠ V do
                begin
                        v′를 표시한다.
                        T에 없는 정점 중 v′에 가장 가깝게 인접한 정점 u를 찾는다.
                        경로 목록 T에 u를 추가한다.
                        w ← w +{(v′, u)의 가중치}
                        v′ ← u
                end
            경로 목록 T에 v₁를 추가한다.
              w ← w +{( v′, v₁)의 가중치}
        end
```

예제 4.9 **그래프 G가 다음과 같이 주어질 때 최근접 이웃방법의 알고리즘을 이용하여 해밀턴 순회에 대한 최적의 경로를 구하시오.**

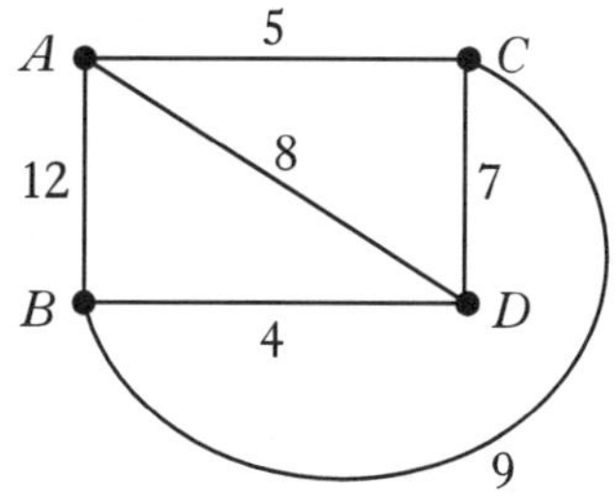

[그림 4.20] 그래프 G

풀이 먼저 초기값 v_1을 정점 A로 정하고 최근접 이웃 알고리즘을 적용한 결과는 다음과 같다.

순서	v_1	v'	w	T
0	A	A	0	{A}
1		C	5	{A, C}
2		D	12	{A, C, D}
3		B	16	{A, C, D, B}
4			28	{A, C, D, B, A}

[그림 4.21] 초기값이 정점 A인 해밀턴 순회

초기값 v_1을 정점 B로 정하고 최근접 이웃 알고리즘을 적용한 결과는 다음과 같다.

순서	v_1	v'	w	T
0	B	B	0	{B}
1		D	4	{B, D}
2		C	11	{B, D, C}
3		A	16	{B, D, C, A}
4			28	{B, D, C, A, B}

[그림 4.22] 초기값이 정점 B인 해밀턴 순회

초기값이 정점 A와 정점 B인 해밀턴 순회에서 최적의 가중치의 합은 28이다. 초기값 v_1을 정점 C로 정하고 최근접 이웃 알고리즘을 적용한 결과는 다음과 같다.

순서	v_1	v'	w	T
0	C	C	0	{C}
1		A	5	{C, A}
2		D	13	{C, A, D}
3		B	17	{C, A, D, B}
4			26	{C, A, D, B, C}

[그림 4.23] 초기값이 정점 C인 해밀턴 순회

초기값 v_1을 정점 D로 정하고 최근접 이웃 알고리즘을 적용한 결과는 다음과 같다.

순서	v_1	v'	w	T
0	D	D	0	{D}
1		B	4	{D, B}
2		C	13	{D, B, C}
3		A	18	{D, B, C, A}
4			26	{D, B, C, A, D}

[그림 4.24] 초기값이 정점 D인 해밀턴 순회

초기값이 정점 C와 정점 D인 해밀턴 순회에서 최적의 가중치의 합은 26이다. 따라서 정점 C나 정점 D에서 시작하는 최근접 이웃 알고리즘은 최적의 경로지만, 정점 A나 정점 B에서 시작하는 최근접 이웃 알고리즘은 차상의 경로임을 알 수 있다.

4.5 그래프의 응용

그래프의 개념은 단순하지만 많은 응용분야에서 다양하게 응용되고 있다. 예를 들어 한붓그리기와 색칠문제 등에 응용되어 사용되고 있다. 그래프는 이외에도 비행 항로로, 통신 네트워크(Communication network), 화학분자구조, 플로우차트(Flow chart), 정렬(sorting), 탐색(searching), 논리회로 설계(Logic circuit design)등에 폭넓게 활용되고 있다.

여기서는 그래프를 이용한 최단경로 찾기에 대하여 소개한다.

4.5.1 최단경로

항공기의 비행시간에 응용되는 그래프에서 정점은 도시를, 연결선은 도시들 간의 비행거리를 나타낸다. **최단경로(shortest path)** 문제는 도시 A에서 도시 B로 가는 가장 짧은 거리의 경로를 찾는 문제이다. 최단경로(shortest path) 문제를 해결하기 위해서는 다음과 같은 선행조건이 있다. 첫째, 도시 A에서 도시 B로 가는 경로의 존재성이다. 둘째, 도시 A에서 도시 B의 다양한 경로인 경우 어떤 경로가 가장 짧은 거리인가 하는 점이다.

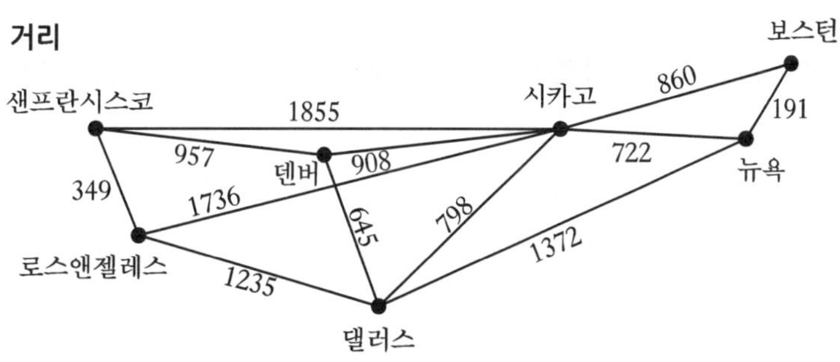

[그림 4.25] 비행시간에 대한 가중 그래프

샌프란시스코에서 뉴욕까지의 경로는 다양하다. 시카고만 경유하는 경로, 덴버와 시카고를 지나는 경로, 덴버와 달라스를 경유하는 경로 등 여러 가지 경로가 존재한다. 하지만 샌프란시스코에서 뉴욕까지의 최단 경로는 이 중 시카고를 경유하는 경로로 최단 경로의 값은 2577이다.

예제 4.10 **다음 그래프에서 연결선들의 값은 두 정점 사이의 거리를 표시할 때 물음에 답하시오.**

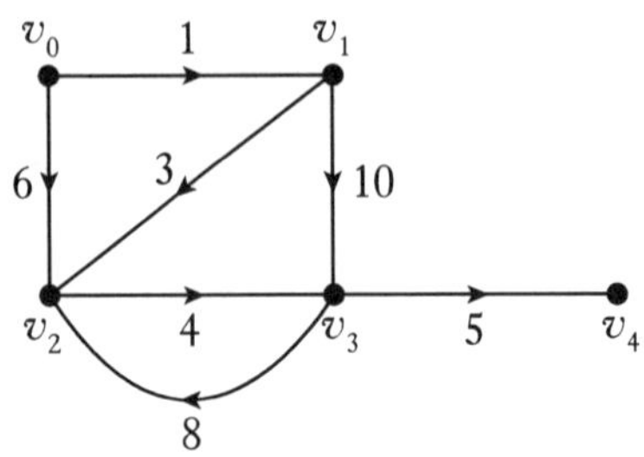

[그림 4.26] 가중치가 주어진 가중 방향 그래프

(1) 정점 v_0에서 정점 v_4까지 세 가지 경로를 구하시오.

(2) 정점 v_0에서 정점 v_4까지 최단경로를 구하시오.

(3) 정점 v_1에서 정점 v_4까지 두 가지 경로를 구하시오.

(4) 정점 v_1에서 정점 v_4까지 최단경로를 구하시오.

풀이 (1) 정점 v_0에서 v_4까지 경로는 (v_0, v_1, v_3, v_4)이고 경로의 거리는 $1+10+5=16$가 된다. 다른 경로는 $(v_0, v_1, v_2, v_3, v_4)$이며 경로의 거리는 $1+3+4+5=13$이다. 또 다른 경로는 (v_0, v_2, v_3, v_4)이고 이 때 경로의 거리는 $6+4+5=15$이다.

(2) 정점 v_0에서 정점 v_4까지 최단경로는 $(v_0, v_1, v_2, v_3, v_4)$이며 최단거리는 13이다.

(3) 정점 v_1에서 v_4까지 경로는 (v_1, v_2, v_3, v_4)이며 경로의 거리는 $3+4+5=12$이다. 또 다른 경로는 (v_1, v_3, v_4)이고 이 때 경로의 거리는 $10+5=15$이다.

(4) 정점 v_1에서 정점 v_4까지 최단경로는 (v_1, v_2, v_3, v_4)이며 최단거리는 12이다.

4.5.2 다익스트라 알고리즘

최단경로 문제는 **다익스트라 알고리즘(Dijkstra algorithm)**을 이용하여 해결할 수 있다. 이 알고리즘은 주어진 시작점에서 출발하여 거리가 최소인 정점들을 추가하면서 가장 짧은 거리를 가지는 나머지 정점들을 추가하여 최소거리를 찾는 방법이다.

먼저 방향 그래프 $G=(V, E)$에서 정점의 집합인 V는 n 개의 원소를 가지고 있으며

$v \in V$ 이다. 정점 $v \in \{1, 2, \cdots, n\}$로 표시하고 정점 $\{1\}$은 출발점이다. 정점 i에서 j로 가는 가중값이 있는 연결선을 $g(i, j)$로 나타내고, i에서 j로 가는 경로가 없으면 거리는 ∞로 표시한다. 즉,

$$g(i,j) = \begin{cases} 0 & \text{if } i = j \\ \text{가중값} & \text{if } i \neq j,\ (i,j) \in E \\ \infty & \text{if } i \neq j,\ (i,j) \notin E \end{cases}$$

이다. 그리고 $d(i)$는 현재의 정점 i까지 가장 짧은 거리를 나타낸다.

알고리즘 2 **다익스트라 알고리즘 $G(V, E)$**

{n개의 꼭지를 가진 무게함수가 g인 유향그래프 G에서 정점 v_0로부터 모든 정점을 지나는 가장 짧은 경로의 길이를 찾는다.
T는 v_0로부터 가장 짧은 경로의 길이를 알아낸 정점들의 모임이다.}

for $u \in V$ do $d(u) \leftarrow g(v_0, u)$

$T \leftarrow \{v_0\}$

while $T \neq V$ do

T에 포함되지 않는 정점 중 $d(u)$의 값이 가장 작은 정점 u를 찾는다

$T \leftarrow T \cup \{u\}$

for $w \notin T$ do $d(w) \leftarrow \min\{d(w), d(u) + g(u, w)\}$

예제 4.11 **그래프 G에 대하여 물음에 답하시오.**

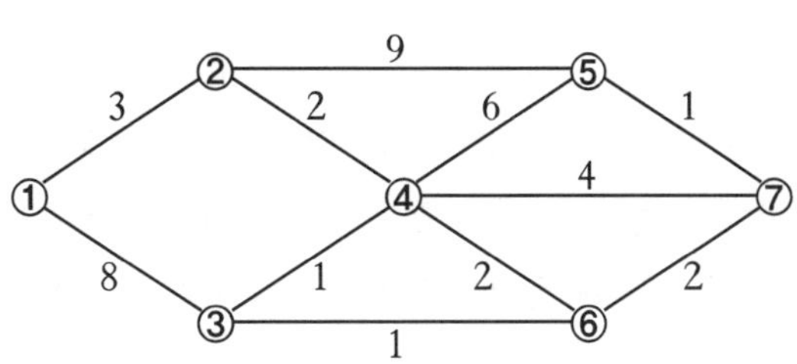

[그림 4.27] 그래프 G

(1) 그래프 G를 정점 i에서 j로 가는 가중값이 있는 연결선 $g(i, j)$로 나타내시오.

(2) 그래프 G 에 대한 다익스트라 알고리즘의 계산 과정을 쓰시오.

(3) 그래프 G 에 대한 최단경로와 최단경로의 값을 구하시오.

풀이 (1)

[표 4.1] 그래프 G의 $g(i,\ j)$ 행렬

$$g(i,j)=\begin{pmatrix} 0 & 3 & 8 & \infty & \infty & \infty & \infty \\ 3 & 0 & \infty & 2 & 9 & \infty & \infty \\ 8 & \infty & 0 & 1 & \infty & 1 & \infty \\ \infty & 2 & 1 & 0 & 6 & 2 & 4 \\ \infty & 9 & \infty & 6 & 0 & \infty & 1 \\ \infty & \infty & 1 & 2 & \infty & 0 & 2 \\ \infty & \infty & \infty & 4 & 1 & 2 & 0 \end{pmatrix}$$

(2)

[표 4.2] 그래프 G의 다익스트라의 계산과정

순환단계	$d(1)$	$d(2)$	$d(3)$	$d(4)$	$d(5)$	$d(6)$	$d(7)$	u	T
0	0	3	8	∞	∞	∞	∞		$\{1\}$
1			8	5	12	∞	∞	2	$\{1, 2\}$
2			6		11	7	9	4	$\{1, 2, 4\}$
3					11	7	9	3	$\{1, 2, 4, 3\}$
4					11		9	6	$\{1, 2, 4, 3, 6\}$
5					11			7	$\{1, 2, 4, 3, 6, 7\}$
6					10			5	$\{1, 2, 4, 3, 6, 7, 5\}$

(3) 최단경로는 (1,2,4,3,6,7,5)이고 최단경로의 값은 10이다.

4.5.3 그래프의 탐색

지금까지는 정점을 한 번씩만 사용하여 그래프 G을 그릴 수 있는가? 그래프 G의 각 정점을 한 번씩만 방문하여 시작한 정점에서 끝나는 경로가 존재하는가? 등의 그래프 G에 대한 존재성에 대하여 소개하였다.

이번 절은 단순 연결 그래프 G에서 도달 가능한 모든 정점을 방문하는 과정을 다룬다. 이것은 해밀턴 경로의 확장된 개념으로 각 정점을 최소 한 번 이상 방문하는 경로를 찾아야 하는 것을 의미하며 방법에 따라 방문된 연결선을 다시 방문하는 과정을 반복할 수 도 있다. 이러한 과정을 **그래프 탐색**이라 하며, 일반화된 그래프 탐색은 두 가지 방법이 있다.

먼저 그래프 탐색의 방법 중에서 깊이우선 탐색 알고리즘을 소개한다.

(1) 깊이우선 탐색(Depth First Search : DFS)

그래프에서 **깊이 우선 탐색(Depth First Search : DFS)**은 현재 방문 중인 정점과 인접

한 정점들 중에서 임의의 한 정점을 우선적으로 선택하여 방문한 후에, 이 정점과 연결된 다른 정점을 방문하는 과정을 반복한다. 인접한 모든 정점들이 이미 방문된 경우에는 이전에 마지막으로 방문된 정점으로 되돌아가서 위의 과정을 반복하며, 모든 정점이 모두 방문이 되면 탐색을 종료한다.

깊이우선 탐색 문제는 다음과 같은 알고리즘을 이용하면 쉽게 해결할 수 있다. 이 알고리즘은 단순 연결 그래프 G와 시작점 v을 입력으로 하여, v을 시작으로 하여 G의 모든 정점들을 단 한 번씩만 방문하는 방법이다.

알고리즘 3 깊이우선 탐색 알고리즘

```
{정점 v를 시작으로 모든 정점을 방문한다.}
 G=(V, E), v∈V
        초기값 v를 방문한다.
        write(v)
        for each node w adjacent to v do
                if w not visited then
                        DepthFirst(G, w)
                end if
        end for
end DepthFirs
```

```
void DepthFirst(int v)
{
   int w;
   visted[v] = true;       // 방문된 노드
   do {
       w = graph[v] -> vertex;
       graph[v] = graph[v]->link;
       if(!visted[w]) DepthFirst[w];
   } while(graph[v] != null);
}
```

예제 4.12 그래프 G가 다음과 같을 때 깊이우선 탐색 알고리즘을 이용하여 그래프를 탐색하시오.

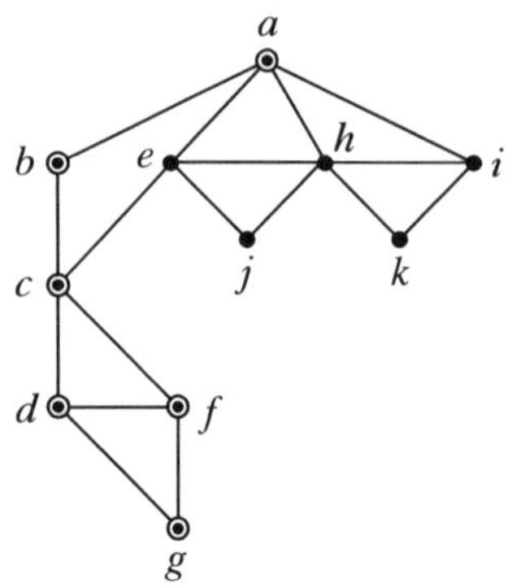

[그림 4.28] 그래프 G

풀이 그래프 G에서 정점 a을 시작점으로 하자. 이때 a의 인접한 여러 정점들 중에서 b을 임의로 선택하여 방문한다. 다음에는 b의 인접한 정점들 중에서 c을 선택하여 방문한다. 이러한 식으로 d, f, g을 차례로 방문하게 되면 g에서 더 이상 방문할 정점이 없게 되는데, 이는 g에 인접한 정점들이 이미 다 방문한 상태이기 때문이다. 여기서는 g 바로 이전에 방문한 정점인 f로 돌아간 후, 이에 인접한 정점들 중에서 새로이 방문할 정점을 찾아야 한다. 그러나 f에 인접한 정점들은 역시 이미 다 방문한 상태이므로, 다시 c로 돌아가야 한다. 이러한 식으로 방문한 경로를 되돌아가면서, c에서 결국 방문할 새로운 정점을 찾게 된다. c에서 방문되지 않은 정점 e를 방문하고, 정점 e에서 방문되지 않은 정점 j를 방문한다. 마찬가지로 정점 j에서 방문되지 않은 정점 h를 방문하고, 방문되지 않은 정점 k를 방문하고 마지막 방문되지 않은 정점 i를 방문하고 그래프 탐색을 마친다. 깊이우선 탐색 알고리즘을 이용한 방문 정점을 순서대로 적어보면 다음과 같다.

$$a,\ b,\ c,\ d,\ g,\ f,\ e,\ j,\ h,\ k,\ i$$

다음은 그래프 탐색의 방법 중에서 너비우선 탐색 알고리즘을 소개한다.

(2) 너비 우선 탐색(Breadth First Search : BFS)

너비 우선 탐색(Breadth First Search)은 깊이 우선 탐색과는 달리 처음 방문한 정점과 인접한 정점들을 차례로 모두 방문한다. 즉 현재 방문 중인 정점의 인접한 정점들을 우선적으로 모두 방문한 후에만, 다음의 정점을 방문할 수 있다. 위의 〈그림 4.26〉의 그래프를 너비우선 탐색으로 방문하면 정점 a를 시작으로 a의 인접한 정점들 b, e, h, i을 우선적으로 다 방문하여야 한다. a의 인접한 정점들을 모두 방문하였기에 방금 방문한 정점들 중에서 b을 임의로 선택한다. 정점 b의 인접한 정점들을 중 방문되지 않은 c을 방문한다. 정점 b의 인접한 정점들은 모두 방문하였으므로 다시 a에 인접한 정점들 중에서 임의 정점 e을 선택한다. 정점 e의 인접한 정점들을 중 방문되지 않은 j을 방문한다. 또다시 방문한 a에 인접한 정점들 중 임의의 노드 h을 선택한 후 방문되지 않은 정점 k 을 방문하고 위의 과정을 반복하여 모든 정점들을 모두 방문한다.

너비 우선 탐색 알고리즘은 **큐(queue)**라는 구조를 이용한다. 큐는 순서 리스트(ordered list)의 구조로서, 데이터 원소의 삽입은 리스트의 뒤(rear)에서만, 원소의 삭제는 앞(front)에서만 이루어지는 구조이다. 각 정점을 방문할 때마다 그 정점에 인접하면서 방문이 안 된 정점들을 큐에 차례로 삽입한다. 이제 이렇게 삽입된 정점들을 다 방문하고 난 후에는, 큐의 앞에서 한 정점을 꺼내 그 정점에 인접하면서 방문이 안 된 정점들을 같은 방법으로 큐에 삽입한다. 이런 식으로 계속 탐색하면서 큐가 비게 되면 탐색은 종료한다. 이를 위해 큐 Q의 뒤에 원소 v를 삽입하는 함수 enqueue(v, Q)와 Q의 앞에 있는 원소를 제거하는 함수 dequeue(Q)가 알고리즘에서 이용된다.

알고리즘 4 너비 우선 탐색 알고리즘

```
{정점 v를 시작으로 모든 정점을 방문한다.}
queue of nodes Q
    initialize Q to be empty
    초기값 v를 방문한다.
    write(v)
    enqueue(v, Q)
    While Q is not empty do
        for each node w adjacent to front(Q) do
            if w not visited then
                mark w visited
                write(w)
                enqueue(w, Q)
            end if
            end if
        end for
```

```
        dequeue(Q)
    end while
end BreadthFirst
```

예제 4.13 **그래프 G가 〈그림 4.27〉과 같을 때 너비우선 탐색 알고리즘을 이용하여 그래프를 탐색하시오.**

풀이 그래프에서 정점 a을 시작으로 하면, 빈 상태인 큐 Q에 방문한 정점 a를 큐에 넣는다. 정점 a와 인접한 아직 방문하지 않은 정점 b, e, h, i 을 찾아 큐의 뒤에 삽입한다. 따라서 큐에는 정점들 a, b, e, h, i 이 있다. 정점 a를 큐의 앞에서 제거하면 정점들 b, e, h, i 이 있다. 큐의 앞에 있은 정점 b에 인접한 정점 중 방문하지 않은 모든 정점을 탐색한 후 이전에 방문한 적이 없는 정점 c를 큐에 삽입한 후 b를 제거한다. 이 때 큐에는 정점들 e, h, i, c가 있다. 정점 e가 큐의 앞에 있고 정점 e와 인접한 정점 중 방문되지 않는 j 를 큐에 삽입하고 정점 e를 큐에서 제거하면, 정점들 h, i, c, j가 큐에 있다. 정점 h에 인접한 정점 k를 삽입하고 정점 h를 큐에서 제거하면 i, c, j, k 가 큐에 있다. 정점 i 에 인접한 정점들은 이미 방문이 되었으므로 큐에 삽입할 새로운 정점이 없으므로 정점 i 를 제거한 후에 정점들 c, j, k가 큐에 있다. 정점 c는 큐의 맨 앞에 있으며 c에 인접한 정점은 d와 f이므로 이들을 큐에 삽입하고 c를 제거하면 j, k, d, f의 정점들이 큐에 남아있다. 큐의 앞에 있는 정점들 j, k는 인접한 정점이 없으므로 큐에 삽입할 정점이 없다. 정점들 j, k를 제거하면 d, f가 큐에 있다. 큐의 앞에 있는 정점 d에 인접한 정점 g를 큐에 삽입한 후 정점 d를 제거하면 정점 f, g가 큐에 있다. 정점 f와 g에는 더 이상 처리할 정점이 없으므로 정점 f와 g를 제거하면 큐는 빈상태가 되고 알고리즘은 종료된다. 너비우선 탐색 알고리즘을 이용한 방문 정점을 순서대로 적어보면 다음과 같다.

a, b, e, h, i, c, j, k, d, f, g

너비 우선 탐색은 정점을 방문하면서 이전에 방문한 적이 있는지와 큐의 현재 정점들을 확인하면서 탐색하면 된다.

4.6 그래프의 종류

그래프를 종이와 같은 평면 위에서 그릴 수 있다면 이 그래프를 평면그래프라 한다. 평면 그래프는 정점들이 평면 위에서 서로 교차하지 않아야 한다. 다음은 평면 그래프와 비평면 그래프의 정의이다.

정의 4.6

- **평면 그래프(Planar graph)**
  평면상에서 교차하는 연결선이 없는 그래프
- **비평면 그래프**
  평면상에서 교차하는 연결선이 적어도 하나 이상 있는 그래프

다음 그림들은 모두 평면그래프이다.

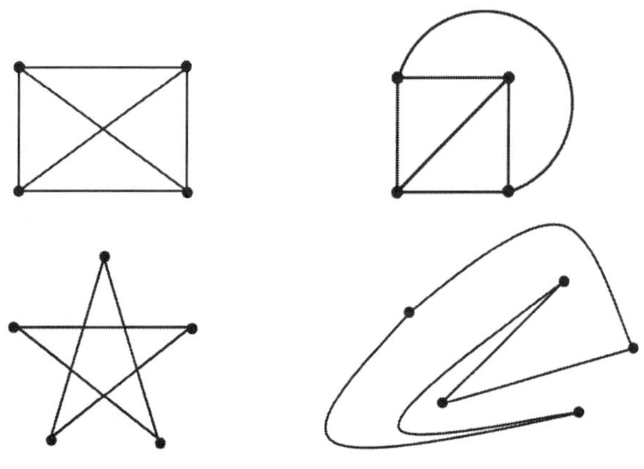

[그림 4.29] 평면 그래프

다음 그림들은 비평면그래프의 예제들이다.

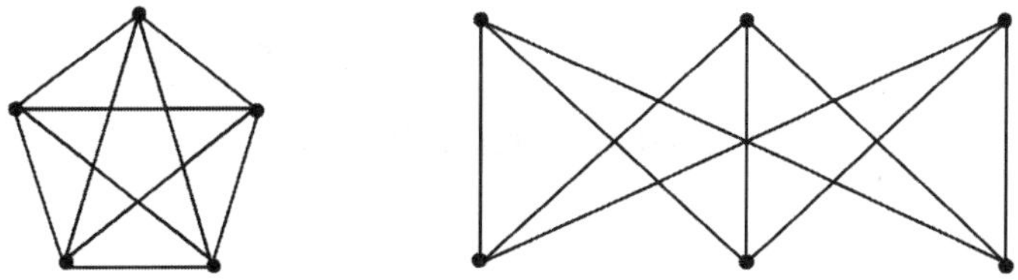

[그림 4.30] 비평면 그래프

두 개의 그래프가 모양은 다르지만, 그래프의 정점과 연결선을 구성하는 구조가 서로 같은 경우가 있다. 예를 들면, 〈그림 4.29〉와 〈그림 4.30〉의 두 그래프 G_1과 G_2는 모양은 다르지만 구조는 같은 그래프이다.

[그림 4.31] 그래프 G_1

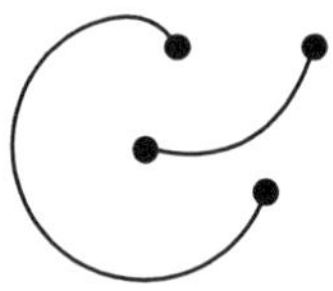

[그림 4.32] 그래프 G_2

이와 같이 두 그래프가 모양은 다르지만 정점과 연결선의 이름을 제외하고, 두 그래프의 구조가 같은 경우 동형그래프라 하며 다음과 같이 정의 한다.

정의 4.8

- **동형 그래프(Isomorphic graph)**

  그래프 $G_1 = (V_1, E_1)$과 $G_2 = (V_2, E_2)$에서 전단사함수 $f: V_1 \rightarrow V_2$가 존재하며 $v_1, v_2 \in V_1$에 대하여

$$(v_1, v_2) \in E_1 \Rightarrow (f(v_1), f(v_2)) \in E_2$$

  을 만족하면 그래프 G_1과 G_2을 동형그래프라 하며 $G_1 \cong G_2$ 로 나타낸다.

- **입사행렬**

  행에는 연결선을 열에는 정점을 나열하여 관계가 있는 행과 열에 1로, 관계가 없는 행과 열에 0으로 표시된 행렬이다.

다음의 두 그래프는 모양은 다르지만 동형그래프이다.

[그림 4.33] 동형 그래프의 예

다음은 두 그래프가 동형이 되는지를 알려주는 내용들이다.

정리 4.9

다음은 동형그래프의 성질을 나열한 것이다.

(1) 두개의 그래프는 동형이다. ⇔ 한 그래프의 입사행렬이 다른 그래프의 행과 열의 교환으로 입사행렬을 얻을 수 있다.

(2) 두개의 그래프가 동형이면 두 그래프의 정점과 연결선의 수는 같다.

(3) 두개의 그래프가 동형이면 대응하는 정점의 차수는 같다.

예제 4.14 **다음 두 그래프 G_1과 G_2에 대하여 다음 물음에 답하시오.**

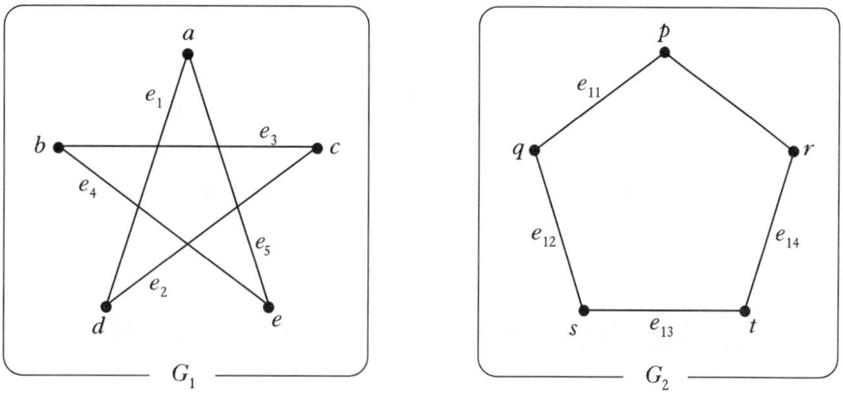

[그림 4.34] 그래프 G_1과 G_2

(1) 그래프 G_1과 G_2가 동형이 되는지 정의를 이용하여 조사하시오.

(2) 그래프 G_1과 G_2가 동형이 됨을 입사행렬을 이용하여 보이시오.

풀이 그래프 $G_1 = (V_1, E_1)$에서 V_1={a, b, c, d, e} 이고

$E_1 = \{e_1, e_2, e_3, e_4, e_5\}$이다.

그래프 $G_2 = (V_2, E_2)$에서 V_2={p, q, s, t, r}이고

$E_2 = \{e_{11}, e_{12}, e_{13}, e_{14}, e_{15}\}$이다.

(1) 두 그래프가 동형임을 보이기 위해서는 전단사함수 $f: V_1 \rightarrow V_2$가 존재하여야 하므로 이들 관계는 다음과 같이 정할 수 있다.

E_1	(a, e)	(e, b)	(b, c)
$f(E_1) \subset E_2$	(f(a), f(e))=(p, q)	(f(e), f(b))=(q, s)	(f(b), f(c))=(s, t)
	(c, d)	(d, a)	
	(f(c), f(d))=(t, r)	(f(d), f(a))=(r, p)	

따라서 함수 $f: V_1 \to V_2$는 전단사 함수이며, 그래프 G_1과 G_2는 $G_1 \cong G_2$ 이다.

(2) 그래프 G_1과 G_2의 입사행렬은 다음과 같다.

	a	b	c	d	e
e_1	1	0	0	1	0
e_2	0	0	1	1	0
e_3	0	1	1	0	0
e_4	0	1	0	0	1
e_5	1	0	0	0	1

[그림 4.35] 그래프 G_1의 입사행렬

	p	q	s	t	r
e_{11}	1	1	0	0	0
e_{12}	0	1	1	0	0
e_{13}	0	0	1	1	0
e_{14}	0	0	0	1	1
e_{15}	1	0	0	0	1

[그림 4.36] 그래프 G_2의 입사행렬

따라서 그래프 G_1의 입사행렬과 그래프 G_2의 입사행렬은 같으므로 두 그래프 G_1과 G_2는 동형이다.

예제 4.15 **다음의 그래프 G_1과 G_2가 동형이 되는지를 밝히시오.**

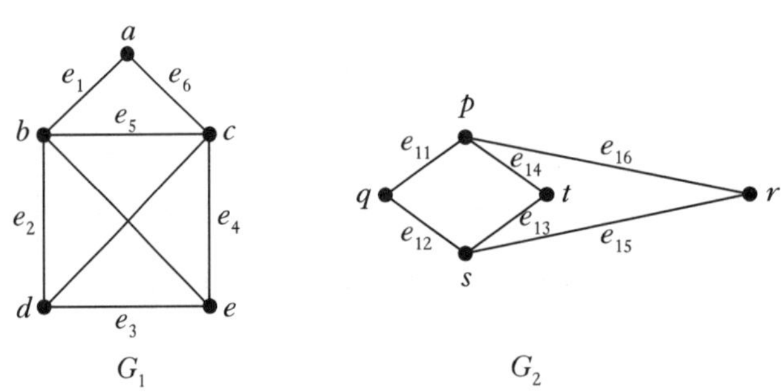

[그림 4.37] 동형이 아닌 두 그래프

풀이 그래프 $G_1=(V_1, E_1)$에서 V_1={a, b, c, d, e}이고 $E_1=\{e_1, e_2, e_3, e_4, e_5,, e_6\}$이다. 그래프 $G_2=(V_2, E_2)$에서 V_2={p, q, s, t, r} 이고 $E_2=\{e_{11}, e_{12}, e_{13}, e_{14}, e_{15}, e_{16}\}$이다. 이 두 그래프 G_1과 G_2의 입사행렬은 다음과 같다.

	a	b	c	d	e
e_1	1	1	0	0	0
e_2	0	1	1	0	0
e_3	0	0	1	1	0
e_4	0	0	0	1	1
e_5	0	1	0	0	1
e_6	1	0	0	0	1

[그림 4.38] 그래프 G_1의 입사행렬

	p	q	s	t	r
e_{11}	1	1	0	0	0
e_{12}	0	1	1	0	0
e_{13}	0	0	1	1	0
e_{14}	1	0	0	1	0
e_{15}	0	0	1	0	1
e_{16}	1	0	0	0	1

[그림 4.39] 그래프 G_2의 입사행렬

하지만 그래프 G_1의 입사행렬은 행(또는 열)을 바꾸어 그래프 G_2의 입사행렬로 바꿀 수 없으므로 그래프 G_1과 그래프 G_2는 동형이 아니다.

정점과 연결선으로 이루어진 단순그래프에서 모든 정점이 다른 정점들과 관계를 갖는 그래프에 대하여 소개한다.

정의 4.10 완전 그래프(Complete graph)

단순그래프 $G=(V, E)$에서, 각각의 정점이 다른 모든 정점과 관계있는 그래프를 완전그래프라 한다. 즉, 각 정점이 다른 모든 정점들과 연결된 그래프이며, n개의 정점으로 구성된 완전 그래프는 K_n으로 표기한다.

다음은 완전그래프에 대한 예제이다.

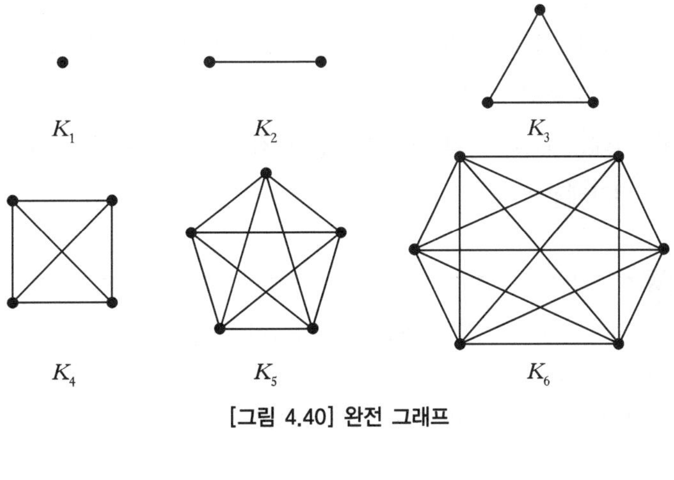

[그림 4.40] 완전 그래프

예제 4.16 다음의 그래프들이 완전그래프가 되는지 판단하시오.

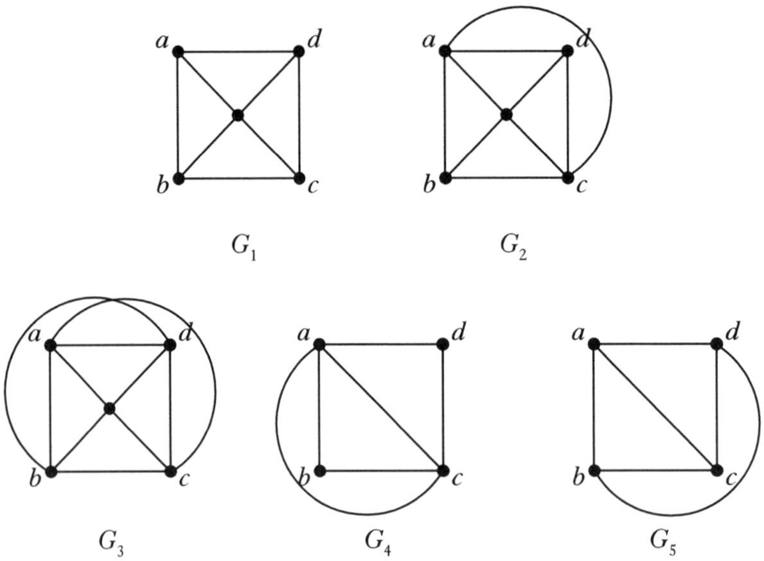

[그림 4.41] 그래프 G_1, G_2, G_3, G_4, G_5

풀이 (1) 그래프 G_1에서 정점 a와 정점 c는 연결되지 않고, 정점 b와 정점 d도 연결되지 않으므로 그래프 G_1은 완전그래프가 아니다.

(2) 그래프 G_2는 정점 b와 정점 d는 연결되지 않으므로, 그래프 G_2은 완전그래프가 아니다.

(3) 그래프 G_3에서 각 정점은 모두 연결되고 단순그래프이므로 그래프 G_3은 완전그래프이다.

(4) 그래프 G_4에서 정점 a와 정점 c가 두 번 연결된 다중그래프이므로 그래프 G_4은 완전그래프가 아니다.

(5) 그래프 G_5에서 각 정점은 모든 정점과 연결되어 있으므로 그래프 G_5은 완전그래프이다.

정리 4.11

그래프 $G=(V, E)$가 완전 그래프이면 다음이 성립한다.

(1) 그래프 G는 루프가 없다.

(2) 만약 정점 V가 n개이면 연결선은 $n\,C_2$개 있다. 즉,

$$|V| = n \text{ 이면, } |E| = n\,C_2 = \frac{n!}{(n-2)!\,2!} \text{이다.}$$

다음은 정점과 연결선으로 구성된 그래프에서 연결선에 관한 성질을 소개한다.

정의 4.12 ***k*차 정규그래프**

그래프 $G=(V, E)$의 모든 정점의 차수(degree)가 k이면 G를 k차 정규그래프라 한다.

다음 그림은 정규그래프를 나타낸 것이다.

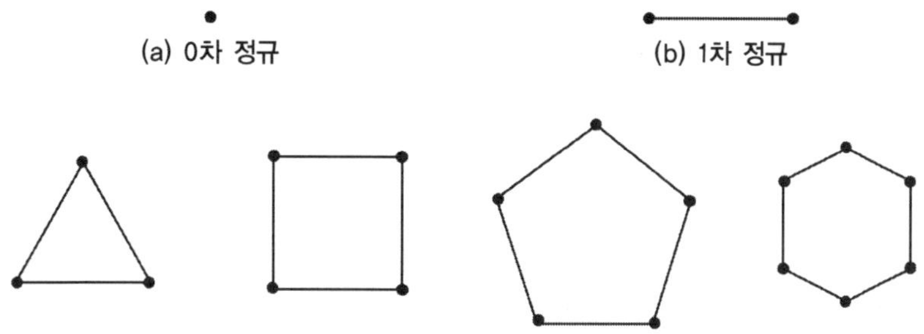

(a) 0차 정규 (b) 1차 정규 (c) 2차 정규

[그림 4.42] k차 정규 그래프

정의 4.13

그래프 $G=(V, E)$의 공집합이 아닌 부분집합 V_1과 V_2가 다음 두 가지 조건을 만족하면, 그래프 G를 **이분 그래프(Bipartite graph)**라고 한다.

- $V=V_1 \cup V_2$
- 그래프 G의 각 연결선은 V_1과 V_2의 정점으로 연결되어 있다.

다음 그림은 이분그래프를 나타낸 것이다.

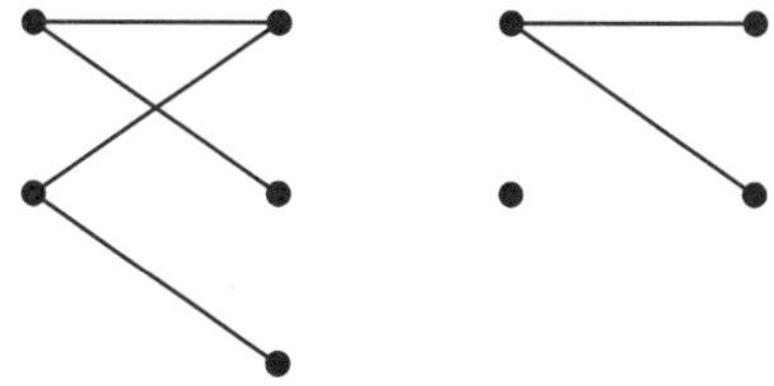

[그림 4.43] 이분 그래프

완전이분 그래프는 다음과 같다.

정의 4.14

그래프 $G=(V, E)$의 공집합이 아닌 부분집합 V_1과 V_2가 다음 세 가지 조건을 만족하면, 그래프 G를 **완전이분 그래프(Complete bipartite graph)**라고 한다.

- $|V_1|=m$, $|V_2|=n$
- $V_1 \cap V_2 = \varnothing$, $V=V_1 \cup V_2$
- $v_1 \in V_1$, $v_2 \in V_2$이면, $(v_1, v_2) \in E$

V_1에서 정점의 개수가 m이고, V_2에서 정점의 개수가 n일 때 완전이분 그래프는 $K_{m,n}$으로 나타낸다. 다음은 완전이분 그래프의 예이다.

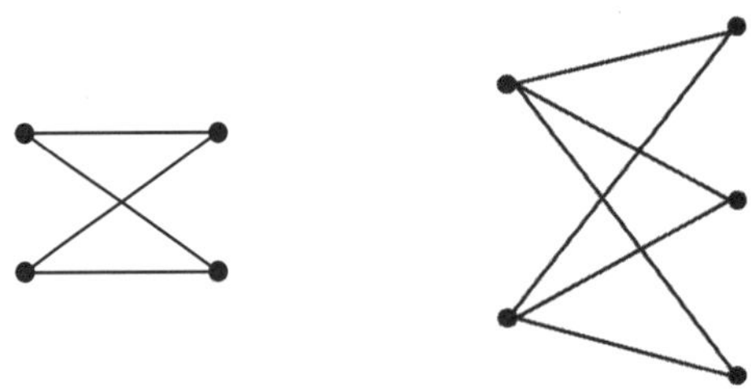

(a) $K_{2,2}$ (b) $K_{2,3}$

[그림 4.44] 완전이분 그래프

4.7 오일러 공식

다음은 그래프의 정점과 연결선을 활용하여 새로운 개념인 평면을 소개한다. 이것은 오일러 정리로 나타낼 수 있다.

정리 4.15

오일러의 정리

연결된 평면 그래프에서 정점의 수를 v, 연결선의 수를 e, 면의 수를 f라고 할 때 다음 식이 성립한다.

$$v-e+f=2$$

예제 4.17 **다음 그래프들은 오일러 정리가 성립되는지 조사하시오.**

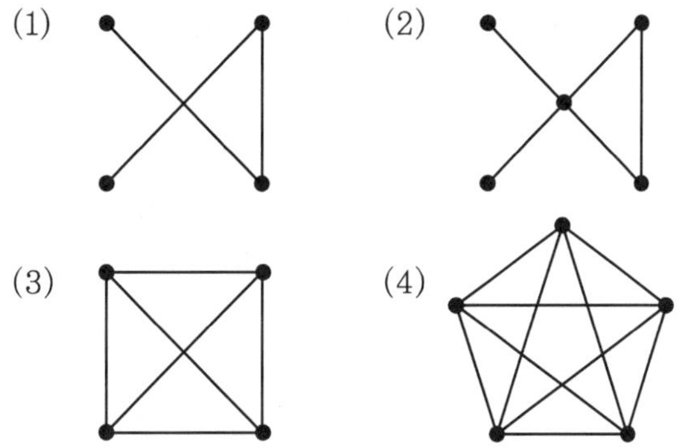

풀이 (1) 그래프의 정점의 개수 $v=4$, 연결선의 개수 $e=3$, 면의 개수 $f=1$이므로 $v-e+f=2$인 오일러 공식이 성립한다.

(2) 정점의 개수 $v=5$, 연결선의 개수 $e=5$, 면의 개수 $f=2$인 그래프이므로 $v-e+f=2$인 오일러 공식이 성립한다.

(3) 그래프의 정점의 개수 $v=4$, 연결선의 개수 $e=6$, 면의 개수 $f=4$이므로 $v-e+f=2$인 오일러 공식이 성립한다.

(4) 이 그래프는 비평면 그래프이므로 오일러 공식이 성립하지 않는다.

연습문제

01 다음의 그래프를 보고 물음에 답하시오.

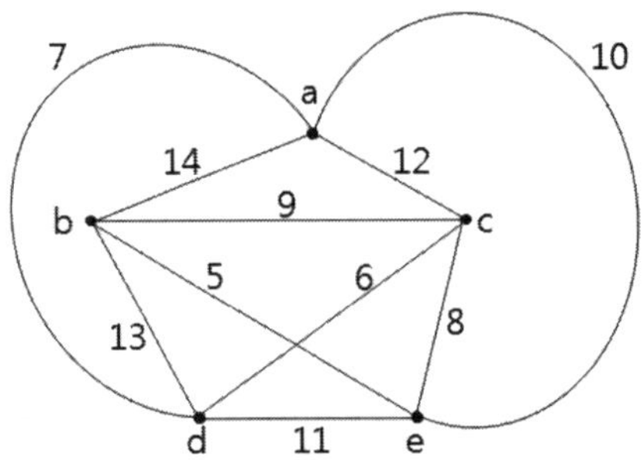

(1) 오일러 경로가 되는가?

(2) 오일러 순회가 되는가?

(3) 가중그래프인가?

(4) 해밀턴 경로가 되는가?

(5) 해밀턴 순회가 되는가?

(6) 평면그래프인가?

(7) 부분그래프를 3개 그리시오.

02 다음 그래프에서 a에서 f까지의 경로를 5가지 이상 구하시오.

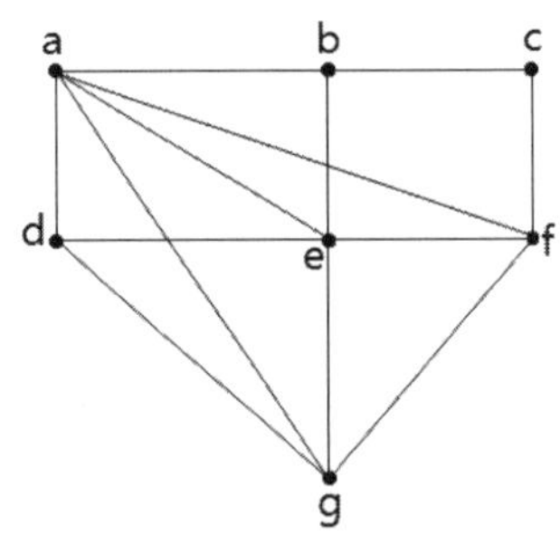

03 다음의 그래프를 그리시오.

(1) K_5

(2) $K_{3,3}$

04 다음의 그래프를 보고 물음에 답하시오.

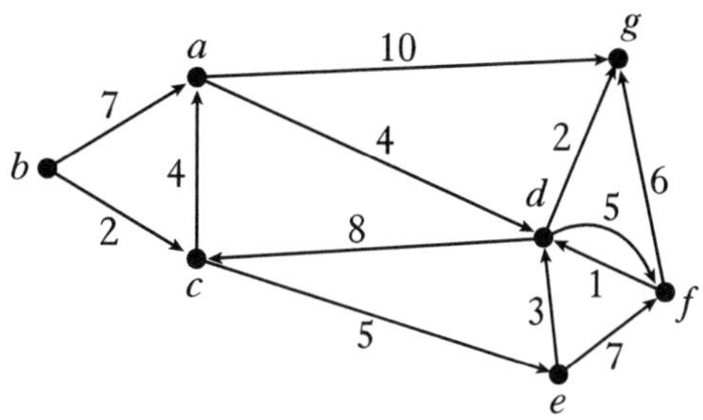

(1) 꼭지점 b에서 g까지의 최단경로를 구하시오.

(2) 꼭지점 b에서 g까지의 최단길이를 구하시오.

05 다음의 그래프를 보고 물음에 답하시오.

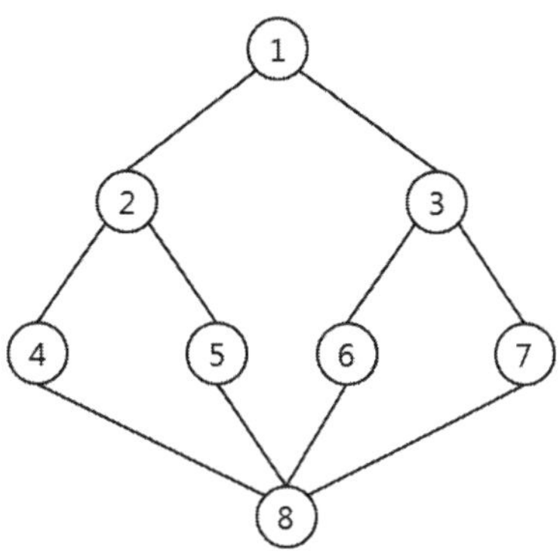

(1) 깊이우선 탐색의 결과를 쓰시오.

(2) 너비우선 탐색의 결과를 쓰시오.

CHAPTER

05

트리
(Trees)

CHAPTER 05

트리 (Trees)

트리는 그래프의 특수한 형태로 컴퓨터를 비롯한 여러 응용분야에 널리 사용되고 있다. 책의 목차와 회사의 조직도등도 트리를 활용한 분야이다. 그리고 컴퓨터의 UNIX나 Windows의 파일 구조도 트리로 구성되어 있음을 알 수 있다. 특히 이진트리는 산술적 표현, 자료 구조 등을 매우 간단하게 표현할 수 있는 장점을 가지고 있다.

이 장에서는 트리와 관련된 기본 용어, 이진트리와 이진트리의 표현과 순회 방법 등을 다룰 것이다.

5.1 기본 용어

정의 5.1

무방향 그래프 $G=(V, E)$에서 모든 노드의 쌍이 연결되어 있고, 순환(cycle)을 갖지 않은 단순그래프 G을 **트리(tree)**라고 한다.

[그림 5.1] 트리의 예

일반적으로 트리의 가장 상위에 있는 노드를 뿌리로 지정한다. 다음은 트리에서 기본적으로 사용되는 용어이다.

정의 5.2

트리에서 사용되는 용어들은 다음과 같다.

(1) **뿌리(root)** : 주어진 트리의 시작 노드
(2) **차수(degree)** : 주어진 노드의 서브트리 개수
(3) **잎 노드(leaf node)** : 차수가 0인 노드
(4) **부모 노드(parent node)** : 주어진 노드의 상위트리의 루트 노드
(5) **자식 노드(children node)** : 주어진 노드의 서브트리 노드
(6) **형제 노드(sibling)** : 동일한 부모를 가지는 노드
(7) **조상(ancestor)** : 루트로부터 그 노드에 이르는 경로에 나타난 모든 노드
(8) **자손(descendant)** : 그 노드로부터 잎노드에 이르는 경로에 나타난 모든 노드
(9) **레벨(level)** : 뿌리에서 시작하여 노드들이 연결되는 단계의 표현으로 루트를 레벨1로 해서 하나씩 증가한다.
(10) **트리의 높이(height)** : 트리에서 노드가 가질 수 있는 최대 레벨로서 트리의 깊이(depth)라고도 한다.
(11) **숲(forest)** : 서로 교차하지 않은 트리들의 집합으로서 트리에서 루트를 제거하면 숲을 얻을 수 있다.
(12) **n-트리(n-ary tree)** : 모든 중간 노드들이 최대 n개의 자식노드를 갖는 트리
(13) **이진트리(binary tree)** : n-트리에서 n이 2인 트리

예제 5.1 **다음 트리에 대해 물음에 답하시오.**

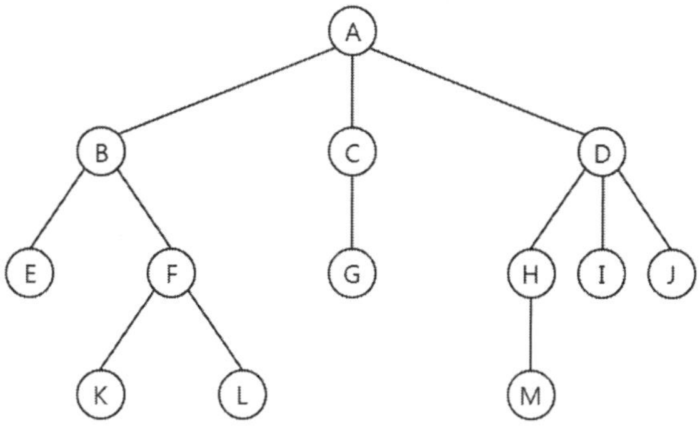

[그림 5.2] 트리

(1) 트리의 뿌리는 무엇인가?
(2) 노드 A의 차수는?
(3) 트리에서 잎 노드는 무엇인가?

(4) 노드 D의 부모노드는 무엇인가?
(5) 노드 A의 자식노드는 무엇인가?
(6) 노드 C의 형제노드는 무엇인가?
(7) 노드 F의 조상노드는 무엇인가?
(8) 노드 D의 자손노드는 무엇인가?
(9) 이 트리의 높이는 무엇인가?
(10) 이 트리는 몇 개의 숲을 가지고 있나요?
(11) 이 트리는 이진트리인가?

풀이 (1) A
(2) 서브트리의 개수가 3이므로 d(A)=3.
(3) E, K, L, G, M, I, J
(4) A
(5) B, C, D
(6) B, D
(7) B, A
(8) H, I, J, M
(9) 이 트리의 높이는 4이다.
(10) 이 트리의 숲은 3개이다.
(11) node D가 3개의 자식노드를 가지므로 3진 트리이다.

다음은 트리의 레벨에 대한 설명이다.

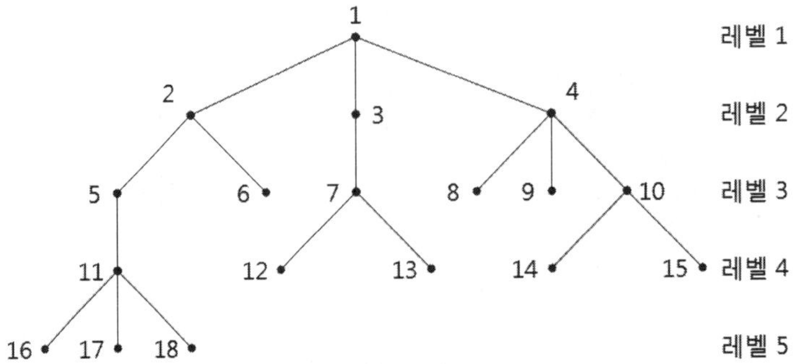

[그림 5.3] 트리와 레벨

n개의 노드를 가진 트리는 $n-1$개의 연결선을 가진다. 다음은 트리에 대한 일반적인 성질이다.

정리 5.3

그래프 $G=(V, E)$에서 $|V|=n$이고 $|E|=m$일 때 다음의 문장들은 모두 동치이다.

(1) G는 트리이다.

(2) G는 연결되어 있고 $m=n-1$이다.

(3) G는 연결되어 있고 어느 한 연결선만을 제거하더라고 G는 연결되지 않는다.

(4) G는 사이클을 가지지 않으며 $m=n-1$이다.

(5) G는 사이클을 가지지 않으며 어느 한 연결선만 첨가하더라도 사이클을 형성하게 된다.

예제 5.2 **다음 그래프가 트리가 되는지 조사하시오.**

(1) (2)

풀이 (1) 트리가 아니다. 이유는 $|V|=5$이므로 $|E|=4$이어야 하는데 이 그래프는 $|E|=5$이다.

(2) 트리이다. 이유는 $|V|=3$이고 $|E|=2$이므로 이 그래프는 트리이다.

5.2 이진트리

이진트리는 가장 널리 사용하는 트리의 형태이다. 이진트리는 구성이 단순하고 컴퓨터로 구현하기 쉽기 때문에 많은 응용문제의 문제를 해결한다.

트리의 자식이 최대 n개가 존재하면 n-트리(n-ary tree)라고 하며, $n=2$인 트리를 이진트리라 한다. 만약 모든 부모의 자식들이 정확히 n개씩 존재하고 그 노드들이 중간에 비지 않고 채워진 트리를 완전 n-트리(complete n-tree)라고 한다. 이진트리에서는 모든 부모노드가 왼쪽 자식과 오른쪽 자식을 갖고 있고, 왼쪽부터 채워진 형태의 트리를 **완전 이진트리(complete binary tree)**라고 한다. 잎 노드가 아닌 노드들이 모두 2개씩의 자식 노드를 가진 경우의 트리는 **포화 이진트리(full binary tree)**이다.

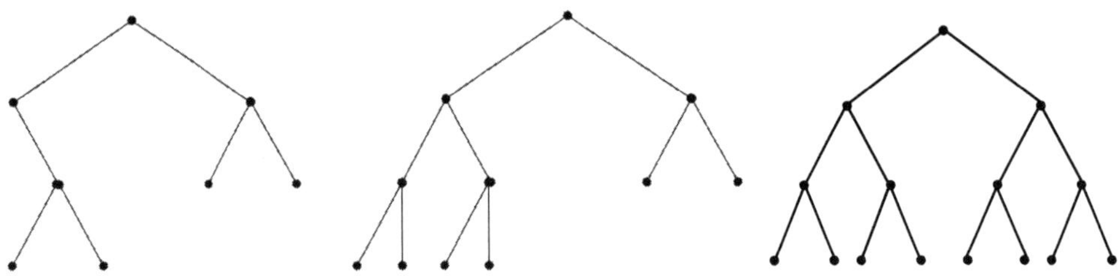

(a) 이진트리 (b) 완전 이진트리 (c) 포화 이진트리

[그림 5.4] 이진트리와 완전 n-트리

정의 5.4 이진트리(binary tree)

유한개의 노드들의 집합인 트리에서 각 노드는 반드시 두 개 이하의 자식노드로 이루어진다.

이진트리는 루트와 왼쪽 서브트리, 오른쪽 서브트리로 이루어진다.

일반적인 n-트리는 이진트리로 변환하여 사용할 수 있다. n-트리를 이진트리로 변환하는 방법은 다음과 같다. 일반 트리의 노드를 v라고 하고 v의 자식을 $v_1, v_2, \cdots, v_n$이라고 하면 v_1은 v의 왼쪽 자식으로 하고, v_2는 v_1의 오른쪽 자식으로 하고, v_3는 v_2의 오른쪽 자식으로 한다. 이와 같이 v_{i+1}는 $v_i(i>1)$의 오른쪽 자식으로 하면 이진트리가 구성된다.

예제 5.3 **다음 트리를 이진트리로 변환하시오.**

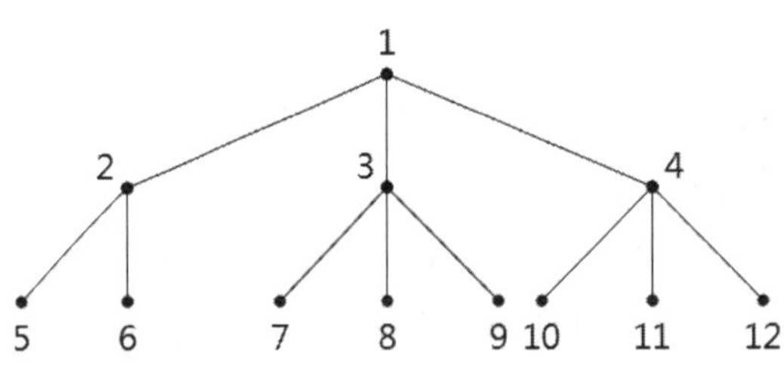

풀이 3진 트리를 이진트리로 변환하는 과정은 다음과 같다.

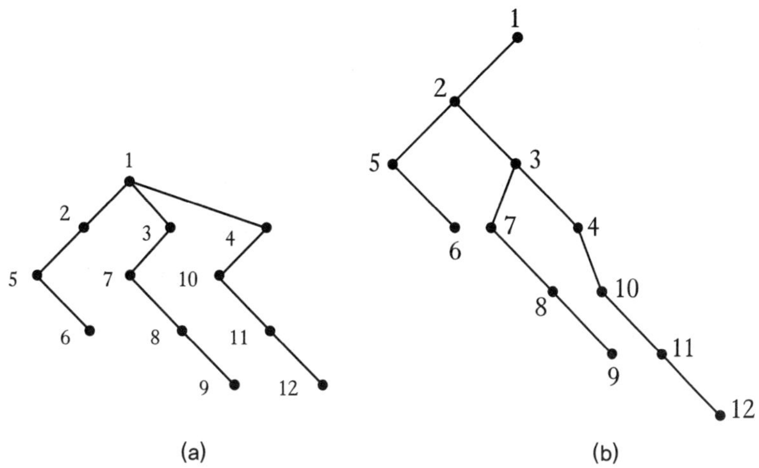

[그림 5.5] 트리를 이진트리로 변환

정리 5.5

이진트리가 레벨 i에서 가질 수 있는 최대 노드의 수 : $2^{(i-1)}$

레벨 i인 이진트리의 최대 노드의 수 : $2^i - 1$

예제 5.4 **다음 이진트리의 최대 노드의 수를 구하시오.**

(1) 레벨 1인 이진트리
(2) 레벨 2인 이진트리
(3) 레벨 3인 이진트리

풀이 (1) 최대 노드의 수는 $2^1 - 1 = 1$이므로 1개이다.
(2) 최대 노드의 수는 $2^2 - 1 = 3$이므로 3개이다.
(3) 최대 노드의 수는 $2^3 - 1 = 7$이므로 7개이다.

다음은 이진트리에서 잎 노드의 개수를 알면 차수가 2인 노드의 개수를 알 수 있는 정리이다.

정리 5.5

이진트리에서 잎 노드의 개수를 n_0, 차수가 2인 노드의 개수를 n_2라고 하면 다음식이 성립한다.

$$n_0 = n_2 + 1$$

예제 5.5 **다음 이진트리에서 차수가 2인 노드의 수를 구하시오.**

(1)

풀이 (1) 잎 노드의 개수가 3개이므로, 차수가 2인 노드의 개수는 2개이다.
(2) 잎 노드는 4개이므로, 차수가 2인 노드의 개수는 3개이다.

5.3 이진트리의 표현

이진트리는 그래프와 같이 배열과 연결리스트를 이용할 수 있지만 좀 더 특별한 주의가 필요하다. 즉, 각 노드에 대하여 왼쪽 노드와 오른쪽 노드를 구별할 수 있어야한다. 이진트리를 컴퓨터에서 사용하기 위한 표현 방법은 크게 세 가지로 나눌 수 있다. 단순 연결 리스트(singly linked list), 이중 연결 리스트(doubly linked list) 그리고 배열(array)등이 이진트리에 사용되는 표현 방법이다.

5.3.1 단순 연결 리스트

단순 연결 리스트는 각 노드를 하나의 포인터를 사용하여 자식들을 가리키는 방법이다. 각 노드를 배열에 저장한 후 각 노드마다 자식들을 연결 리스트로 표시한다.

예제 5.6 **이진트리가 다음과 같이 주어졌을 때 단순 연결 리스트로 나타내시오.**

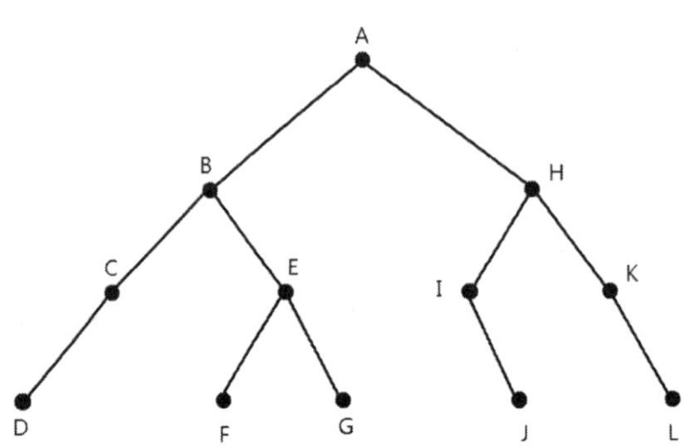

[그림 5.6] 이진트리

풀이 이진트리는 다음과 같은 단순 연결 리스트로 나타난다.

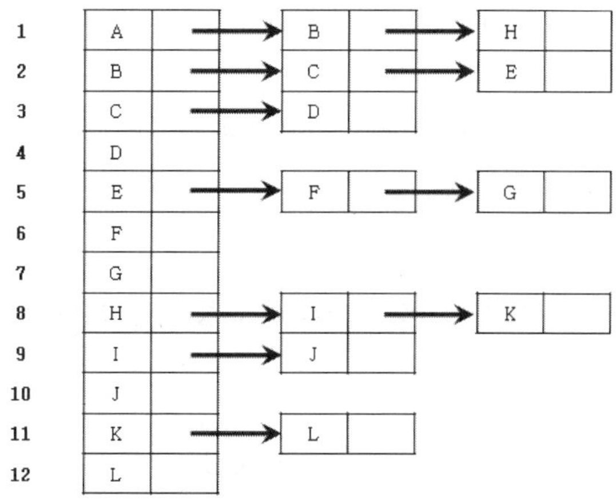

[그림 5.7] 단순 연결 리스트로 표현한 이진트리

5.3.2 이중 연결 리스트

이중 연결 리스트는 이진트리의 세 가지 표현방법 중 가장 널리 사용된다. 이중 연결 리스트에서 각 노드는 왼쪽 자식과 오른쪽 자식을 가리키는 두 개의 포인터를 가지고 있어야한다. 여기서 오른쪽 포인터는 그 노드의 오른쪽 자식을, 왼쪽 포인터는 그 노드의 왼쪽 자식을 가리킨다. 이진트리의 포인터 start는 뿌리를 의미하며, 각 리스트 노드의 포인터들은 뿌리로부터 각 노드들로 연결되는 것을 나타낸다. 자식이 없는 잎 노드의 포인터는 널(null) 값을 갖는다.

노드의 구조와 C언어를 이용한 정의는 다음과 같다.

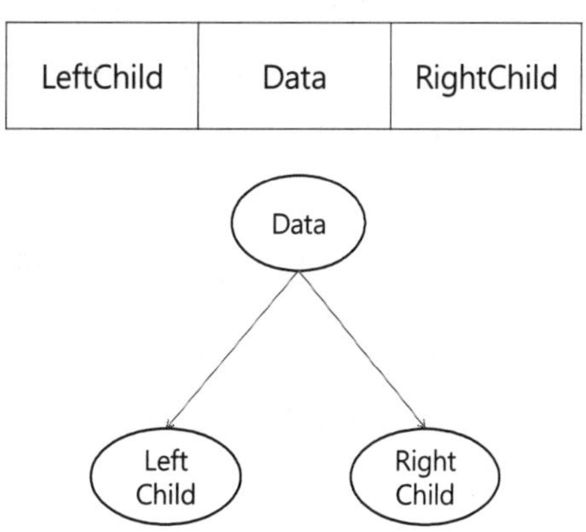

```
typedef struct tree {
    struct tree *LeftChild;
    char Data;
    struct tree *RightChild;
} TREE;
```

예제 5.7 이진트리가 〈그림 5.6〉일 때 이중 연결 리스트로 나타내시오.

풀이

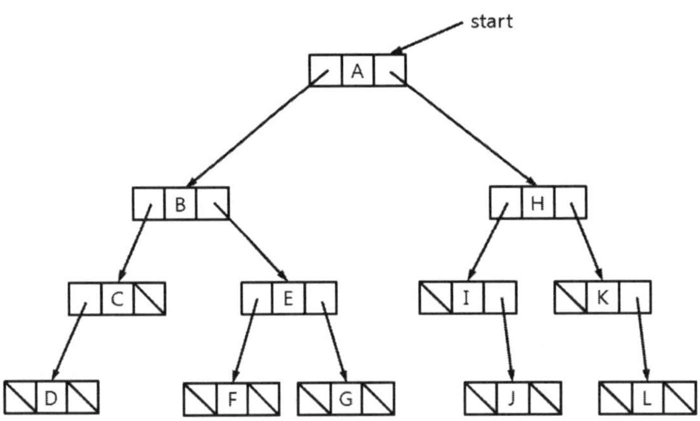

[그림 5.8] 이중연결 리스트로 표현한 이진트리

5.3.3 배열

이진트리를 **배열**로 표현하는 방법은 여러 개의 행과 두 개의 열을 사용하며, 각 행은 노드의 데이터를 나타내고, 이 노드의 자식 위치는 두 개의 열을 사용하여 나타낸다. 두 개의 열에서 왼쪽은 그 노드의 왼쪽 자식 노드를 오른쪽은 그 노드의 오른쪽 자식 노드를 나타낸다. 첫 번째 행의 첫 번째 열에는 트리의 뿌리를 적는다.

예제 5.8 이진트리가 〈그림 5.6〉일 때 배열로 나타내시오.

풀이 이진트리에서 배열의 첫 번째 열의 값 2는 뿌리의 위치를 나타낸다. 뿌리 A는 배열의 2열에 있으며 뿌리의 왼쪽 자식 B은 배열의 3열에, 오른쪽 자식 H는 배열의 9열에 위치한다. 그리고 자식이 없을 경우 배열에는 0의 값을 기록한다.

노드	왼쪽 자식	오른쪽 자식
A	B	H
B	C	E
C	D	0
D	0	0
E	F	G
F	0	0
G	0	0
H	I	K
I	0	J
J	0	0
K	0	L
L	0	0

(a)

1	2		0
2	3	A	9
3	4	B	6
4	5	C	0
5	0	D	0
6	7	E	8
7	0	F	0
8	0	G	0
9	10	H	12
10	0	I	11
11	0	J	0
12	0	K	13
13	0	L	0

(b)

[그림 5.9] 배열로 표현한 이진트리

배열에 의한 방법은 트리의 중간에 새로운 노드를 삽입하거나 기존의 노드를 삭제할 때 번거롭다. 따라서 일반적으로 가장 많이 쓰이는 방법은 연결 리스트에 의한 방법이다.

5.4 이진트리의 순회

그래프의 탐방과 마찬가지로 트리에 속한 모든 노드를 방문할 필요성은 자주 발생한다. 모든 노드를 빠짐없이 방문하기 위한 방법에 대한 연구는 중요하며 따라서 일정한 규칙에 따라 방문하는 것이 필요하다. 이러한 방법 중 하나는 트리 순회 방법이 있으며, 전위 순회(preorder traverse), 중위 순회(inorder traverse) 그리고 후위 순회(postorder traverse)의 세 가지 방법을 이용한다.

5.4.1 전위 순회

전위 순회는 다음과 같이 정의한다.

정의 5.6

전위 순회(preorder traverse)는 다음과 같다.

(1) 트리의 뿌리를 방문한다.
(2) 트리의 왼쪽 서브트리를 방문한다.
(3) 트리의 오른쪽 서브트리를 방문한다.

알고리즘 1 전위 순회 알고리즘

```
Preorder(tree T)
{뿌리를 r로 시작하여 전위순회로 노드들을 추가한다.}
        write(r)
        for  i =1 to t do
            Preorder( T_i)
        end for
end Preorder
```

```
void Preorder(Tree *root)
{
    if(root != NULL) {
        printf("%c \n", root->Data);
        Preorder(tree->LeftChild);
        Preorder(tree->RightChild);
    }
}
```

[프로그램 5.1] preorder

예제 5.9 다음 이진트리에 대해 전위순회로 방문하시오.

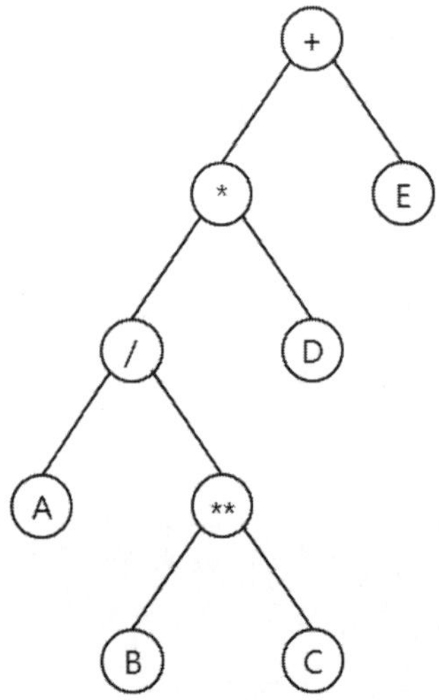

[그림 5.10] 이진트리 T_1

풀이 이진트리를 전위 순회(prefix)로 표시하면 다음과 같은 절차로 표시된다.

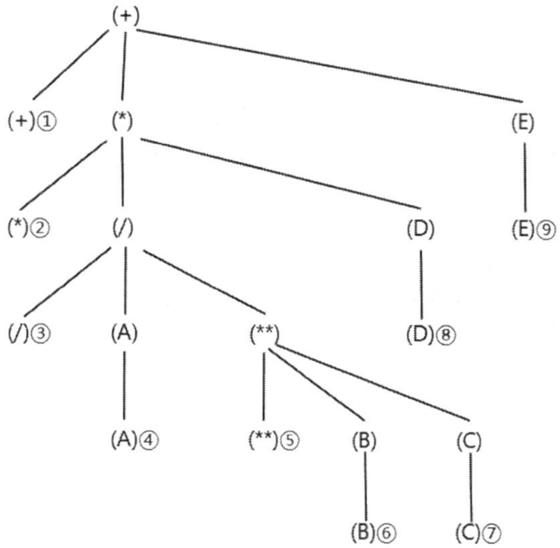

[그림 5.11] 이진트리 T_1의 전위 순회

이진트리의 알고리즘 작동 결과는 $+*/A**BCDE$ 이다.

5.4.2 중위 순회

중위 순회는 다음과 같이 정의한다.

정의 5.7

중위 순회(inorder traverse)는 다음과 같다.
(1) 트리의 왼쪽 서브트리를 방문한다.
(2) 트리의 뿌리를 방문한다.
(3) 트리의 오른쪽 서브트리를 방문한다.

알고리즘 2 중위 순회 알고리즘

Inorder(tree T)
{뿌리를 r로 시작하여 중위순회로 노드들을 추가한다.}
    Inorder(T_1)
    write(r)

```
        for  i =2 to t do
            Inorder( T_i)
        end for
  end Inorder
```

```
void Inorder(Tree *root)
{
    if(root != NULL) {
        Inorder(tree->LeftChild);
        printf("%c \n", root->Data);
        Inorder(tree->RightChild);
    }
}
```

[프로그램 5.2] inorder

예제 5.10 **위에서 제시된 이진트리 T_1을 중위순회로 방문하시오.**

풀이 이진트리를 중위 순회(prefix)의 결과는 $A/B^{**}C^{*}D+E$ 이며, 다음과 같은 절차로 표시된다.

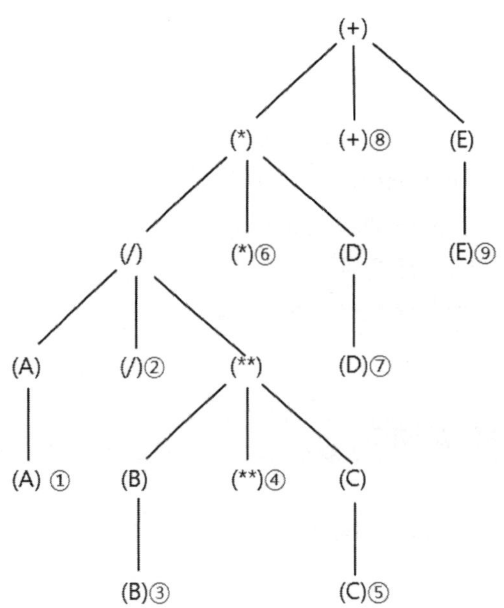

[그림 5.12] 이진트리 T_1의 중위 순회

5.4.3 후위 순회

후위 순회는 다음과 같이 정의된다.

정의 5.8

후위 순회(postorder traverse)는 다음과 같다.

(1) 트리의 왼쪽 서브트리를 탐방한다.
(2) 트리의 오른쪽 서브트리를 탐방한다.
(3) 트리의 뿌리를 방문한다.

알고리즘 3 후위 순회 알고리즘

```
Postorder(tree T)
{뿌리를 r로 시작하여 후위순회로 노드들을 추가한다.}
        for  i =1 to t do
            Postorder( T_i)
        end for
        write(r)
end Postorder
```

```
void Postorder(Tree *root)
{
    if(root != NULL) {
        Postorder(tree->LeftChild);
        Postorder(tree->RightChild);
        printf("%c \n", root->Data);
    }
}
```

[프로그램 5.3] postorder

예제 5.11 위에서 제시된 이진트리 T_1을 후위순회로 방문하시오.

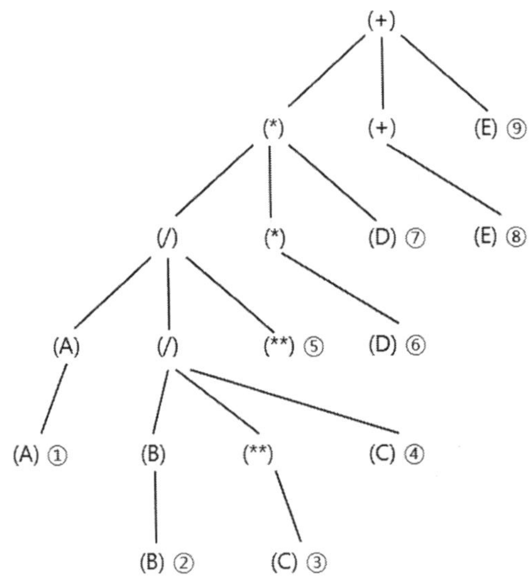

[그림 5.13] 이진트리 T_1의 후위 순회

풀이 이진트리의 후위 순회(prefix)에 대한 작동 결과는 $ABC**/D*E+$이며, 후위 순회(postfix)의 절차는 다음과 같다.

예제 5.12 다음 이진트리를 보고 물음에 답하시오.

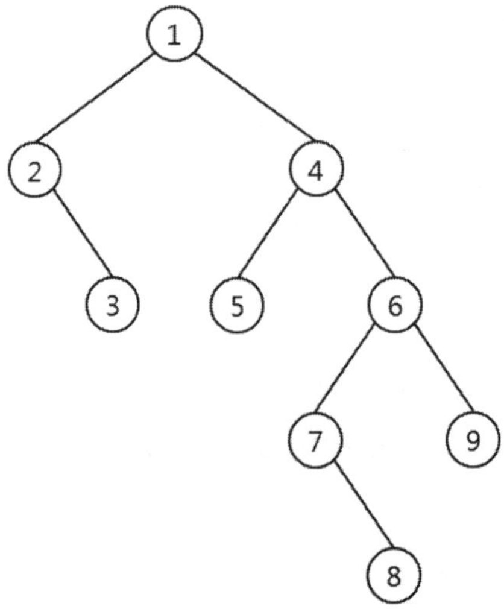

[그림 5.14] 이진 트리

5.5 신장트리와 최소 신장트리

5.5.1 신장트리

대학 캠퍼스와 건물의 네트워크는 다수의 이더넷(Ethernet) 망들이 브리지(bridge) 혹은 스위치들을 통해 상호 연결되어 있다. 다음은 근거리 통신망(LAN)의 예이다.

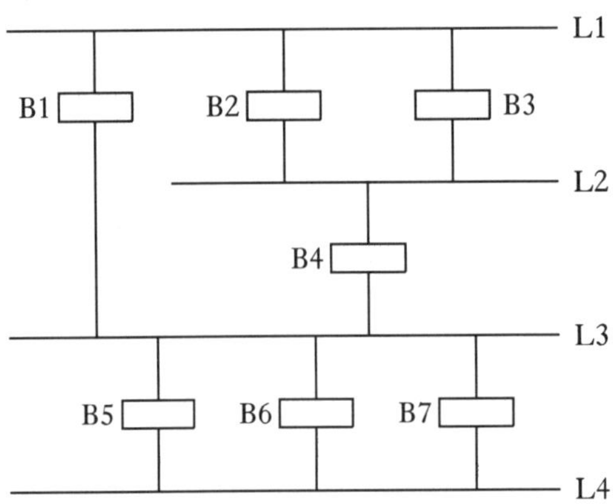

[그림 5.15] 근거리 통신(LAN)의 구성

위의 그림에서 각각의 LAN들은 이더넷 세그먼트(단위 망)를 나타내며, 4개의 이더넷 세그먼트들(L1, L2, L3, L4)이 7개의 브리지(B1, B2, B3, B4, B5, B6, B7)를 통해 연결되어 다. 이 근거리 통신망은 그래프로 표현되어 데이터의 전달에 응용될 수 있다.

예제 5.14 **근거리 통신망을 나타내는 〈그림 5.15〉를 그래프로 나타내시오.**

풀이 근거리 통신망을 LAN과 브리지를 노드로 그래프로 표현하면 다음과 같다.

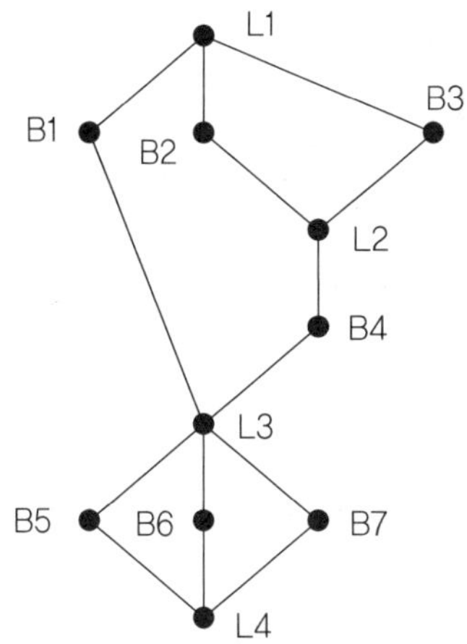

[그림 5.16] 근거리 통신망의 그래프 표현

근거리 통신망의 그래프 표현을 살펴보면 L1에 있는 컴퓨터에서 데이터를 전송하여 목적지에 도착하기 위해서는, 브리지가 망에서 순환하지 않고 하나의 경로로 데이터가 전달되도록 해야 한다. 하지만 근거리 통신망의 그래프 표현은 여러 개의 사이클이 존재한다. 따라서 모든 노드를 포함하는 순환이 없는 부분그래프를 만들어야한다. 이 문제를 해결하기 위한 방안은 그래프에서 신장트리(spanning tree)를 찾는 문제로 바꿀 수 있다.

정의 5.10

그래프 $G=(V,E)$에서 V의 모든 노드를 포함하는 순환(cycle)이 없는 부분 그래프(subgraph)를 **신장트리(spanning tree)**라고 한다.

예제 5.15 근거리 통신망을 나타내는 〈그림 5.15〉를 신장트리로 나타내시오.

풀이

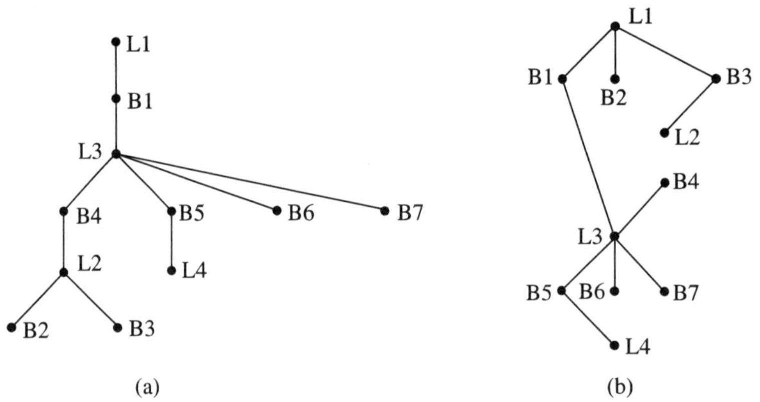

[그림 5.17] 근거리 통신망의 신장트리들

근거리 통신망에서 신장트리를 이용하면 망을 구성할 경우 LAN 간에는 유일한 경로가 존재한다. 따라서 전송된 데이터는 더 이상 망 내부에서 순환되지 않고 유일한 경로를 통해서 목적지에 도달할 수 있다.

5.5.2 최소 신장 트리(Minimum Spanning Tree)

근거리 통신망에서 각 브리지와 LAN을 연결하는 망에 가중치가 있다면 가중치의 합을 최소로 하는 경로를 통해서 데이터를 전송하는 것이 바람직하다. 그리고 네트워크에서 케이블, 수송관 그리고 연결 매체가 최소로 존재한다면 경제적으로 많은 도움이 된다. 다음은 가중치가 있는 그래프에서 최단 거리를 찾는 방법을 소개한다.

정의 5.11 최소 신장 트리(Minimal spanning tree)

최소의 가중치를 가지는 신장트리

가중치를 최소로 하는 최소 신장 트리는 깊이 우선 탐색이나 넓이 우선 탐색에 의한 방법으로는 구할 수 없다. 이러한 최소 신장 트리는 Prim 알고리즘과 Kruskal 알고리즘을 이용하여 구할 수 있다. 먼저 Prim 알고리즘을 소개한다.

알고리즘 1 Prim의 최소 신장 트리 알고리즘

입력 : 그래프 $G=(V, E)$

결과 : 최소 신장 트리 $G^T=(U, T)$, T : 연결선의 집합, U:노드의 집합

초기값 : $T=\varnothing$, $U=\{s\}$ ($s\in V$, 즉 G의 임의의 노드)

while(U ≠ V)

  두 노드를 연결하는 모든 연결선 (u, v) 중에서 가장 적은 가중치를 고른다.

  T=T∪{(u, v)}

  U=U∪{v}

Prim 알고리즘은 그래프에서 연결선의 수에 비해서 노드의 수가 적을 경우 사용하면 효과적이다.

예제 5.16 **다음 그래프를 Prim 알고리즘을 이용하여 최소신장트리로 나타내시오.**

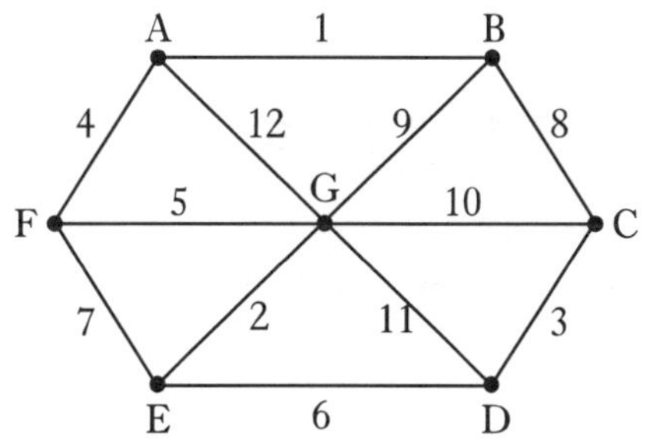

[그림 5.18] 그래프 $G=(V, E)$

풀이 그래프 $G=(V, E)$에서 Prim 알고리즘을 사용한 최소 신장 트리는 그래프 $G^T=(U, T)$가 된다. Prim 알고리즘을 단계별로 나타내면 다음과 같다.

	T	U
1	(A, B)	A, B
2	(A, B), (A, F)	A, B, F
3	(A, B), (A, F), (F, G)	A, B, F, G
4	(A, B), (A, F), (F, G), (G, E)	A, B, F, G, E
5	(A, B), (A, F), (F, G), (G, E), (E, D)	A, B, F, G, E, D
6	(A, B), (A, F), (F, G), (G, E), (E, D), (C, D)	A, B, F, G, E, D, C

따라서 Prim 알고리즘을 사용한 최소 신장 트리를 그림으로 나타내면 다음과 같다.

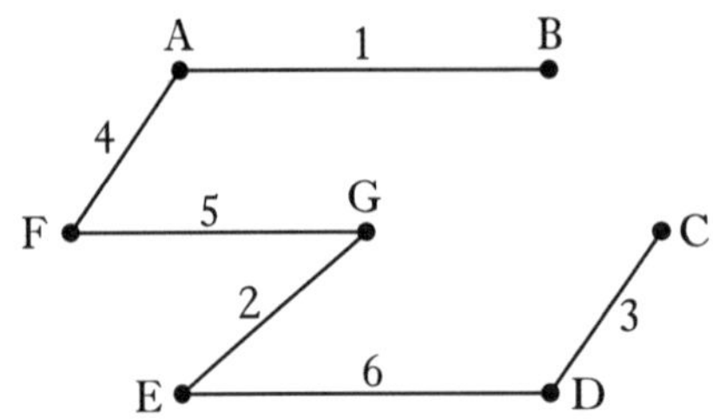

[그림 5.19] 그래프 G의 최소 신장 트리(Prim의 알고리즘)

다음은 Kruskal의 알고리즘을 소개한다. Kruskal 알고리즘은 노드의 수에 비해 연결선의 수가 적은 경우 사용하면 효과적이다.

Kruskal의 알고리즘은 모든 연결선을 순서대로 정렬하여 작은 가중치를 갖는 연결선부터 차례대로 선택하여 신장 트리를 만들어간다. 이때 순환(cycle)이 되지 않도록 유의한다. Kruskal 알고리즘은 이러한 절차를 계속 반복하다가 T의 연결선의 수가 V의 노드의 수보다 하나 작으면 종료된다.

알고리즘 2 Kruskal의 최소 신장 트리 알고리즘

입력 : 그래프 $G=(V, E)$
결과 : 최소 신장 트리 $G^T=(U, T)$, T:연결선의 집합, U:노드의 집합

초기값 : $T=\varnothing$
E의 모든 연결선을 비용이 적은 순서대로 정렬한다.
while(|T| 〈 |V|-1)
    순서대로 정렬된 E의 연결선 중에서 차례대로 (u, v)를 선택한다.
    이때 (u, v)는 T에서 순환(cycle)이 되지 않아야 한다.
    T=T∪{(u, v)}
    U=U∪{u,v}

예제 5.17 **다음 〈그림 5.18〉에서 주어진 그래프 $G=(V, E)$를 Kruskal 알고리즘을 이용하여 최소신장트리로 나타내시오.**

풀이 그래프 $G=(V, E)$에서 Kruskal 알고리즘을 사용한 최소 신장 트리를 단계별로 나타내면 다음과 같다.

	T	U
1	(A, B)	A, B
2	(A, B), (G, E)	A, B, G, E
3	(A, B), (G, E), (C, D)	A, B, G, E, C, D
4	(A, B), (G, E), (C, D), (A, F)	A, B, G, E, C, D, F
5	(A, B), (G, E), (C, D), (A, F), (F, G)	A, B, G, E, C, D, F
6	(A, B), (G, E), (C, D), (A, F), (F, G), (E, D)	A, B, G, E, C, D, F

따라서 Kruskal 알고리즘을 사용한 최소 신장 트리를 그림으로 나타내면 다음과 같다.

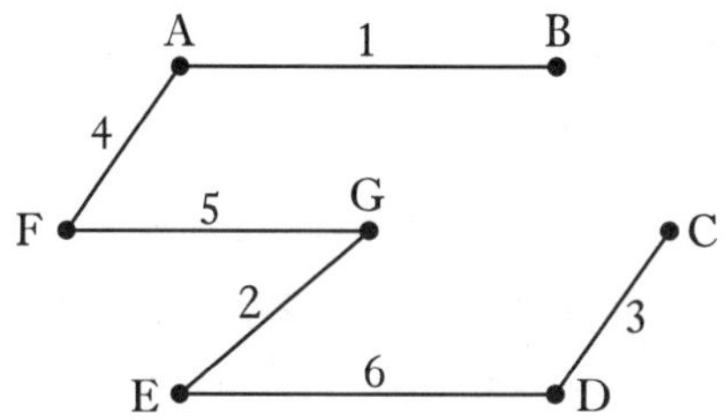

[그림 5.20] 그래프 G의 최소 신장 트리(Kruskal 알고리즘)

5.6 허프만 코드(Huffman code)

David Huffman에 의해 1951년에 발표된 허프만 코드는 영상처리의 복원과 변조에 중요하게 사용되는 데이터 압축의 기본 알고리즘이다. 이 알고리즘은 정보를 표현하는 데 필요로 하는 비트수를 최소화하는 방법을 제공한다. 허프만 코드는 문서에서 비트스트림의 압축에 사용되며 오디오와 이미지 파일의 압축에도 사용된다. 다음은 알파벳 빈도수에 따른 허프만 코드의 간단한 예이다.

알파벳	빈도수	허프만 코드
A	8.24%	0000
B	1.24%	110000
E	12.32%	101
T	8.39%	111
Z	0.08%	11000100001

허프만 코드는 가장 빈도수가 높은 데이터에게 가장 짧은 비트스트림을 할당하고, 빈도수가 낮은 데이터에는 긴 비트스트링을 할당하는 방법이다.

다음은 허프만 코드에 이용되는 접두어 코드를 소개한다.

5.6.1 접두어코드

비트 스트링을 사용하여 영문 알파벳 26개의 문자를 코드화하기 위한 방법 중 하나는 문자를 5비트의 비트 스트링으로 표현하는 것이다. 각 문자를 5비트로 코드화 할 때 사용되는 총 비트수는 문서에 있는 문자수의 5배이다. 따라서 데이터를 코드화할 때 더 작은 비트로 코드화할 수 있다면 메모리를 절약하고 전송시간을 감소할 것이다.

자주 발생하는 문자는 짧은 비트 스트링을 사용하고 드물게 발생하는 문자는 긴 비트 스트링을 사용하여 문자를 코드화하는 방법을 생각하자.

같은 수의 비트 수를 사용하여 문자를 코드화할 때 여러 가지 방법이 있다. 예를 들어 e를 0, a를 1, t를 01로 코드화하면 비트 스트링 0101은 eat, tea, eaea 또는 tt라는 문자로 표현될 수 있다. 하지만 이것은 많은 혼란을 가져온다. 따라서 비트 스트링이 하나 이상의 문자에 대응하지 않도록 하기 위한 방법 중 하나는 한 문자의 비트 스트링이 다른 문자의 첫 번째 부분과 같지 않도록 문자를 코드화하는 것이다. 이러한 코드를 접두어 코드라 한다. 즉 접두어를 가지지 않는 코드가 접두어 코드이다. 특히, 접두어와 접두어 코드를 혼동하지 말아야 한다. 예를 들면, e를 0, a를 10 그리고 t를 11로 코드화 한 것은 접두어 코드이다. 예를 들어 비트 스트링 10110은 ate를 코드화한 것이다. 여기서 첫 번째 문자 1은 한 문자를 나타내지 않는다. 그러나 10은 a를 나타낸다. 그 다음 1은 한 문자를 나타내지 않는다. 그러나 11은 t를 나타낸다. 마지막 비트 0은 e를 나타낸다.

정의 5.12

접두어 코드(prefix code)란 그 집합에 있는 어떠한 스트링들의 열도 다른 열의 접두어(prefix)가 아닌 코드를 말한다.

예제 5.18 a=01, b=010, c=111, d=011 일 때 다음물음에 답하시오.

(1) a는 b의 접두어인가?
(2) a는 c의 접두어인가?
(3) a는 d의 접두어인가?
(4) b는 c의 접두어인가?

풀이 (1) 접두어이다. (2) 접두어가 아니다.
(3) 접두어이다. (4) 접두어가 아니다.

예제 5.19 {110, 111, 101, 11}은 접두어 코드인가?

풀이 11이 110과 111의 접두어가 되기 때문에 접두어 코드가 아니다.

예제 5.20 다음 코드가 접두어 코드인지 판별하시오.

(1) {110, 111, 101}
(2) {110, 111, 101, 01}
(3) {000, 001, 010, 011, 100}
(4) {000, 11, 01, 001, 10}

풀이 (1) {110, 111, 101}은 접두어 코드이다.
(2) {110, 111, 101, 01}은 접두어 코드이다.
(3) {000, 001, 010, 011, 100}은 접두어 코드이다.
(4) {000, 11, 01, 001, 10}은 접두어 코드이다.

접두어 코드는 이진트리를 사용하여 표현할 수 있다. 여기서 문자들은 트리의 잎을 이용하여 나타낸다. 트리에서 왼쪽 자식으로 가는 연결선은 0으로 오른쪽 자식으로 가는 연결선은 1로 할당한다. 한 문자를 코드화하는데 사용되는 비트 스트링은 뿌리에서부터 잎으로 가는 경로상의 연결선을 나타낸다.

예제 5.21 다음 이진트리에 대하여 물음에 답하시오.

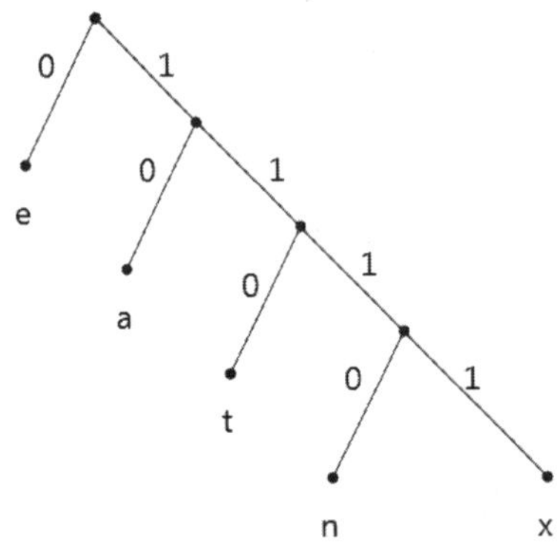

[그림 5.21] 코드화된 이진트리

(1) 문자 e를 비트 스트링으로 나타내시오.
(2) 문자 a를 비트 스트링으로 나타내시오.
(3) 문자 t를 비트 스트링으로 나타내시오.
(4) 문자 n를 비트 스트링으로 나타내시오.
(5) 문자 x를 비트 스트링으로 나타내시오.
(6) 비트 스트링 101100 을 코드화된 문자로 나타내시오.

풀이 (1) 0 (2) 10 (3) 110
(4) 1110 (5) 1111 (6) ate

예제 5.22 코드1과 코드2의 이진트리가 다음과 같을 때 물음에 답하시오.

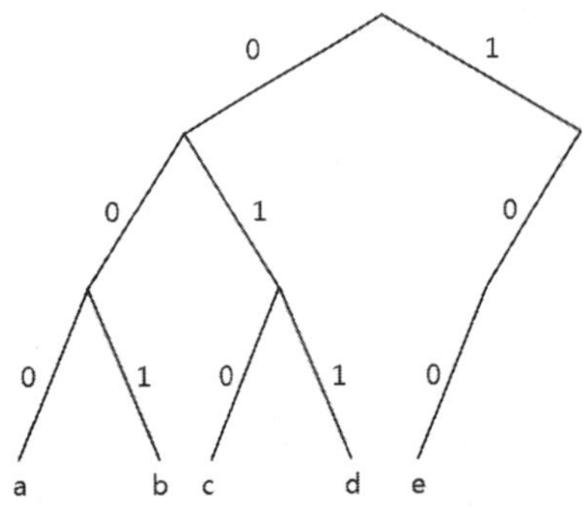

〈코드 1〉

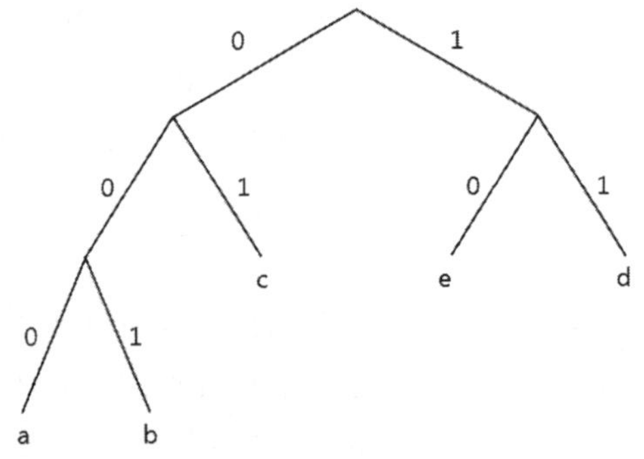

〈코드 2〉

[그림 5.22] 접두어 코드인 이진트리

(1) 코드 1에서 문자 a를 비트 스트링으로 나타내시오.
(2) 코드 2에서 문자 a를 비트 스트링으로 나타내시오.
(3) 코드 1에서 문자 c를 비트 스트링으로 나타내시오.
(4) 코드 2에서 문자 c를 비트 스트링으로 나타내시오.
(5) 코드 1에서 문자 e를 비트 스트링으로 나타내시오.
(6) 코드 2에서 문자 e를 비트 스트링으로 나타내시오.
(7) 코드 1에서 문자 cd를 코드로 나타내시오.
(8) 코드 2에서 문자 cd를 코드로 나타내시오.

풀이 (1) 000　(2) 000　(3) 010
(4) 01　(5) 100　(6) 10
(7) 010011　(8) 0111

5.6.2 허프만코드

메시지는 알파벳의 열(sequence)로 이루어졌으며, 각 메시지의 영문자는 각각 독립적이고 위치에 관계없이 정해진 확률로 나타난다고 가정하자.

예제 5.23 **5개의 영문자 a, b, c, d, e가 나타날 확률은 각각 0.12, 0.4, 0.15, 0.08, 0.25 이다. 이 영문자를 각각 0과 1의 열로서 코드화할 때, 두 개의 접두어코드 코드1과 코드2를 만드시오.**

풀이

영문자	a	b	c	d	e
확률	0.12	0.4	0.15	0.08	0.25
코드1	000	001	010	011	100
코드2	000	11	01	001	10

[그림 5.23] 두 개의 이진 코드

코드1과 코드2에서 모든 문자는 모두 접두어가 아니므로 접두어 코드이다.

예제 5.24 〈그림 5.23〉에 나타난 이진코드의 코드1과 코드2를 사용하여 문자 bce를 코드로 나타내시오.

풀이 문자 bce를 코드1과 코드2로 나타내면 다음과 같다.

문자	코드1	코드2
bce	001010100	110110

[그림 5.24] 두 개의 이진 코드

어떤 문자열과 그들이 나타날 확률이 주어졌을 때 접두어코드이면서 코드의 평균 길이가 최소화되는 코드를 찾는 것은 매우 중요하다. 왜냐하면 문자를 나타내는 코드의 길이를 최소화함으로써 전체 메시지의 길이를 줄일 수 있기 때문이다.

예제 5.25 〈그림 5.23〉에 나타난 코드1과 코드2의 평균길이를 구하시오.

풀이 코드1과 코드2의 평균길이는 다음과 같다.

코드	평균길이
코드 1	$3\times0.12+3\times0.40+3\times0.15+3\times0.08+3\times0.25$
코드 2	$3\times0.12+2\times0.40+2\times0.15+3\times0.08+2\times0.25$

[그림 5.25] 두 코드의 평균길이

따라서 코드1의 평균길이는 3.0이고, 코드2의 평균길이는 2.2이다.

코드1과 코드2는 〈예제 5.23〉에서 모두 접두어코드이지만, 코드2가 코드1의 평균길이보다 작다. 우리는 다음과 같은 생각을 할 수 있다.

코드2의 평균길이보다 더 짧은 코드는 존재하는가? 만약 존재한다면 어떤 방법으로 구할 수 있을까? 물음에 대한 답은 존재하며, 이와 같은 코드를 허프만 코드라 정의한다. 허프만 코드는 최소의 접두어코드이며, 허프만 알고리즘(Huffman algorithm)에 의하여 구할 수 있다. 다음은 허프만 코드를 만들기 위해 필요한 허프만 알고리즘이다.

허프민 알고리즘

① 모든 노드들의 확률을 오름차순으로 나열한다.
② 가장 낮은 확률을 가진 두 문자 a, b를 선택하여 가상의 다른 문자 x로 대치한다. x가 나타날 확률은 a와 b의 확률을 합한 것이다.
③ 위의 과정을 반복하여 최종 확률이 1이 될 때까지 계속한다.
④ 최종적인 트리가 완성되면 각 서브트리의 왼쪽에는 0을 부여하고 오른쪽에서 1을 각각 부여하여 각 문자의 코드를 결정한다.

정의 5.13

허프만 코드(Huffman code)란 허프만 알고리즘에 의해 만들어지는 코드이다.

허프만 알고리즘에 의해 생성된 허프만 코드를 사용하면 문자를 나타내는 코드의 길이를 최소화하여 전체 메시지의 길이를 줄일 수 있다. 따라서 허프만 코드는 에매함이 없이 정확히 표현되는 최소화된 코드이다.

예제 5.26 **〈그림 5.23〉에 나타난 코드2는 허프만 코드인가?**

풀이 코드2가 허프만 코드임을 보이기 위하여 〈예제 5.23〉의 허프만 코드를 구해보자. 우선 노드들을 오름차순으로 나열한다.

(a)

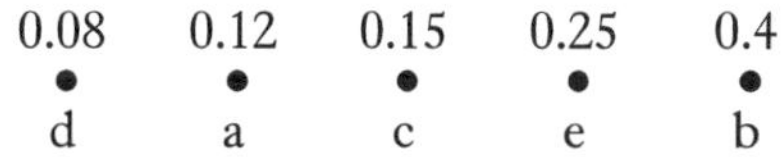

다음은 가장 확률이 낮은 두 문자 d, a 을 선택하여 두문자의 확률을 합한다.

(b)

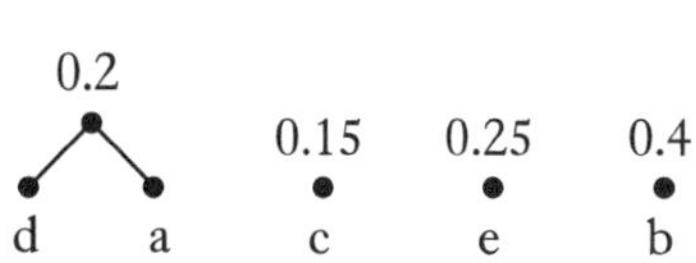

합쳐진 두문자 d, a 와 c 을 선택하여 두문자의 확률을 합하면 다음과 같다.

(c)

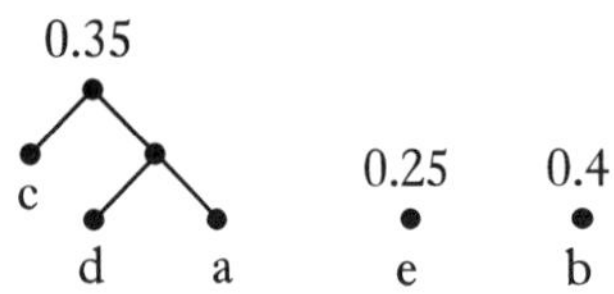

위의 합쳐진 문자와 e 을 선택하여 확률을 합하면 다음과 같다.

(d)

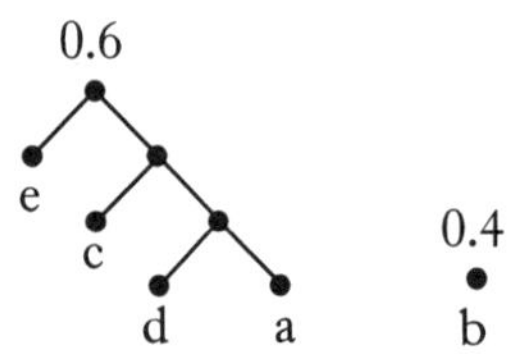

마지막 남은 노드 b을 선택 후 확률을 합하면 다음과 같다.

(e)

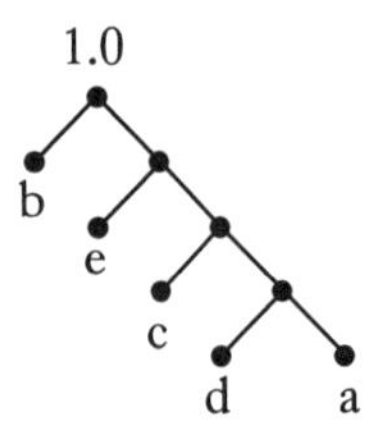

따라서 허프만 코드는 다음과 같다.

a는 1111, b는 0, c는 110, d는 1110, e는 10 을 각각 코드로 가진다.

이 허프만 코드의 평균길이는 $4\times0.12+1\times0.40+3\times0.15+4\times0.08+2\times0.25$이므로 2.15이다. 따라서 <그림 5.23>에 나타난 코드2는 허프만 코드가 아니다.

연습문제

01 다음 그래프 중 트리는 어느 것인가?

(1)
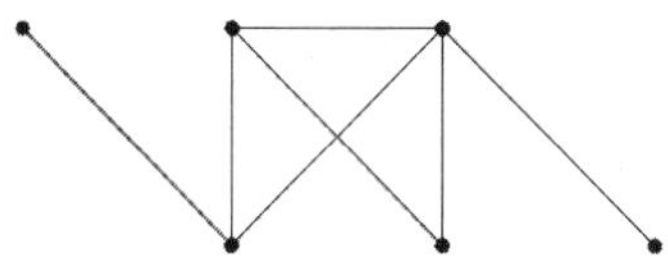

(2)
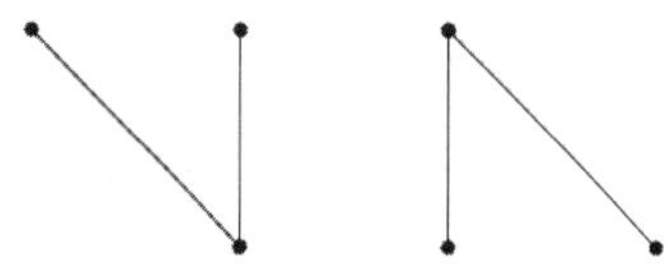

(3)
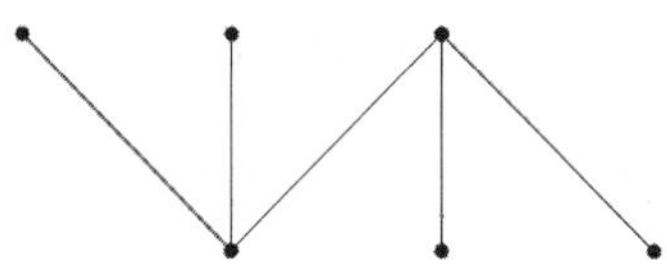

(4)
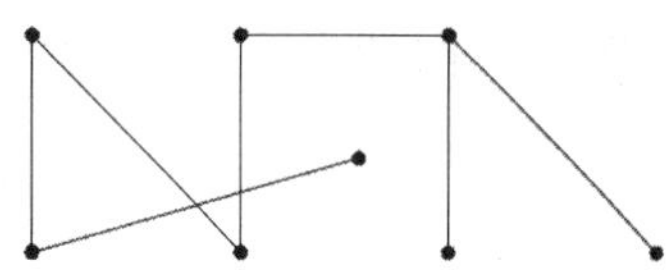

02 본문에 주어진 〈그림 5.3〉의 트리에 대하여 물음에 답하시오.

(1) 이 트리의 뿌리는?

(2) 노드 2의 차수는?

(3) 이 트리의 높이(혹은 깊이)는?

(4) 이 트리의 잎(leaf)는?

(5) 노드 2의 자식(child)은?

(6) 노드 14의 부모는?

(7) 노드 9의 형제는?

(8) 노드 17의 조상(ancestor)은?

(9) 노드 3의 자손(descendant)은?

03 다음의 트리를 4를 뿌리로 하는 뿌리 트리로 변환하라.

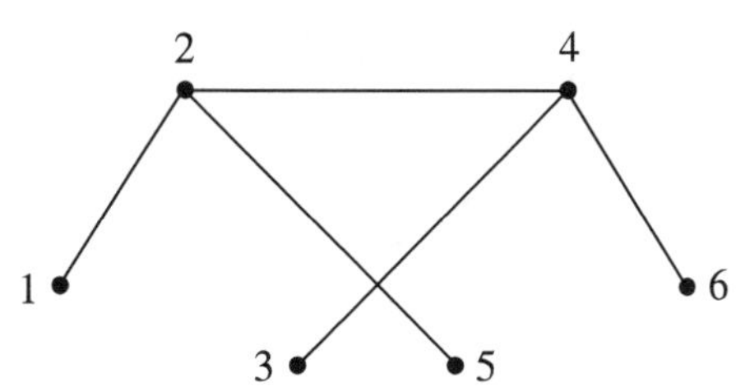

04 다음의 트리에 대한 물음에 답하시오.

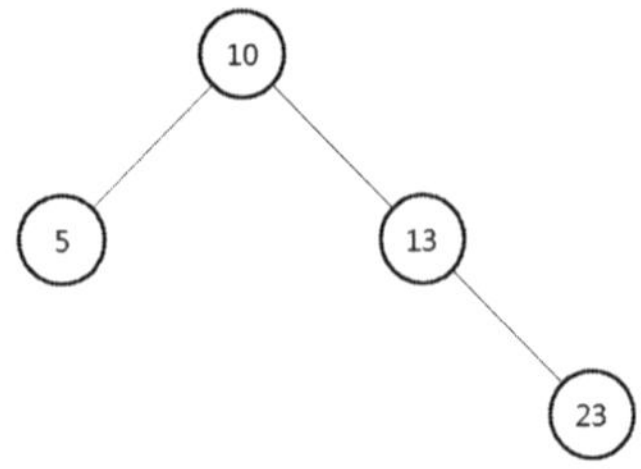

(1) 이 트리를 이중 연결 리스트로 표현하라.

(2) 이 트리를 배열로 표현하라.

(3) 이 트리를 단순 연결 리스트로 표현하라.

05 주파수를 갖는 기호들이 다음과 같을 때 물음에 답하시오.

a=0.08, b=0.10, c=0.12, d=0.15 e=0.20, f=0.35

(1) 한 문자를 코드화하는데 사용되는 평균길이를 구하시오.

(2) 허프만 트리를 만드시오.

(3) 최적의 허프만 코드를 구하시오.

06 다음의 이진트리를 전위 순회, 중위 순회, 후위 순회로 방문하시오.

(1)

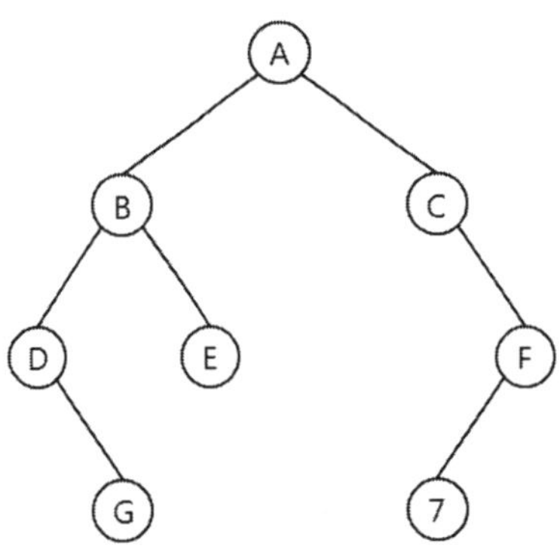

(2)

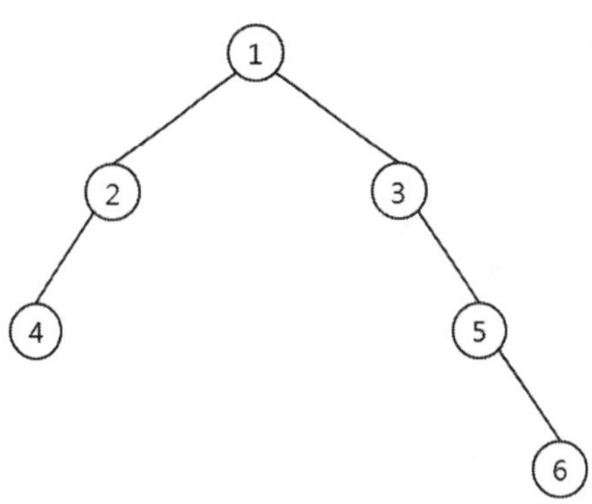

07 다음의 그래프와 같이 각 연결선에 가중치가 있을 때 이 그래프의 최소 신장 트리를 Prim 알고리즘과 Kruskal 알고리즘으로 각각 구하시오.

(1)

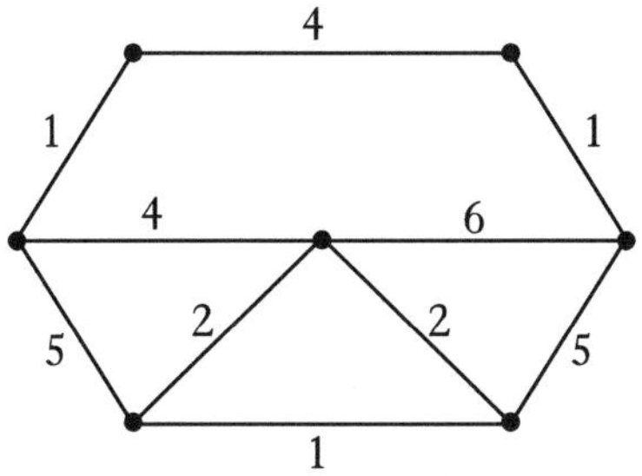

(2)

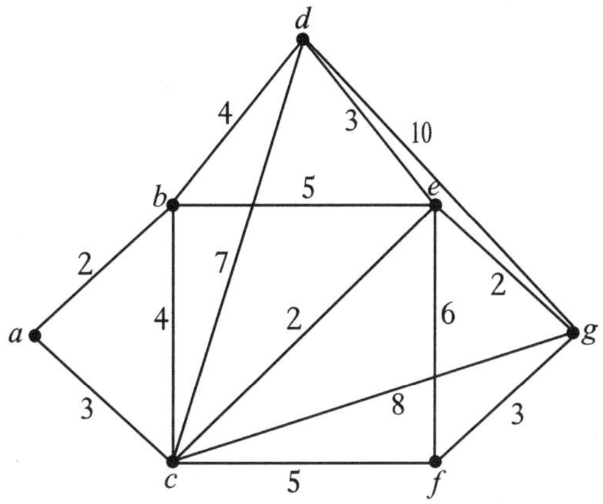

CHAPTER

06

행렬 및 행렬식

CHAPTER 06

행렬 및 행렬식

행렬은 숫자나 문자를 가로(행)와 세로(열)로 배열하여 직사각형 형태로 표시되며 복잡한 방정식이나 선형변환에 사용된다. 또한 행렬은 컴퓨터 분야에서 자료의 저장에 사용되는 배열에 응용되며, 두 벡터의 사이각을 구할 때 사용된다. 이 뿐만 아니라 직육면체의 체적을 구하는 방법도 행렬을 이용할 수 있다.

6.1 행렬의 기본 개념

6.1.1 행렬의 정의

행렬(matrix)이란 수, 변수 또는 함수 등을 직사각형 모양으로 배열하여 놓은 것을 말한다. 행렬에서 가로로 배열된 것을 행(row)이라 하고, 세로로 배열된 것을 열(column)이라 한다. 다음은 행렬에 대한 예이다.

$$A=\begin{pmatrix} a_{11} & a_{12} & \cdots & a_{1n} \\ a_{21} & a_{22} & \cdots & a_{2n} \\ \vdots & \vdots & & \vdots \\ a_{m1} & a_{m2} & \cdots & a_{mn} \end{pmatrix}$$

행렬 A을 구성하는 직사각형 안에 위치한 $a_{11},\ a_{12},\ \ldots,\ a_{mn}$ 등을 원소(element) 또는 성분이라 한다. 위의 행렬 A에서 i행의 원소는 $a_{i1},\ a_{i2},\ \ldots,\ a_{in}$ 이고, j열의 원소는 $a_{1j},\ a_{1j},\ \ldots,\ a_{mj}$이므로 i행과 j열의 원소는 a_{ij}이다. 위의 행렬 A을 $m\times n$행렬 또는 (m,n)행렬이라 하며, $A=(a_{ij})_{m\times n}$로 표시한다.

다음은 행렬 $A=(a_{ij})_{3\times3}$이며 이 행렬은 3행과 3열로 구성된 행렬이다.

$$A = \begin{pmatrix} a_{11} & a_{12} & a_{13} \\ a_{21} & a_{22} & a_{23} \\ a_{31} & a_{32} & a_{33} \end{pmatrix} \begin{matrix} \text{1행} \\ \text{2행} \\ \text{3행} \end{matrix}$$

$$\begin{matrix} \text{1열} & \text{2열} & \text{3열} \end{matrix}$$

행렬의 원소를 표시할 때에는 행을 먼저 쓰고 열을 나중에 쓴다. 즉, 위의 행렬에서 3행 2열의 원소는 a_{32}로 표시한다.

1×1행렬은 (7)=7, (a)=a 그리고 (-7)=−7로 약속한다.

6.1.2 행렬의 종류

일반적으로 사용되는 행렬의 종류는 다음과 같다.

① **정방행렬** : m개의 행과 n개의 열로 이루어진 행렬을 $m\times n$행렬이라고 하며 $A=(a_{ij})_{m\times n}$으로 표시한다. 이 때 $m=n$인 행렬을 정방행렬이라 하고 $A=(a_{ij})_{m\times m}$로 표시하며 행(열)의 수를 그 행렬의 차수(order)라 한다.

② **행행렬** : 단 하나의 행만을 갖는 행렬을 행행렬이라 한다.

③ **열행렬** : 단 하나의 열만을 갖는 행렬을 열행렬이라 한다.

④ **대각행렬** : 정방행렬에서 대각원소$(i=j)$만 있고 나머지원소$(i\neq j)$는 모두 0인 행렬을 대각행렬이라 한다.

⑤ **단위행렬** : 대각행렬의 모든 대각원소가 1일 때를 단위행렬(unit matrix)이라 하며 I 로 표시한다.

⑥ **영행렬** : 모든 원소가 0인 행렬을 영행렬이라 하며, 0으로 표시한다.

⑦ **전치행렬** : 행렬 A에서 행과 열을 바꾸어 놓은 행렬을 전치행렬(transpose)이라 하며 A^t로 표시한다.

예제 6.1 **다음 두 행렬 A와 B에 대하여 물음에 답하시오.**

$$A=\begin{pmatrix} 2 & 1 \\ 3 & 2 \\ 6 & 4 \end{pmatrix} \qquad B=\begin{pmatrix} 2 & 1 & 5 \\ 3 & 2 & 4 \end{pmatrix}$$

(1) 행렬 A의 두 번째 열행렬을 구하시오.

(2) 행렬 B의 두 번째 행행렬을 구하시오.

(3) 행렬 B에서 원소 b_{12}와 b_{21}의 값을 구하시오.

(4) 행렬 A의 전치행렬 A^t을 구하시오.

풀이 (1) $\begin{pmatrix} 1 \\ 2 \\ 4 \end{pmatrix}$

(2) $(3\ 2\ 4)$

(3) 행렬 B에서 b_{12}(1행 2열의 원소)=1 이고, b_{21}(2행 1열의 원소)=3 이다.

(4) $A^t = \begin{pmatrix} 2 & 3 & 6 \\ 1 & 2 & 4 \end{pmatrix}$

예제 6.2 다음 행렬들에 대하여 물음에 답하시오.

$$A = \begin{pmatrix} 1 & 3 \\ 2 & 1 \end{pmatrix},\ B = \begin{pmatrix} 0 & 0 \\ 0 & 0 \end{pmatrix},\ C = \begin{pmatrix} 2 & 1 & 5 \\ 3 & 2 & 4 \end{pmatrix},\ D = \begin{pmatrix} 1 & 0 & 7 \\ 9 & 4 & 1 \\ 5 & 2 & 2 \end{pmatrix},$$

$$F = \begin{pmatrix} 1 & 0 & 0 \\ 0 & 3 & 0 \\ 0 & 0 & 2 \end{pmatrix},\ G = \begin{pmatrix} 1 & 0 & 0 \\ 0 & 1 & 0 \\ 0 & 0 & 1 \end{pmatrix}\ H = \begin{pmatrix} 0 & 0 & 1 \\ 0 & 3 & 0 \\ 5 & 0 & 0 \end{pmatrix},\ I = \begin{pmatrix} 1 & 2 & 4 & 4 \\ 0 & 1 & 0 & 2 \\ 2 & 1 & 1 & 1 \\ 2 & 5 & 7 & 1 \end{pmatrix}$$

(1) 정방행렬을 구하시오.
(2) 대각행렬을 구하시오.
(3) 단위행렬을 구하시오.
(4) 영행렬을 구하시오.

풀이 (1) A, B, D, F, G, H, I
(2) F, G
(3) G
(4) B

6.1.3 행렬의 상등

두 행렬 $A = (a_{ij})$, $B = (b_{ij})$가 서로 상등이 되는 필요충분조건은 행렬 A와 B가 같은 수의 행과 열이고 대응하는 원소가 각각 같을 때이다. 즉, 모든 i, j에 대하여 $a_{ij} = b_{ij}$가 성립할 때 두 행렬 A와 B를 상등이라 하며, $A = B$라고 쓴다.

예제 6.3 두 행렬 $A = \begin{pmatrix} a & b \\ c & d \end{pmatrix}, B = \begin{pmatrix} 1 & 2 \\ 3 & 4 \end{pmatrix}$에서 $A = B$일 때 a, b, c, d의 값은?

풀이 $a = 1,\ b = 2,\ c = 3,\ d = 4$

6.2 행렬의 연산

6.2.1 행렬의 덧셈, 뺄셈

행렬의 덧셈과 뺄셈은 행과 열의 수가 같은 행렬에서만 정의할 수 있다.

정의 6.1

- **행렬의 덧셈**

두 개의 $(m\times n)$ 행렬 $A=(a_{ij})_{m\times n}$, $B=(b_{ij})_{m\times n}$가 있을 때, 두 행렬의 덧셈은 $A+B=C$인 행렬 $C=(c_{ij})_{m\times n}$로 정의하며 다음과 같다.

$$c_{ij}=a_{ij}+b_{ij}\quad (i=1,\cdots,\ m,\ j=1,\ \cdots,\ n)$$

- **행렬의 뺄셈**

두 개의 $(m\times n)$ 행렬 $A=(a_{ij})_{m\times n}$, $B=(b_{ij})_{m\times n}$가 있을 때, 두 행렬의 뺄셈은 $A-B=C$인 행렬 $C=(c_{ij})_{m\times n}$로 정의하며 다음과 같다.

$$c_{ij}=a_{ij}-b_{ij}\quad (i=1,\cdots,\ m,\ j=1,\ \cdots,\ n)$$

$A+B=C$ 인 행렬 $C=(c_{ij})$는 A와 B에 대응하는 각각의 원소를 서로 합하여 얻어진다는 것을 알 수 있다. 행렬의 뺄셈 $A-B$는 $A+(-B)$와 같이 나타낼 수 있으며, A의 원소에서 그에 대응하는 B의 각각의 원소를 빼 줌으로써 얻어진다.

예제 6.4 $A=\begin{pmatrix}2&3&1\\1&3&4\end{pmatrix}$, $B=\begin{pmatrix}1&3&1\\2&1&2\end{pmatrix}$**일 때** $A+B$**을 계산하시오.**

풀이 $A+B=\begin{pmatrix}3&6&2\\3&4&6\end{pmatrix}$

예제 6.5 **다음 행렬을 계산하시오.**

① $\begin{pmatrix}1&-2&3\\4&5&-6\\-3&2&1\end{pmatrix}+\begin{pmatrix}0&-1&-4\\4&-2&5\\2&3&-1\end{pmatrix}$ ② $2\begin{pmatrix}-1&2\\-2&1\end{pmatrix}+2\begin{pmatrix}2&1\\1&4\end{pmatrix}$

③ $\begin{pmatrix} 1 & 0 & 2 \\ 3 & 2 & 1 \\ 0 & 0 & 0 \end{pmatrix} + \begin{pmatrix} 2 & 0 & 0 \\ -1 & 2 & 0 \\ 3 & 2 & 0 \end{pmatrix}$

풀이

① $\begin{pmatrix} 1 & -2 & 3 \\ 4 & 5 & -6 \\ -3 & 2 & 1 \end{pmatrix} + \begin{pmatrix} 0 & -1 & -4 \\ 4 & -2 & 5 \\ 2 & 3 & -1 \end{pmatrix} = \begin{pmatrix} 1 & -3 & -1 \\ 8 & 3 & -1 \\ -1 & 5 & 0 \end{pmatrix}$

② $2\begin{pmatrix} -1 & 2 \\ -2 & 1 \end{pmatrix} + 2\begin{pmatrix} 2 & 1 \\ 1 & 4 \end{pmatrix} = \begin{pmatrix} -2 & 4 \\ -4 & 2 \end{pmatrix} + \begin{pmatrix} 4 & 2 \\ 2 & 8 \end{pmatrix} = \begin{pmatrix} 2 & 6 \\ -2 & 10 \end{pmatrix}$

③ $\begin{pmatrix} 1 & 0 & 2 \\ 3 & 2 & 1 \\ 0 & 0 & 0 \end{pmatrix} + \begin{pmatrix} 2 & 0 & 0 \\ -1 & 2 & 0 \\ 3 & 2 & 0 \end{pmatrix} = \begin{pmatrix} 3 & 0 & 2 \\ 2 & 4 & 1 \\ 3 & 2 & 0 \end{pmatrix}$

예제 6.6 **다음 행렬을 계산하시오.**

$$\begin{pmatrix} 1 & -2 & 3 \\ 2 & 5 & -6 \\ -3 & -10 & 1 \end{pmatrix} - \begin{pmatrix} 0 & -1 & -4 \\ 4 & -2 & 5 \\ 2 & 3 & -1 \end{pmatrix}$$

풀이 $\begin{pmatrix} 1 & -2 & 3 \\ 2 & 5 & -6 \\ -3 & -10 & 1 \end{pmatrix} - \begin{pmatrix} 0 & -1 & -4 \\ 4 & -2 & 5 \\ 2 & 3 & -1 \end{pmatrix} = \begin{pmatrix} 1 & -1 & 7 \\ -2 & 7 & -11 \\ -5 & -13 & 2 \end{pmatrix}$

정리 6.2

행렬의 덧셈, 뺄셈에 대한 성질은 다음과 같다.

㉠ $A+B=B+A$ 〔교환법칙〕

㉡ $(A+B)+C=A+(B+C)$

㉢ $A+0=A$

㉣ $A+(-A)=0$

㉤ $A-B=A+(-B)$

한편 행렬 A가 있을 때 $-A$는 A의 각 원소에 (−)부호를 붙인 것과 같다.

즉, $A=\begin{pmatrix} a & b \\ c & d \end{pmatrix}$일 때 $-A=\begin{pmatrix} -a & -b \\ -c & -d \end{pmatrix}$이다.

예제 6.7 **행렬 A가 다음과 같을 때 $-A$를 구하시오.**

① $\begin{pmatrix} 2 & 3 & 1 \\ 1 & 3 & 4 \end{pmatrix}$ ② $\begin{pmatrix} 1 & 3 & 1 \\ 2 & 1 & 2 \end{pmatrix}$

풀이 ① $-A=\begin{pmatrix}-2 & -3 & -1\\ -1 & -3 & -4\end{pmatrix}$ ② $-A=\begin{pmatrix}-1 & -3 & -1\\ -2 & -1 & -2\end{pmatrix}$

6.2.2 행렬의 곱셈

$(m\times n)$ 행렬 A에 임의 상수 k를 곱한 것을 kA 또는 Ak로 표시하며, A의 모든 원소에 k를 곱하여 얻어진 $(m\times n)$ 행렬이다. 즉

$$kA=Ak=\begin{pmatrix} ka_{11} & ka_{12} & \cdots\cdots & ka_{1n}\\ ka_{21} & ka_{22} & \cdots\cdots & ka_{2n}\\ \cdots & \cdots & \cdots\cdots & \cdots\\ \cdots & \cdots & \cdots\cdots & \cdots\\ ka_{m1} & ka_{m2} & \cdots\cdots & ka_{mn}\end{pmatrix}$$

예제 6.8 **행렬 $A=\begin{pmatrix}1 & 2\\ 3 & 0\end{pmatrix}$ 일 때 $2A$는 얼마인가?**

풀이 $2A=2\begin{pmatrix}1 & 2\\ 3 & 0\end{pmatrix}=\begin{pmatrix}2 & 4\\ 6 & 0\end{pmatrix}$

$A=(a_{ij})$를 $(m\times n)$행렬, $B=(b_{ij})$를 $(r\times p)$행렬이라 하면, 두 행렬의 곱셈 AB는 $n=r$일 때만 정의되고, 그 원소는

$$c_{ij}=a_{i1}b_{1j}+a_{i2}b_{2j}+\cdots\cdots+a_{in}b_{nj}=\sum_{k=1}^{n}a_{ik}b_{kj}$$

로 주어지는 $(m\times p)$ 행렬 $C=(c_{ij})$ 이다.

즉, 행렬의 곱셈 AB는 A행렬의 열의 수(n)와 B행렬의 행의 수(r)가 같을 때에만 정의되며 A행렬의 행의 원소와 B행렬의 열의 원소를 순서대로 곱하여 합한 것이 그 행 그 열의 원소가 된다.

예제 6.9 **두 행렬 A와 B가 다음과 같을 때 두 행렬의 곱셈행렬을 구하시오.**

$$A=\begin{pmatrix}a_{11} & a_{12}\\ a_{21} & a_{22}\end{pmatrix},\ B=\begin{pmatrix}b_{11} & b_{12}\\ b_{21} & b_{22}\end{pmatrix}$$

풀이 두 행렬 A와 B를 곱셈한 행렬 AB는 다음과 같다.

$$AB=\begin{pmatrix} a_{11} & a_{12} \\ a_{21} & a_{22} \end{pmatrix}\begin{pmatrix} b_{11} & b_{12} \\ b_{21} & b_{22} \end{pmatrix}=\begin{pmatrix} a_{11}b_{11}+a_{12}b_{21} & a_{11}b_{12}+a_{12}b_{22} \\ a_{21}b_{11}+a_{22}b_{21} & a_{21}b_{12}+a_{22}b_{22} \end{pmatrix}$$
이다.

즉, A행렬의 1행과 B행렬의 1열을 차례대로 곱하여 더한 것이 AB행렬의 1행 1열이 되며 나머지 행과 열은 순서에 따라 곱하여 더하면 된다.

예제 6.10 **두 행렬 A와 B가 다음과 같을 때 두 행렬의 곱셈 AB을 구하시오.**

$$A=\begin{pmatrix} 2 & 3 & 1 \\ 1 & 3 & 4 \end{pmatrix} \qquad B=\begin{pmatrix} 1 & 2 \\ 3 & 1 \\ -1 & 0 \end{pmatrix}$$

풀이

$$\begin{aligned} AB &= \begin{pmatrix} 2 & 3 & 1 \\ 1 & 3 & 4 \end{pmatrix}\begin{pmatrix} 1 & 2 \\ 3 & 1 \\ -1 & 0 \end{pmatrix} \\ &= \begin{pmatrix} 2\times1+3\times3+1\times(-1) & 2\times2+3\times1+1\times0 \\ 1\times1+3\times3+4\times(-1) & 1\times2+3\times1+4\times0 \end{pmatrix} \\ &= \begin{pmatrix} 10 & 7 \\ 6 & 5 \end{pmatrix} \end{aligned}$$

예제 6.11 **다음 행렬에 대한 곱셈을 구하시오.**

① $\begin{pmatrix} 1 & 2 \\ 3 & 4 \end{pmatrix}\begin{pmatrix} 4 & 3 \\ 2 & 1 \end{pmatrix}$ ② $\begin{pmatrix} 1 \\ 2 \\ 3 \end{pmatrix}(1\ 2\ 3)$ ③ $(1\ 2\ 3)\begin{pmatrix} 2 \\ 3 \\ 4 \end{pmatrix}$

④ $\begin{pmatrix} 1 & 2 \\ 3 & 4 \end{pmatrix}\begin{pmatrix} 1 & 0 \\ 0 & 1 \end{pmatrix}$ ⑤ $\begin{pmatrix} 1 & 0 \\ 0 & 2 \end{pmatrix}\begin{pmatrix} 1 & 2 \\ 3 & 4 \end{pmatrix}$ ⑥ $\begin{pmatrix} 1 & 2 \\ 3 & 4 \end{pmatrix}\begin{pmatrix} 1 & 0 \\ 0 & 2 \end{pmatrix}$

풀이

① $\begin{pmatrix} 1 & 2 \\ 3 & 4 \end{pmatrix}\begin{pmatrix} 4 & 3 \\ 2 & 1 \end{pmatrix}=\begin{pmatrix} 1\times4+2\times2 & 1\times3+2\times1 \\ 3\times4+4\times2 & 3\times3+4\times1 \end{pmatrix}=\begin{pmatrix} 8 & 5 \\ 20 & 13 \end{pmatrix}$

② $\begin{pmatrix} 1 \\ 2 \\ 3 \end{pmatrix}(1\ 2\ 3)=\begin{pmatrix} 1 & 2 & 3 \\ 2 & 4 & 6 \\ 3 & 6 & 9 \end{pmatrix}$

③ $(1\ 2\ 3)\begin{pmatrix} 2 \\ 3 \\ 4 \end{pmatrix}=20$

④ $\begin{pmatrix} 1 & 2 \\ 3 & 4 \end{pmatrix}\begin{pmatrix} 1 & 0 \\ 0 & 1 \end{pmatrix}=\begin{pmatrix} 1 & 2 \\ 3 & 4 \end{pmatrix}$

⑤ $\begin{pmatrix} 1 & 0 \\ 0 & 2 \end{pmatrix}\begin{pmatrix} 1 & 2 \\ 3 & 4 \end{pmatrix}=\begin{pmatrix} 1 & 2 \\ 6 & 8 \end{pmatrix}$

⑥ $\begin{pmatrix} 1 & 2 \\ 3 & 4 \end{pmatrix}\begin{pmatrix} 1 & 0 \\ 0 & 2 \end{pmatrix}=\begin{pmatrix} 1 & 4 \\ 3 & 8 \end{pmatrix}$

행렬에서 곱셈은 교환법칙이 성립하지 않는다. 즉 $AB \neq BA$이고 그에 대한 예는 위의 예제와 같다.

$$\begin{pmatrix} 1 & 0 \\ 0 & 2 \end{pmatrix}\begin{pmatrix} 1 & 2 \\ 3 & 4 \end{pmatrix} \neq \begin{pmatrix} 1 & 2 \\ 3 & 4 \end{pmatrix}\begin{pmatrix} 1 & 0 \\ 0 & 2 \end{pmatrix}$$

다음은 전치행렬에 대한 성질을 나타낸다.

정리 6.3

전치행렬에 대해서 다음식이 성립한다.

① $(A+B)^t = A^t + B^t$

② $(A^t)^t = A$

③ $(kA)^t = k \cdot A^t$

④ $(AB)^t = B^t A^t$, 단 k는 상수

예제 6.12 **다음 두 행렬 A와 B에 대하여 물음에 답하시오.**

$$A = \begin{pmatrix} 2 & 1 & 1 \\ -1 & 0 & -2 \\ -1 & 4 & 1 \end{pmatrix},\ B = \begin{pmatrix} 0 & 1 & 0 \\ 3 & 0 & 2 \\ 1 & 2 & -1 \end{pmatrix}$$

(1) 행렬 A의 전치행렬 A^t을 구하시오.

(2) 행렬 B의 전치행렬 B^t을 구하시오.

(3) 행렬 $A+B$의 전치행렬 $(A+B)^t$을 구하시오.

(4) 행렬 A에 대하여 $(A^t)^t$을 구하시오.

(5) 행렬 AB의 전치행렬 $(AB)^t$을 구하시오.

(6) 행렬 $B^t A^t$을 구하시오.

(7) 행렬 $A^t B^t$을 구하시오.

풀이

(1) $A^t = \begin{pmatrix} 2 & -1 & -1 \\ 1 & 0 & 4 \\ 1 & -2 & 1 \end{pmatrix}$ (2) $B^t = \begin{pmatrix} 0 & 3 & 1 \\ 1 & 0 & 2 \\ 0 & 2 & -1 \end{pmatrix}$

(3) $A+B = \begin{pmatrix} 2 & 1 & 1 \\ -1 & 0 & -2 \\ -1 & 4 & 1 \end{pmatrix} + \begin{pmatrix} 0 & 1 & 0 \\ 3 & 0 & 2 \\ 1 & 2 & -1 \end{pmatrix} = \begin{pmatrix} 2 & 2 & 1 \\ 2 & 0 & 0 \\ 0 & 6 & 0 \end{pmatrix}$ 이므로

$$(A+B)^t = \begin{pmatrix} 2 & 2 & 0 \\ 2 & 0 & 6 \\ 1 & 0 & 0 \end{pmatrix}$$

(4) $A^t = \begin{pmatrix} 2 & -1 & -1 \\ 1 & 0 & 4 \\ 1 & -2 & 1 \end{pmatrix}$이므로 $(A^t)^t = \begin{pmatrix} 2 & 1 & 1 \\ -1 & 0 & -2 \\ -1 & 4 & 1 \end{pmatrix}$이다.

(5) $AB = \begin{pmatrix} 4 & 4 & 1 \\ -2 & -5 & 2 \\ 13 & 1 & 7 \end{pmatrix}$이므로 $(AB)^t = \begin{pmatrix} 4 & -2 & 13 \\ 4 & -5 & 1 \\ 1 & 2 & 7 \end{pmatrix}$이다.

(6) $B^t A^t = \begin{pmatrix} 0 & 3 & 1 \\ 1 & 0 & 2 \\ 0 & 2 & -1 \end{pmatrix}\begin{pmatrix} 2 & -1 & -1 \\ 1 & 0 & 4 \\ 1 & -2 & 1 \end{pmatrix} = \begin{pmatrix} 4 & -2 & 13 \\ 4 & -5 & 1 \\ 1 & 2 & 7 \end{pmatrix}$이다.

(7) $A^t B^t = \begin{pmatrix} 2 & -1 & -1 \\ 1 & 0 & 4 \\ 1 & -2 & 1 \end{pmatrix}\begin{pmatrix} 0 & 3 & 1 \\ 1 & 0 & 2 \\ 0 & 2 & -1 \end{pmatrix} = \begin{pmatrix} -1 & 4 & 1 \\ 0 & 11 & -3 \\ -2 & 5 & -4 \end{pmatrix}$이다.

6.3 행렬식(Determinant)

행렬식이란 행렬의 값을 수치로 나타낸 것으로 $|A|$, $\det A$로 표현한다.

정의 6.4

(1) 자연수 1, 2, $\cdots$, n을 일렬로 늘어놓았을 때 그 성분이 크기순으로 되지 않으면 전도(inverse)가 일어났다고 한다.

(2) $\mu(\sigma)$: σ에 대한 전도의 개수

(3) σ의 부호를 $sgn(\sigma) = (-1)^{\mu(\sigma)}$라 정의한다.

(4) $\mu(\sigma)$가 짝수일 때 σ를 우순열이라 하고, $\mu(\sigma)$가 홀수일 때 σ를 기순열이라 한다.

순열 σ가 우순열일 경우 $sgn(\sigma)=1$이고, σ가 기순열일 경우 $sgn(\sigma)=-1$ 이다.

예제 6.13 **순열 σ가 σ : 4, 1, 3, 5, 2 일 때 순열의 종류를 구하시오.**

풀이 전도가 일어난 순서쌍은 (4, 1), (4, 3), (4, 2), (3, 2), (5, 2)이다.
따라서 $\mu(\sigma) = 5$이고 $sgn(\sigma) = (-1)^5 = -1$이므로, σ는 기순열이다.

예제 6.14 **순열 σ가 σ : 4, 1, 3, 2 일 때 순열의 종류를 구하시오.**

풀이 전도가 일어난 순서쌍은 (4, 1), (4, 3), (4, 2), (3, 2)이다.

따라서 $\mu(\sigma) = 4$이고 $sgn(\sigma) = (-1)^4 = 1$이므로, σ는 우순열이다.

예제 6.15 **순열 σ가 다음과 같을 때 순열의 종류를 구하시오.**

풀이

순열 σ	$\mu(\sigma)$	순열의 종류	순열 σ	$\mu(\sigma)$	순열의 종류
1, 2, 3	0	우순열	2, 3, 1	2	우순열
1, 3, 2	1	기순열	3, 1, 2	2	우순열
2, 1, 3	1	기순열	3, 2, 1	3	기순열

6.3.1 행렬식의 정의

정의 6.5

행렬 A가 $\begin{pmatrix} a_{11} & a_{12} & \cdots & a_{1n} \\ a_{21} & a_{22} & \cdots & a_{2n} \\ \vdots \\ a_{n1} & a_{n2} & \cdots & a_{nn} \end{pmatrix}$로 주어졌을 때, 행렬식 $|A|$는 다음과 같다.

$$\det A = |A| = \begin{vmatrix} a_{11} & a_{12} & \cdots & a_{1n} \\ a_{21} & a_{22} & \cdots & a_{2n} \\ \vdots \\ a_{n1} & a_{n2} & \cdots & a_{nn} \end{vmatrix} = \sum_{\sigma_j} (sgn\ \sigma_j) a_{1j_1} a_{2j_2} \cdots a_{nj_n}$$

여기서, σ_j : 1, 2, $\cdots$, n에 대하여 열성분 j_1, j_2, $\cdots$, j_n을 나열한 순열이다.

$$sgn\ \sigma_j = (-1)^{\mu(\sigma_j)}$$

$a_{1j_1} a_{2j_2} \cdots a_{nj_n}$: 제 1행, 제 2행, $\cdots$, 제 n행에서 원소를 한 개씩 택하며 각 열에서도 한 개씩만 나오도록 택한 후 이들을 곱한 것이다.

먼저 간단한 2×2 행렬을 예로 들어보자.

행렬 $A = \begin{pmatrix} a_{11} & a_{12} \\ a_{21} & a_{22} \end{pmatrix}$에 대한 행렬식을 구하면 다음과 같다.

$$\begin{vmatrix} a_{11} & a_{12} \\ a_{21} & a_{22} \end{vmatrix} = \sum_{\sigma_j} sgn\,\sigma_j\ (a_{11}a_{22} + a_{12}a_{21})$$

$$= (sgn\,\sigma_1)(a_{11}a_{12}) + (sgn\,\sigma_2)(a_{12}a_{21})$$
$$= a_{11}a_{22} - a_{12}a_{21}$$

여기서, $\sigma_1 : 1,\ 2$이므로 σ_1은 전도가 일어나지 않았으므로 $sgn\,\sigma_1 = (-1)^0 = 1$이고, $\sigma_2 : 2,\ 1$이므로 σ_2에 대한 전도의 수 $\mu(\sigma) = 1$ 이므로 $sgn\,\sigma_2 = (-1)^1 = -1$이다.

다음은 3×3 행렬식에 대하여 살펴보자.

행렬 $A = \begin{pmatrix} a_{11} & a_{12} & a_{13} \\ a_{21} & a_{22} & a_{23} \\ a_{31} & a_{32} & a_{33} \end{pmatrix}$에 대한 행렬식은 다음과 같다.

$$|A| = \begin{vmatrix} a_{11} & a_{12} & a_{13} \\ a_{21} & a_{22} & a_{23} \\ a_{31} & a_{32} & a_{33} \end{vmatrix} = \begin{matrix} (sng\,\sigma_1)a_{11}a_{22}a_{33} + (sng\,\sigma_2)a_{11}a_{23}a_{32} \\ + (sng\,\sigma_3)a_{12}a_{21}a_{33} + (sng\,\sigma_4)a_{12}a_{23}a_{31} \\ + (sng\,\sigma_5)a_{13}a_{22}a_{31} + (sng\,\sigma_6)a_{13}a_{21}a_{32} \end{matrix}$$

$$= a_{11}a_{22}a_{33} - a_{11}a_{23}a_{32} - a_{12}a_{21}a_{33} + a_{12}a_{23}a_{31} - a_{13}a_{22}a_{31} + a_{13}a_{21}a_{32}$$
$$= a_{11}a_{22}a_{33} + a_{12}a_{23}a_{31} + a_{13}a_{21}a_{32} - a_{11}a_{23}a_{32} - a_{12}a_{21}a_{33} - a_{13}a_{22}a_{31}$$

여기서 순열들과 이들에 대한 부호 $sgn\,\sigma_j$는 다음과 같다.

$\sigma_1 : 1,\ 2,\ 3$ 이고 $\mu(\sigma_1) = 0$ 이므로 $sgn\ \sigma_1 = 1$ 이다.

$\sigma_2 : 1,\ 3,\ 2$ 이고 $\mu(\sigma_2) = 1$ 이므로 $sgn\ \sigma_2 = -1$ 이다.

$\sigma_3 : 2,\ 1,\ 3$ 이고 $\mu(\sigma_3) = 1$ 이므로 $sgn\ \sigma_3 = -1$ 이다.

$\sigma_4 : 2,\ 3,\ 1$ 이고 $\mu(\sigma_4) = 2$ 이므로 $sgn\ \sigma_4 = 1$ 이다.

$\sigma_5 : 3,\ 2,\ 1$ 이고 $\mu(\sigma_5) = 3$ 이므로 $sgn\ \sigma_5 = -1$ 이다.

$\sigma_6 : 3,\ 1,\ 2$ 이고 $\mu(\sigma_6) = 2$ 이므로 $sgn\ \sigma_6 = 1$ 이다.

예제 6.16 **다음 행렬 A, B에 대한 행렬식을 구하시오.**

$$(1)\ A = \begin{pmatrix} 0 & a_{12} & 0 & 0 \\ 0 & 0 & a_{23} & 0 \\ 0 & 0 & 0 & a_{34} \\ a_{41} & 0 & 0 & 0 \end{pmatrix} \qquad (2)\ B = \begin{pmatrix} 0 & 2 & 0 & 0 \\ 0 & 0 & 4 & 0 \\ 0 & 0 & 0 & 5 \\ 3 & 0 & 0 & 0 \end{pmatrix}$$

풀이 (1) 행렬 A에 대한 행렬식 $|A|$는 다음과 같다.

$$|A| = \begin{vmatrix} 0 & a_{12} & 0 & 0 \\ 0 & 0 & a_{23} & 0 \\ 0 & 0 & 0 & a_{34} \\ a_{41} & 0 & 0 & 0 \end{vmatrix} = (sgn\,\sigma)a_{12}a_{23}a_{34}a_{41} = -\,a_{12}a_{23}a_{34}a_{41}$$

여기서, 순열 $\sigma : 2, 3, 4, 1$ 에 대한 전도의 개수 $\mu(\sigma) = 3$이며,

$sgn\,\sigma = (-1)^3 = -1$이다.

(2) 행렬 B에 대한 행렬식 $|B|$는 다음과 같다.

$$|B| = \begin{vmatrix} 0 & 2 & 0 & 0 \\ 0 & 0 & 4 & 0 \\ 0 & 0 & 0 & 5 \\ 3 & 0 & 0 & 0 \end{vmatrix} = -\,2 \times 4 \times 5 \times 3 = -\,120$$

6.3.2 Laplace 전개 방법

행렬식을 계산하는 다른 방법은 Laplace 전개방법이며, 이 방법은 소행렬식(minor determinant)과 여인자를 사용한다. 소행렬식은 $n \times n$ 행렬식이 있을 때 이 행렬식의 i번째 행과 k번째 열을 제거함으로써 얻는 $(n-1)$차 행렬식이며, 이것을 원소 a_{ik}의 소행렬식이라 하고 M_{ik}로 나타낸다. a_{ik}의 여인자는 소행렬식 M_{ik}에 $(-1)^{i+k}$를 곱한 것으로 C_{ik}로 나타내며 다음과 같다.

$$C_{ik} = (-1)^{i+k} M_{ik}$$

예를 들어 3차 행렬 A에 대한 여인자 C_{11}와 C_{32}는 다음과 같다.

$$|A| = \begin{vmatrix} a_{11} & a_{12} & a_{13} \\ a_{21} & a_{22} & a_{23} \\ a_{31} & a_{32} & a_{33} \end{vmatrix}$$

$$C_{11} = M_{11} = \begin{vmatrix} a_{22} & a_{23} \\ a_{32} & a_{33} \end{vmatrix}, \quad C_{32} = -\,M_{32} = -\begin{vmatrix} a_{11} & a_{13} \\ a_{21} & a_{23} \end{vmatrix}$$

이다.

행렬식을 계산하기 위한 Laplace 전개방법은 다음과 같이 여인자를 이용한다.

정리 6.6

행렬 A가 $\begin{pmatrix} a_{11} & a_{12} \cdots & a_{1n} \\ a_{21} & a_{22} \cdots & a_{2n} \\ \vdots & & \\ a_{n1} & a_{n2} \cdots & a_{nn} \end{pmatrix}$로 주어졌을 때, 행렬식의 Laplace 전개방법은 다음과 같다.

(a) $|A| = \begin{vmatrix} a_{11} & a_{12} & \cdots\cdots & a_{1n} \\ a_{21} & a_{22} & \cdots\cdots & a_{2n} \\ \cdots & \cdots & \cdots\cdots & \cdots \\ \cdots & \cdots & \cdots\cdots & \cdots \\ a_{n1} & a_{n2} & \cdots\cdots & a_{nn} \end{vmatrix} = a_{i1}C_{i1} + a_{i2}C_{i2} + \cdots\cdots + a_{in}C_{in} = \sum_{k=1}^{n} a_{ik}C_{ik}$

여기서, $(i = 1,\ 2,\ \cdots,\ n)$이다.

(b) $|A| = \begin{vmatrix} a_{11} & a_{12} & \cdots\cdots & a_{1n} \\ a_{21} & a_{22} & \cdots\cdots & a_{2n} \\ \cdots & \cdots & \cdots\cdots & \cdots \\ \cdots & \cdots & \cdots\cdots & \cdots \\ a_{n1} & a_{n2} & \cdots\cdots & a_{nn} \end{vmatrix} = a_{1k}C_{1k} + a_{2k}C_{2k} + \cdots\cdots + a_{nk}C_{nk} = \sum_{i=1}^{n} a_{ik}C_{ik}$

여기서, $(k = 1,\ 2,\ \cdots,\ n)$이다.

행렬 A의 행렬식을 소행렬식으로 표현하면 다음과 같다.

$$|A| = \begin{vmatrix} a_{11} & a_{12} & \cdots\cdots & a_{1n} \\ a_{21} & a_{22} & \cdots\cdots & a_{2n} \\ \cdots & \cdots & \cdots\cdots & \cdots \\ \cdots & \cdots & \cdots\cdots & \cdots \\ a_{n1} & a_{n2} & \cdots\cdots & a_{nn} \end{vmatrix} = \sum_{k=1}^{n} (-1)^{i+k} a_{ik} M_{ik} \qquad (i = 1,\ 2,\ \cdots\cdots,\ n)$$

예제 6.17 **3차 행렬 $A = \begin{pmatrix} a_{11} & a_{12} & a_{13} \\ a_{21} & a_{22} & a_{23} \\ a_{31} & a_{32} & a_{33} \end{pmatrix}$을 Laplace 전개방법을 이용하여 행렬식 $|A|$을 구하시오.**

풀이 Laplace 전개방법을 1행에 적용하면 다음과 같다.

$$|A| = \sum_{k=1}^{3} a_{1k}C_{1k}$$

$$
\begin{aligned}
&= \sum_{k=1}^{3}(-1)^{1+k}a_{1k}M_{1k} \\
&= (-1)^{1+1}a_{11}M_{11}+(-1)^{1+2}a_{12}M_{12}+(-1)^{1+3}a_{13}M_{13} \\
&= a_{11}M_{11}-a_{12}M_{12}+a_{13}M_{13} \\
&= a_{11}\begin{vmatrix} a_{22} & a_{23} \\ a_{32} & a_{33} \end{vmatrix} - a_{12}\begin{vmatrix} a_{21} & a_{23} \\ a_{31} & a_{33} \end{vmatrix} + a_{13}\begin{vmatrix} a_{21} & a_{22} \\ a_{31} & a_{32} \end{vmatrix} \\
&= a_{11}(a_{22}a_{33}-{}_{23}a_{32})-a_{12}(a_{21}a_{33}-a_{23}a_{31})+a_{13}(a_{21}a_{32}-a_{22}a_{31}) \\
&= a_{11}a_{22}a_{33}-a_{11}a_{23}a_{32}-a_{12}a_{21}a_{33}+a_{12}a_{23}a_{31}+a_{13}a_{21}a_{32}-a_{13}a_{22}a_{33} \\
&= a_{11}a_{22}a_{33}+a_{12}a_{23}a_{31}+a_{13}a_{21}a_{32}-a_{11}a_{23}a_{32}-a_{12}a_{21}a_{33}-a_{13}a_{22}a_{33}
\end{aligned}
$$

예제 6.18 **다음 행렬식의 값을 계산하시오.**

① $\begin{vmatrix} 2 & -3 \\ 4 & 5 \end{vmatrix}$ ② $\begin{vmatrix} 1 & 0 & -1 \\ 2 & -1 & 1 \\ 0 & -1 & 1 \end{vmatrix}$

풀이

① $\begin{vmatrix} 2 & -3 \\ 4 & 5 \end{vmatrix} = 2|5|-(-3)|4| = 10-(-12) = 22$

② $\begin{vmatrix} 1 & 0 & -1 \\ 2 & -1 & 1 \\ 0 & -1 & 1 \end{vmatrix} = 1\begin{vmatrix} -1 & 1 \\ -1 & 1 \end{vmatrix} - 0\begin{vmatrix} 2 & 1 \\ 0 & 1 \end{vmatrix} + (-1)\begin{vmatrix} 2 & -1 \\ 0 & -1 \end{vmatrix}$

$= 1(-1+1)-0(2-0)-1(-2+0)=0-0+2=2$

6.3.3 행렬식의 성질

Laplace 전개방법을 이용하거나 정의를 이용하여 행렬식을 구할 수 있지만 다음과 같은 행렬식의 성질을 이용하면 행렬식을 보다 쉽게 구할 수 있다.

정리 6.7

행렬 $A=(a_{ij})_{n\times n}$에 대하여 다음이 성립한다.

(1) $\det A = \det A^T$

(2) 행렬 A의 서로 다른 두 행(열)을 바꾼 행렬을 B라하면 $\det B = -\det A$

(3) 행렬 A의 서로 다른 두 행(열)의 성분이 일치하면 $\det A = 0$

(4) 행렬 A의 한행(한열)을 k배하여 얻은 행렬을 B라 하면 $\det B = k\det A$

예제 6.19 다음 행렬에 대하여 행렬식의 성질을 이용하여 행렬식을 구하시오.

1) $\begin{vmatrix} 1 & 2 \\ 3 & 4 \end{vmatrix}$ 2) $\begin{vmatrix} 2 & 1 \\ 4 & 3 \end{vmatrix}$ 3) $\begin{vmatrix} 1 & 3 \\ 2 & 4 \end{vmatrix}$ 4) $\begin{vmatrix} 2 & 4 \\ 1 & 3 \end{vmatrix}$

5) $\begin{vmatrix} 1 & 2 \\ 1 & 2 \end{vmatrix}$ 6) $\begin{vmatrix} 11 & 21 \\ 11 & 21 \end{vmatrix}$ 7) $2\begin{vmatrix} 1 & 2 \\ 3 & 4 \end{vmatrix}$ 8) $\begin{vmatrix} 2 & 4 \\ 6 & 8 \end{vmatrix}$

풀이

1) $\begin{vmatrix} 1 & 2 \\ 3 & 4 \end{vmatrix} = 1|4| - 3|2| = 4 - 6 = -2$

2) $\begin{vmatrix} 2 & 1 \\ 4 & 3 \end{vmatrix} = -\begin{vmatrix} 1 & 2 \\ 3 & 4 \end{vmatrix} = -(-2) = 2$

3) $\begin{vmatrix} 1 & 3 \\ 2 & 4 \end{vmatrix} = 1|4| - 2|3| = 4 - 6 = -2$

4) $\begin{vmatrix} 2 & 4 \\ 1 & 3 \end{vmatrix} = -\begin{vmatrix} 1 & 3 \\ 2 & 4 \end{vmatrix} = -(-2) = 2$

5) $\begin{vmatrix} 1 & 2 \\ 1 & 2 \end{vmatrix} = 2 - 2 = 0$

6) $\begin{vmatrix} 11 & 21 \\ 11 & 21 \end{vmatrix} = 0$

7) $2\begin{vmatrix} 1 & 2 \\ 3 & 4 \end{vmatrix} = 2(-2) = -4$

8) $\begin{vmatrix} 2 & 4 \\ 6 & 8 \end{vmatrix} = (2 \times 2)\begin{vmatrix} 1 & 2 \\ 3 & 4 \end{vmatrix} = 4(-2) = -8$

정리 6.8

행렬 $A = (a_{ij})_{n \times n}$의 제 r행(제 r열)의 성분이 $b_{r1} + c_{r1}, b_{r2} + c_{r2}, \cdots, b_{rn} + c_{rn}$각각 $b_{r1}, b_{r2}, \cdots, b_{rn}$; $c_{r1}, c_{r2}, \cdots, c_{rn}$으로 바꾸어 놓은 행렬을 B, C라 하면 $\det A = \det B + \det C$ 이다. 즉,

$$\begin{vmatrix} a_{11} & a_{12} & \cdots & a_{1n} \\ \vdots & \vdots & & \vdots \\ b_{r1} + c_{r1} & \cdots & b_{rn} + & c_{rn} \\ \vdots & \vdots & & \vdots \\ a_{n1} & a_{n2} & \cdots & a_{nn} \end{vmatrix} = \begin{vmatrix} a_{11} & a_{12} & \cdots & a_{1n} \\ \vdots & \vdots & & \vdots \\ b_{r1} & b_{r2} & \cdots & b_{rn} \\ \vdots & \vdots & & \vdots \\ a_{n1} & a_{n2} & \cdots & a_{nn} \end{vmatrix} + \begin{vmatrix} a_{11} & a_{12} & \cdots & a_{1n} \\ \vdots & \vdots & & \vdots \\ c_{r1} & c_{r2} & \cdots & c_{rn} \\ \vdots & \vdots & & \vdots \\ a_{n1} & a_{n2} & \cdots & a_{nn} \end{vmatrix}$$

예제 6.20 다음 행렬에 대하여 행렬식의 성질을 이용하여 행렬식을 구하시오.

1) $\begin{vmatrix} 1 & 2 \\ 4 & 5 \end{vmatrix}$ 2) $\begin{vmatrix} 1 & 2 \\ 3 & 4 \end{vmatrix}$

3) $\begin{vmatrix} 1 & 2 \\ 4+3 & 5+4 \end{vmatrix}$ 4) $\begin{vmatrix} 1 & 2 \\ 7 & 9 \end{vmatrix}$

풀이 1) $\begin{vmatrix} 1 & 2 \\ 4 & 5 \end{vmatrix} = 5-8 = -3$

2) $\begin{vmatrix} 1 & 2 \\ 3 & 4 \end{vmatrix} = 4-6 = -2$

3) $\begin{vmatrix} 1 & 2 \\ 4+3 & 5+4 \end{vmatrix} = \begin{vmatrix} 1 & 2 \\ 4 & 5 \end{vmatrix} + \begin{vmatrix} 1 & 2 \\ 3 & 4 \end{vmatrix} = -3+(-2) = -5$

4) $\begin{vmatrix} 1 & 2 \\ 7 & 9 \end{vmatrix} = 9-14 = -5$

하지만 다음은 성립하지 않는다.

$$\begin{vmatrix} 1 & 2 \\ 4 & 5 \end{vmatrix} + \begin{vmatrix} 1 & 2 \\ 3 & 4 \end{vmatrix} \neq \begin{vmatrix} 2 & 4 \\ 7 & 9 \end{vmatrix}$$

정리 6.9

행렬 $A = [a_{ij}]_{n \times n}$에 대하여 다음이 성립한다.

(1) A의 서로 다른 두 행(두열)의 성분이 비례하거나 일치하면 $\det A = 0$

(2) A의 한행(한열)의 성분이 모두 0이면 $\det A = 0$

(3) A의 한행에 다른 행의 k배(한열에 다른 열의 k배)하여 얻은 행렬을 B라 하면 $\det A = \det B$ 이다.

예제 6.21 **다음 행렬에 대하여 행렬식의 성질을 이용하여 행렬식을 구하시오.**

1) $\begin{vmatrix} 2 & 4 \\ 6 & 12 \end{vmatrix}$ 2) $\begin{vmatrix} 1 & 2 \\ 4 & 3 \end{vmatrix}$

3) $\begin{vmatrix} 4 & 5 & 6 & 7 \\ 8 & 9 & 10 & 11 \\ 12 & 13 & 14 & 15 \\ 0 & 0 & 0 & 0 \end{vmatrix}$

풀이 1) 1행과 2행은 서로 비례하므로 $\begin{vmatrix} 2 & 4 \\ 6 & 12 \end{vmatrix} = \begin{vmatrix} 2 & 4 \\ 2\times 3 & 4\times 3 \end{vmatrix} = 0$

2) 1행에 (−4)배하여 2행에 더하면 다음과 같다.

$$\begin{vmatrix} 1 & 2 \\ 4 & 3 \end{vmatrix} = \begin{vmatrix} 1 & 2 \\ 0 & -5 \end{vmatrix} = 1|-5|-0|2| = -5$$

3) 3행의 성분이 모두 0이므로 $\begin{vmatrix} 4 & 5 & 6 & 7 \\ 8 & 9 & 10 & 11 \\ 12 & 13 & 14 & 15 \\ 0 & 0 & 0 & 0 \end{vmatrix} = 0$ 이다.

정리 6.10

행렬 $A = [a_{ij}]_{n\times n}$이 삼각행렬이면, $\det A = a_{11}\, a_{22} \cdots\ a_{nn}$이다.

$$\begin{vmatrix} a_{11} & a_{12} & \cdots & a_{17} \\ 0 & a_{22} & & a_{27} \\ 0 & 0 & \ddots & \\ \vdots & & & \\ 0 & \cdots & \cdots\ 0 & a_{nn} \end{vmatrix} = a_{11}\, a_{22} \cdots a_{nn}$$

예제 6.22 다음 행렬에 대하여 행렬식의 성질을 이용하여 행렬식을 구하시오.

1) $\begin{vmatrix} 2 & 8 & 7 \\ 1 & 1 & 2 \\ -3 & 5 & 1 \end{vmatrix}$ 2) $\begin{vmatrix} 1 & 1 & 1 \\ a & b & c \\ a^2 & b^2 & c^2 \end{vmatrix}$

풀이

1) $\begin{vmatrix} 2 & 8 & 7 \\ 1 & 1 & 2 \\ -3 & 5 & 1 \end{vmatrix} = -\begin{vmatrix} 1 & 1 & 2 \\ 2 & 8 & 7 \\ -3 & 5 & 1 \end{vmatrix} = -\begin{vmatrix} 1 & 1 & 2 \\ 0 & 6 & 3 \\ 0 & 8 & 7 \end{vmatrix} = -3\begin{vmatrix} 1 & 1 & 2 \\ 0 & 2 & 1 \\ 0 & 8 & 7 \end{vmatrix} = -3\begin{vmatrix} 1 & 1 & 2 \\ 0 & 2 & 1 \\ 0 & 0 & 3 \end{vmatrix}$

$= -3\times 1\times 2\times 3 = -18$

2) $\begin{vmatrix} 1 & 1 & 1 \\ a & b & c \\ a^2 & b^2 & c^2 \end{vmatrix} = \begin{vmatrix} 1 & 1 & 1 \\ 0 & b-a & c-a \\ 0 & b^2-a^2 & c^2-a^2 \end{vmatrix} = \begin{vmatrix} 1 & 1 & 1 \\ 0 & b-a & c-a \\ 0 & (b-a)(b+a) & (c-a)(c+a) \end{vmatrix}$

$= \begin{vmatrix} 1 & 1 & 1 \\ 0 & b-a & c-a \\ 0 & 0 & -(b+a)(c-a)+(c-a)(c+a) \end{vmatrix}$

$= \begin{vmatrix} 1 & 1 & 1 \\ 0 & b-a & c-a \\ 0 & 0 & (c-a)(-b-a+c+a) \end{vmatrix}$

$= \begin{vmatrix} 1 & 1 & 1 \\ 0 & b-a & c-a \\ 0 & 0 & (c-a)(c-b) \end{vmatrix}$

$= (b-a)(c-a)(c-b)$

$= +(a-b)(b-c)(c-a)$

정리 6.11

행렬 $A=[a_{ij}]_{n\times n}$에 대하여 다음이 성립한다.

$$|AB|=|A||B|$$

예제 6.23 **다음 행렬 A, B에 대하여 행렬식의 성질을 이용하여 행렬식을 구하시오.**

$$A=\begin{pmatrix}1&2\\3&4\end{pmatrix},\qquad B=\begin{pmatrix}2&1\\0&1\end{pmatrix}$$

(1) $|AB|$ (2) $|A|$ (3) $|B|$ (4) $|A||B|$

풀이 (1) $AB=\begin{pmatrix}1&2\\3&4\end{pmatrix}\begin{pmatrix}2&1\\0&1\end{pmatrix}=\begin{pmatrix}2&3\\6&7\end{pmatrix}$ 이므로 $|AB|=14-18=-4$이다.

(2) $|A|=4-6=-2$이다.

(3) $|B|=2$

(4) $|A||B|=-2\times2=\ -4$ 이다.

6.4 역행렬

역행렬을 정의하기 위해서 다음 정리는 필요하다.

정리 6.12

임의로 주어진 n차의 정방행렬 A에 대해서 $AX=XA=A$를 만족시키는 n차의 정방행렬 X는 단위행렬 I뿐이다.

주어진 n차의 정방행렬 A에 대해서 $XA=AX=I$ 를 만족하는 n차의 정방행렬 X가 존재할 때, X을 A의 역행렬(inverse matrix)이라 하고 $X=A^{-1}$로 표시한다. 이때 역행렬을 갖는 정방행렬 A을 **정칙행렬**(non singular matrix)이라 한다.

정리 6.13

n차 정방행렬 A에 대해서 역행렬 A^{-1}가 존재할 필요충분조건은 $|A|\neq0$이다.

예제 6.24 **다음 행렬은 정칙행렬인지 조사하시오.**

① $A=\begin{pmatrix}1&2\\3&6\end{pmatrix}$ ② $B=\begin{pmatrix}1&-1&2\\2&1&0\\-1&2&-1\end{pmatrix}$

풀이 ① $|A|=\begin{vmatrix}1&2\\3&6\end{vmatrix}=6-6=0$ 이므로 역행렬은 존재하지 않는다.

② $|B|=\begin{vmatrix}1&-1&2\\2&1&0\\-1&2&-1\end{vmatrix}=1\times\begin{vmatrix}1&0\\2&-1\end{vmatrix}-(-1)\times\begin{vmatrix}2&0\\-1&-1\end{vmatrix}+2\times\begin{pmatrix}2&1\\-1&2\end{pmatrix}$

$=1(-1-0)+(-2+0)+2(4+1)=-1-2+10=7$

이므로 역행렬은 존재한다. 따라서 행렬 B는 정칙행렬이다.

다음은 역행렬을 구하는 방법에 대해서 알아보자.

행렬식 $|A|$의 여인자 C_{ik}를 다음과 같이 나열한 행렬을 A의 여인자 행렬(adjoint matrix)이라 하고 이것을 $adjA$로 표시한다.

$$adjA=\begin{pmatrix}C_{11}&C_{21}&\cdots\cdots&C_{n1}\\C_{12}&C_{22}&\cdots\cdots&C_{n2}\\\vdots&\vdots&&\vdots\\C_{1n}&C_{2n}&\cdots\cdots&C_{nn}\end{pmatrix}$$

행렬 A의 역행렬 A^{-1}은 다음과 같이 정의된다.

정리 6.14

n차 정칙행렬 A에 대해서 역행렬 A^{-1}은 다음과 같다.

$$A^{-1}=\frac{adjA}{|A|}$$

여기서, $|A|$는 행렬 A의 행렬식을 나타낸다.

예제 6.25 **다음 행렬의 역행렬이 존재한다면 구하시오.**

① $A=\begin{pmatrix}1&3\\2&5\end{pmatrix}$ ② $B=\begin{pmatrix}1&-2&1\\-2&5&-4\\1&-4&6\end{pmatrix}$

풀이 ① $|A|=5-6=-1$이므로 역행렬이 존재한다.

여인자을 구하면 $C_{11}=5, C_{21}=-3, C_{12}=-2, C_{22}=1$이므로

여인자 행렬은 $adjA=\begin{pmatrix}5 & -3\\ -2 & 1\end{pmatrix}$이다.

따라서 역행렬은 $A^{-1}=\dfrac{adjA}{|A|}=\dfrac{\begin{pmatrix}5 & -3\\ -2 & 1\end{pmatrix}}{-1}=\begin{pmatrix}-5 & 3\\ 2 & -1\end{pmatrix}$ 이다.

② $|B|=\begin{vmatrix}1 & -2 & 1\\ -2 & 5 & -4\\ 1 & -4 & 6\end{vmatrix}=1$ 이므로 역행렬이 존재한다.

여인자를 구하면 다음과 같다.

$C_{11}=\begin{vmatrix}5 & -4\\ -4 & 6\end{vmatrix}=14,\ C_{12}=-\begin{vmatrix}-2 & -4\\ 1 & 6\end{vmatrix}=8,\ C_{13}=\begin{vmatrix}-2 & 5\\ 1 & -4\end{vmatrix}=3$

$C_{21}=-\begin{vmatrix}-2 & 1\\ -4 & 6\end{vmatrix}=8,\ C_{22}=\begin{vmatrix}1 & 1\\ 1 & 6\end{vmatrix}=5,\ C_{23}=-\begin{vmatrix}1 & -2\\ 1 & -4\end{vmatrix}=2$

$C_{31}=\begin{vmatrix}-2 & 1\\ 5 & -4\end{vmatrix}=3,\ C_{32}=-\begin{vmatrix}1 & 1\\ -2 & -4\end{vmatrix}=2,\ C_{33}=\begin{vmatrix}1 & -2\\ -2 & 5\end{vmatrix}=1$

따라서 여인자 행렬 $adjB$는 다음과 같다.

$$adjB=\begin{pmatrix}C_{11} & C_{21} & C_{31}\\ C_{12} & C_{22} & C_{32}\\ C_{13} & C_{23} & C_{33}\end{pmatrix}=\begin{pmatrix}14 & 8 & 3\\ 8 & 5 & 2\\ 3 & 2 & 1\end{pmatrix}$$

그러므로 행렬 B의 역행렬 B^{-1}은 다음과 같다.

$$B^{-1}=\frac{adjB}{|B|}=\begin{pmatrix}14 & 8 & 3\\ 8 & 5 & 2\\ 3 & 2 & 1\end{pmatrix}$$

6.5 연립1차방정식과 행렬

행렬을 이용하여 연립방정식의 해를 구하는 방법에 대하여 알아보자.
n개의 미지수 $x_1,\ x_2,\cdots,x_n$을 갖는 연립 방정식

$$\begin{cases}a_{11}x_1+a_{12}x_2+\cdots+a_{1n}x_n=b_1\\ a_{21}x_1+a_{22}x_2+\cdots+a_{2n}x_n=b_2\\ \vdots\\ a_{n1}x_1+a_{n2}x_2+\cdots+a_{nn}x_n=b_n\end{cases}$$

이 주어졌을 때, 이 방정식을 행렬로 나타내면 $AX=B$ 이다.

여기에서 A는 $n\times n$행렬이고 B는 $n\times 1$행렬이다. 즉

$$A=\begin{pmatrix} a_{11} & a_{12} & \cdots & a_{1n} \\ a_{21} & a_{22} & \cdots & a_{2n} \\ & \vdots & & \\ a_{n1} & a_{n2} & \cdots & a_{nn} \end{pmatrix},\quad B=\begin{pmatrix} b_1 \\ b_2 \\ \vdots \\ b_n \end{pmatrix}$$

이다. 이때, $|A|\neq 0$이면 n개의 미지수 $x_1,\ x_2,\cdots,x_n$의 유일한 해를 구할 수 있다. n개의 미지수에 대한 해는 다음과 같이 구할 수 있다.

$$x_j=\frac{|A_j|}{|A|}=\frac{1}{|A|}\begin{vmatrix} a_{11} & a_{12} & \cdots & b_1 & \cdots & a_{1n} \\ a_{21} & a_{22} & & b_2 & & a_{2n} \\ \vdots & \vdots & & \vdots & & \vdots \\ a_{n1} & a_{n2} & & b_n & & a_{nn} \end{vmatrix},\quad (j=1,\ 2,\ \cdots,\ n)$$

여기서 A_j는 행렬 A에서 j번째 열에 상수행렬 B를 대치하여 얻는 행렬

$$A_j=\begin{pmatrix} a_{11} & a_{12} & \cdots & b_1 & \cdots & a_{1n} \\ a_{21} & a_{22} & & b_2 & & a_{2n} \\ \vdots & \vdots & & \vdots & & \vdots \\ a_{n1} & a_{n2} & & b_n & & a_{nn} \end{pmatrix}$$

이다.

이와 같은 방법으로 해를 구하는 것을 **Cramer의 법칙**이라 한다.

Cramer의 법칙을 이용하여 두 개의 미지수 $x_1,\ x_2$을 갖는 연립 방정식

$$a_{11}x_1+a_{12}x_2=b_1$$
$$a_{21}x_1+a_{22}x_2=b_2$$

의 해를 구하려면, 이 방정식을 행렬 $AX=B$로 변형한다. 즉,

$$A=\begin{pmatrix} a_{11} & a_{12} \\ a_{21} & a_{22} \end{pmatrix}\qquad X=\begin{pmatrix} x_1 \\ x_2 \end{pmatrix}\qquad B=\begin{pmatrix} b_1 \\ b_2 \end{pmatrix}$$

이때, $|A|=\begin{vmatrix} a_{11} & a_{12} \\ a_{21} & a_{22} \end{vmatrix}=a_{11}a_{22}-a_{12}a_{21}$이고, $|A|\neq 0$인 경우에만 미지수 $x_1,\ x_2$의 값을 다음과 같이 구할 수 있다.

$$x_1=\frac{|A_1|}{|A|},\qquad x_2=\frac{|A_2|}{|A|}$$

여기서, $A_1 = \begin{pmatrix} b_1 & a_{12} \\ b_2 & a_{22} \end{pmatrix}$, $A_2 = \begin{pmatrix} a_{11} & b_1 \\ a_{21} & b_2 \end{pmatrix}$이다.

따라서 구하는 해는 다음과 같다.

$$x_1 = \frac{a_{22}b_1 - a_{12}b_2}{a_{11}a_{22} - a_{12}a_{21}}$$

$$x_2 = \frac{a_{11}b_2 - a_{21}b_1}{a_{11}a_{22} - a_{12}a_{21}}$$

Cramer법칙은 3개 이상을 미지수로 갖는 행렬에 대해서도 똑같이 적용되어 해를 구할 수 있다.

예제 6.26 **다음 연립방정식의 해를 Cramer 법칙을 이용하여 구하시오.**

① $\begin{cases} 2x - y = 1 \\ x + 2y = 3 \end{cases}$ ② $\begin{cases} x - y + z = 1 \\ 2x + y - 2z = 0 \\ -x + 3y - z = 3 \end{cases}$

풀이 ① 연립방정식을 행렬로 나타내면 다음과 같다.

$$\begin{pmatrix} 2 & -1 \\ 1 & 2 \end{pmatrix}\begin{pmatrix} x \\ y \end{pmatrix} = \begin{pmatrix} 1 \\ 3 \end{pmatrix},\quad A = \begin{pmatrix} 2 & -1 \\ 1 & 2 \end{pmatrix},\ X = \begin{pmatrix} x \\ y \end{pmatrix},\ B = \begin{pmatrix} 1 \\ 3 \end{pmatrix}$$

이때 $|A| = \begin{vmatrix} 2 & -1 \\ 1 & 2 \end{vmatrix} = 4 - (-1) = 5$이고, $|A| \neq 0$ 이므로 x, y값이 존재한다. 따라서

$$x = \frac{|A_1|}{|A|} = \frac{\begin{vmatrix} 1 & -1 \\ 3 & 2 \end{vmatrix}}{5} = \frac{2-(-3)}{5} = 1$$

$$y = \frac{|A_2|}{|A|} = \frac{\begin{vmatrix} 2 & 1 \\ 1 & 3 \end{vmatrix}}{5} = \frac{6-1}{5} = 1$$

이므로 $x = 1$, $y = 1$ 이다.

② 연립방정식을 행렬로 나타내면 다음과 같다.

$$\begin{pmatrix} 1 & -1 & 1 \\ 2 & 1 & -2 \\ -1 & 3 & -1 \end{pmatrix}\begin{pmatrix} x \\ y \\ z \end{pmatrix} = \begin{pmatrix} 1 \\ 0 \\ 3 \end{pmatrix},\quad A = \begin{pmatrix} 1 & -1 & 1 \\ 2 & 1 & -2 \\ -1 & 3 & -1 \end{pmatrix},\ X = \begin{pmatrix} x \\ y \\ z \end{pmatrix},\ B = \begin{pmatrix} 1 \\ 0 \\ 3 \end{pmatrix}$$

이때

$$|A|=\begin{vmatrix}1&-1&1\\2&1&-2\\-1&3&-1\end{vmatrix}=1\begin{vmatrix}1&-2\\3&-1\end{vmatrix}-(-1)\begin{vmatrix}2&-2\\-1&-1\end{vmatrix}+1\begin{vmatrix}2&1\\-1&3\end{vmatrix}=8$$

이고 $|A|\neq 0$이므로 x, y, z의 값이 존재한다. 이때

$$|A_1|=\begin{vmatrix}1&-1&1\\0&1&-2\\3&3&-1\end{vmatrix}=8,\quad |A_2|=\begin{vmatrix}1&1&1\\2&0&-2\\-1&3&-1\end{vmatrix}=16,$$

$$|A_3|=\begin{vmatrix}1&-1&1\\2&1&0\\-1&3&3\end{vmatrix}=16$$

이므로

$$x=\frac{|A_1|}{|A|}=\frac{8}{8}=1\quad y=\frac{|A_2|}{|A|}=\frac{16}{8}=2\quad z=\frac{|A_3|}{|A|}=\frac{16}{8}=2$$

이다. 따라서 $x=1$, $y=2$, $z=2$ 이다.

n개의 미지수 x_1, $x_2,\cdots,x_n$을 갖는 연립 방정식

$$\begin{cases}a_{11}x_1+a_{12}x_2+\cdots+a_{1n}x_n=0\\a_{21}x_1+a_{22}x_2+\cdots+a_{2n}x_n=0\\\vdots\\a_{n1}x_1+a_{n2}x_2+\cdots+a_{nn}x_n=0\end{cases}$$

이 주어졌을 때, 이 방정식을 행렬로 나타내면 $AX=0$이다.

따라서 $|A|\neq 0$이면 위의 연립방정식은 단 하나의 해를 가지며, 그 해는 $(0,0,\cdots,0)$이다.

$|A|=0$이면 위의 연립방정식은 $(0,0,\cdots,0)$ 이외의 해를 가진다.

예제 6.27 **연립방정식** $\begin{cases}x-2y=ax\\-x+2y=ay\end{cases}$**가** $x=y=0$ **이외의 해를 가지도록 다음 물음에 답하시오.**

(1) 미지수 a값을 구하시오.

(2) a값에 의한 x와 y값을 구하시오.

풀이 (1) 연립방정식은 아래와 같다.

$$\begin{cases}(1-a)x-2y=0\\-x+(2-a)y=0\end{cases}$$

이때 연립방정식을 행렬로 표시하면 다음과 같다.

$$\begin{pmatrix} (1-a) & -2 \\ -1 & (2-a) \end{pmatrix}\begin{pmatrix} x \\ y \end{pmatrix} = \begin{pmatrix} 0 \\ 0 \end{pmatrix}, \quad A = \begin{pmatrix} 1-a & -2 \\ -1 & 2-a \end{pmatrix}$$

그리고 $|A| = \begin{vmatrix} 1-a & -2 \\ -1 & 2-a \end{vmatrix} = 0$일 때 $x = y = 0$ 이외의 해가 존재하므로

$$(1-a)(2-a) - 2 = 0$$
$$a^2 - 3a = 0$$

이며, 구하고자 하는 a=0, a=3이다.

(2) $a = 0$일 때 $x - 2y = 0$ 이므로 $\begin{pmatrix} x \\ y \end{pmatrix} = \begin{pmatrix} 2 \\ 1 \end{pmatrix} k$ 이고, $a = 3$일 때 $x + y = 0$ 이므로 $\begin{pmatrix} x \\ y \end{pmatrix} = \begin{pmatrix} 1 \\ -1 \end{pmatrix} k$ 이다. 여기서 k는 임의의 실수이다.

예제 6.28 **다음 등식이 성립하도록 k값을 구하시오.**

$$\begin{vmatrix} 5 & 0 & 1 \\ 1 & 3 & -1 \\ 2k & 2k+3 & -1 \end{vmatrix} = 0$$

풀이 $5\begin{vmatrix} 3 & -1 \\ 2k+3 & -1 \end{vmatrix} + 1\begin{vmatrix} 1 & 3 \\ 2k & 2k+3 \end{vmatrix} = 0$ 이므로 $5(-3 + 2k + 3) + 2k + 3 - 6k = 0$ 이다. 따라서 $6k + 3 = 0$ 이고 $k = -\frac{1}{2}$이다.

연습문제

01 $\begin{pmatrix} x & x+y \\ x-y & y \end{pmatrix} = \begin{pmatrix} 1 & 3 \\ -1 & 2 \end{pmatrix}$ 을 만족시키는 x, y을 구하시오.

02 행렬의 상등을 이용하여 다음 식을 만족시키는 a, b, x, y를 구하시오.

$$\begin{pmatrix} ax+by & -1 \\ 2ax-3by & 1 \end{pmatrix} = \begin{pmatrix} -7 & 2a-5b \\ 1 & -a+3b \end{pmatrix}$$

03 다음 행렬의 곱셈을 구하시오

① $(3\ 4\ 2)\begin{pmatrix} 1 \\ 3 \\ 5 \end{pmatrix}$

② $\begin{pmatrix} 3 & 2 & -1 \\ 0 & 4 & 6 \end{pmatrix}\begin{pmatrix} 1 & 0 & 2 \\ 5 & 3 & 1 \\ 6 & 4 & 2 \end{pmatrix}$

③ $\begin{pmatrix} 2 & 1 \\ 3 & 4 \end{pmatrix}\begin{pmatrix} 1 & -2 \\ 5 & 3 \end{pmatrix}$

④ $\begin{pmatrix} 1 & 2 \\ 3 & 4 \end{pmatrix}\begin{pmatrix} -5 & 6 \\ 7 & -8 \end{pmatrix}$

04 다음 역행렬을 구하시오.

① $\begin{pmatrix} 1 & 2 \\ 3 & 4 \end{pmatrix}^{-1}$

② $\begin{pmatrix} 1 & 2 & 1 \\ 3 & 5 & 2 \\ 2 & 2 & 1 \end{pmatrix}^{-1}$

③ $\begin{pmatrix} 3 & 2 \\ 7 & 5 \end{pmatrix}^{-1}$

④ $\begin{pmatrix} 1 & 0 & 2 \\ 5 & 3 & 2 \\ 2 & 1 & 4 \end{pmatrix}^{-1}$

05 다음 행렬식의 값을 구하시오.

① $\begin{vmatrix} 2 & 1 \\ 3 & 2 \end{vmatrix}$

② $\begin{vmatrix} 1 & 3 & 0 \\ 2 & 6 & 4 \\ -1 & 0 & 2 \end{vmatrix}$

③ $\begin{vmatrix} 3 & 2 & -4 \\ 1 & 0 & -2 \\ -2 & 3 & 3 \end{vmatrix}$

④ $\begin{vmatrix} 2 & 1 & 0 \\ 0 & 3 & 2 \\ 1 & 0 & -2 \end{vmatrix}$

⑤ $\begin{vmatrix} \sin\theta & \cos\theta \\ -\cos\theta & \sin\theta \end{vmatrix}$

⑥ $\begin{vmatrix} a & -a \\ -a & a \end{vmatrix}$

06 다음 연립방정식의 해를 Cramer의 법칙을 이용하여 구하시오.

① $\begin{cases} 2x+3y+4z=16 \\ 5x-8y+2z=1 \\ 3x-y-2z=5 \end{cases}$ ② $\begin{cases} x-2y+3z=2 \\ 2x-3z=3 \\ x+y+z=6 \end{cases}$

③ $\begin{cases} x+y+z=1 \\ 2x+y-2z=6 \\ -x+3y-z=-1 \end{cases}$

07 연립방정식이 다음과 같이 주어질 때 물음에 답하시오.

$$\begin{cases} 4x+2y=ax \\ -x+y=ay \end{cases}$$

(1) 연립방정식이 $x=y=0$ 이외의 해를 가지도록 a값을 구하시오.

(2) a값에 따라 x와 y을 구하시오.

CHAPTER

07

미분법

CHAPTER 07

미분법

본 장에서는 시간에 따라 변화하는 비율을 이해할 때에 사용되어지는 미분법에 대해 살펴보기로 하자.

7.1 함수와 극한

7.1.1 함수와 변수

변수(Variables)란 일정한 값으로 지정되지 않고 변화하는 수를 말하며, 두 개 이상의 변수 사이에 어떠한 관계가 존재하여 하나의 변수 값에 대하여 다른 하나 또는 그 이상의 또 다른 변수 값이 대응될 때, 이들 변수 사이에는 서로 함수(Function)관계가 있다고 한다.

예를 들어 변수 x에 대하여 y값이 대응될 때 y를 x의 함수라고 하며, x를 독립변수(independent variable), y를 종속변수(varying region)라고 한다. 또한 x가 취할 수 있는 값의 범위를 변역(varying region)이라 하고 함수가 정의되는 x의 변역을 정의역(domain)이라 한다. 그리고 함수 관계에 있는 변수 y가 함수의 정의역에 속하는 모든 값을 취할 때 가지는 값의 집합을 그 함수의 치역이라 하며, y의 모든 값을 공역(공변역)이라 한다.

예제 7.1 **다음 대응 관계가 함수인지 판단하고, 함수인 경우 정의역, 공변역, 치역을 구하시오.**

① 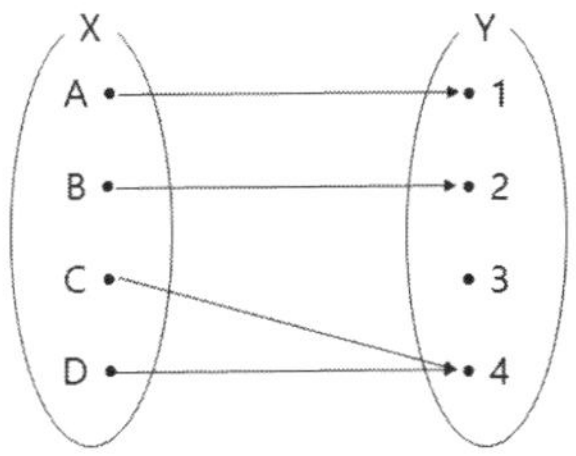

② 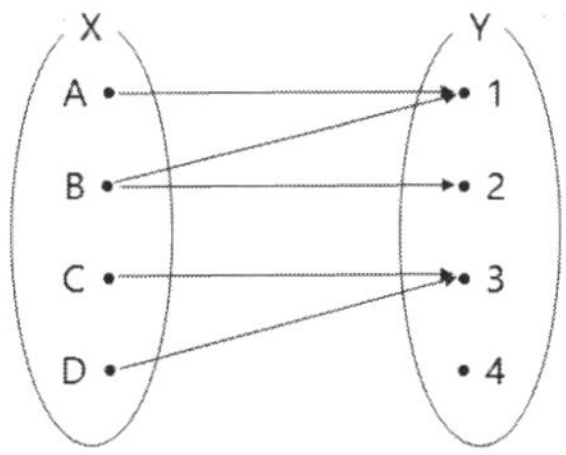

풀이 ① 주어진 대응 관계는 함수이다.

정의역 {A, B, C, D}　　공변역 {1, 2, 3, 4}　　치역 {1, 2, 3}

② 집합 X의 원소 B가 집합 Y의 원소 두 개와 대응되기 때문에 주어진 대응 관계는 함수가 아니다.

7.1.2 함수와 그래프

함수관계에 있는 문제를 지정된 좌표계 위에 그래프로 표시하게 되면 많은 경우에 쉽게 그 관계를 알 수 있게 된다.

좌표계에는 직교좌표계, 극좌표계, 원통좌표계 및 구좌표계 등이 있다. 이들 좌표계중 직교좌표계가 널리 사용되며, 이들 좌표계 사이에는 적절한 관계를 이용하여 서로 교화하여 표시할 수 있다.

(1) 원통좌표계

오른쪽 그림과 같이 점 P의 좌표를 $(p,\ \varnothing,\ z)$로 표시한 것을 원통좌표계라 하며, 직각 좌표계 $(x,\ y,\ z)$와 원통 좌표계와는 다음의 관계가 성립한다.

$$x = p\cos\varnothing,\ \ y = p\sin\varnothing,\ \ z = z$$
$$(p \geqq 0,\ \ 0 \leq \varnothing \leq 2\pi,\ \ -\infty < z < \infty)$$

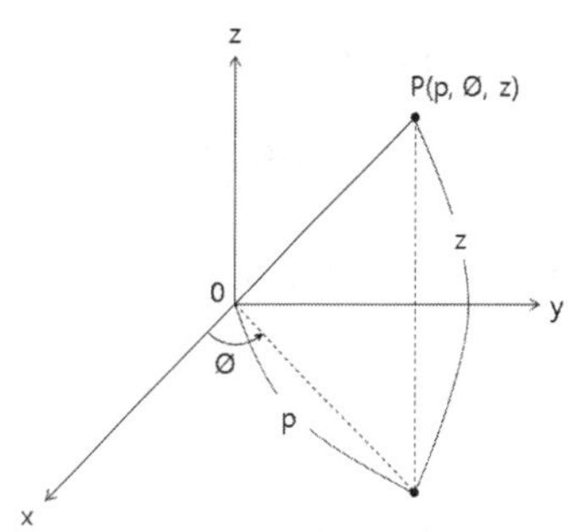

(2) 구좌표계

오른쪽 그림과 같이 점 P의 좌표를 $(r,\ \theta,\ \varnothing)$로 표시한 것을 구좌표계라 하며, 직각좌표계 $(x,\ y,\ z)$와 구좌표계와는 다음의 관계가 성립한다.

$x = r\sin\theta\cos\varnothing$

$y = r\sin\theta\sin\varnothing$

$z = r\cos\theta$

$(r \geq 0,\ 0 \leq \theta \leq \pi,\ 0 \leq \varnothing \leq 2\pi)$

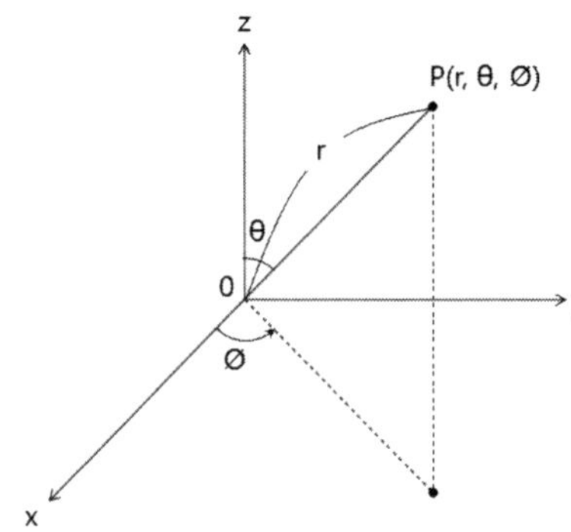

(3) 극좌표계

P의 좌표를 $(r,\ \theta)$로 표시한 것을 극좌표계라 하며, 이는 원통좌표계의 2차원 표현($x-y$ 평면)임을 알 수 있다.

여기서 $x = r\cos\theta$,

$y = r\sin\theta(r = \sqrt{x^2+y^2})$, $0 \leq \theta \leq 2\pi$이다.

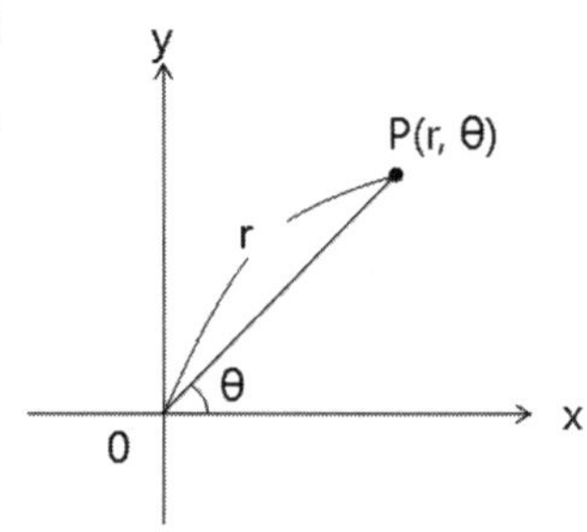

7.1.3 함수의 극한과 연속

(1) 함수의 극한

변수 x가 어떤 수 a에 한없이 접근할 때 $x \to a$로 표현하며, $x \to a$일 때 함수 $f(x)$값이 b에 한없이 접근하는 것을 $\lim_{x \to a} f(x) = b$로 나타내며 이 때 b를 함수 $f(x)$의 **극한값**(limit value)이라 한다. 그리고 x가 a보다 큰 값에서 접근하여 얻어진 극한값을 우극한값이라 하고, $\lim_{x \to a^{+0}} f(x) = b$로 표시하며, 그 반대로 x가 a보다 작은 값에서 접근하여 얻어진 극한값을 좌극한값이라 하고, $\lim_{x \to a^{-0}} f(x) = b$로 표시한다. 이 두 값이 같을 때에만 극한값이 존재한다고 한다.

예제 7.2 다음 극한 값을 구하시오.

① $f(x) = \begin{cases} 4x+1, & x \leq 3 \\ -4x+2, & x > 3 \end{cases}$ 일 때, $\lim_{x \to 3^-} f(x)$와 $\lim_{x \to 3^+} f(x)$

② $f(x)=\begin{cases}-x+4, & x\le 2\\ x^2-2, & x>2\end{cases}$ 일 때, $\lim_{x\to 2^-} f(x)$와 $\lim_{x\to 2^+} f(x)$

풀이 ① $x\to 3^-$ 일 때, x의 값은 3보다 작으므로, $f(x)=4x+1$이다. 그러므로

$$\lim_{x\to 3^-} f(x)=\lim_{x\to 3^-} f(4x+1)=4\cdot 3+1=13$$

$x\to 3^+$ 일 때, x의 값은 3보다 크므로, $f(x)=-4x+2$이다. 그러므로

$$\lim_{x\to 3^+} f(x)=\lim_{x\to 3^+} f(-4x+2)=-4\cdot 3+2=-10$$

② $x\to 2^-$ 일 때, x의 값은 2보다 작으므로, $f(x)=-x+4$이다. 그러므로

$$\lim_{x\to 2^-} f(x)=\lim_{x\to 2^-} f(-x+4)=-2+4=2$$

$x\to 2^+$ 일 때, x의 값은 2보다 크므로, $f(x)=x^2-2$이다. 그러므로

$$\lim_{x\to 2^+} f(x)=\lim_{x\to 2^+} f(x^2-2)=4-2=2$$

이와 같이 함수 $f(x)$가 극한값을 가질 때 이 함수는 변수 x에서 **수렴**한다고 하며, 반면에 극한값을 가지지 못하는 경우를 발산이라고 하며 발산은 다음의 세 가지 경우를 말한다.

① $\lim_{x\to a} f(x)=\infty$

② $\lim_{x\to a} f(x)=-\infty$

③ $\lim_{x\to a} f(x)=$진동(정할 수 없다) (7.1)

정리 7.1

함수의 극한의 성질

$\lim_{x \to a} f(x) = b$, $\lim_{x \to a} g(x) = c$이면 다음의 공식이 성립한다.

① $\lim_{x \to a}[f(x) \pm g(x)] = b \pm c$

② $\lim_{x \to a}[f(x) \cdot g(x)] = b \cdot c$

③ $\lim_{x \to a}\dfrac{f(x)}{g(x)} = \dfrac{b}{c}$ (단, $c \neq 0$)

④ $f(x) \geq g(x)$이면 $\lim_{x \to a} f(x) \geq \lim_{x \to a} f(x)$ 즉, $b \geq c$이다.

예제 7.3 다음 극한을 구하여라

① $\lim_{x \to 3} 3x^2$ ② $\lim_{x \to 1}(2x^2 - x + 3)$ ③ $\lim_{x \to 2}\dfrac{x^2}{x+2}$

풀이 ① $\lim_{x \to 3} 3x^2 = 3\lim_{x \to 3} x^2 = 3 \cdot 3^2 = 27$

② $\lim_{x \to 1}(2x^2 - x + 3) = 2\lim_{x \to 1} x^2 - \lim_{x \to 1} x + \lim_{x \to 1} 3 = 2 \cdot 1^2 - 1 + 3 = 4$

③ $\lim_{x \to 2}\dfrac{x^2}{x+2} = \dfrac{\lim_{x \to 2} x^2}{\lim_{x \to 2}(x+2)} = \dfrac{2^2}{\lim_{x \to 2} x + \lim_{x \to 2} 2} = \dfrac{4}{2+2} = 1$

(2) 함수의 연속성

함수 $f(x)$가 $x = a$일 때 함수값 $f(a)$가 존재하고, $x \to a$일 때 함수의 극한 값 $\lim_{x \to a} f(x) = b$이 존재하며 $\lim_{x \to a} f(x) = f(a)$인 경우 함수 $f(x)$는 $x = a$에서 **연속(continuous)**이라 한다.

그리고 어떤 구간 A에 속하는 모든 x값에 대하여 $f(x)$가 연속일 때는 $f(x)$는 구간 A에서 연속이라 한다. 즉 연속이라 함은 함수 $f(x)$의 그래프가 끊어짐이 없이 안전하게 이어져 있다는 것을 뜻하며, 연속이 아닐 때를 **불연속(discontinuous)**이라 한다.

함수의 연속성에 대해서는 다음의 정리가 성립한다.

정리 7.2

연속함수의 성질

함수 $f(x)$, $g(x)$가 x=a에서 연속이면 다음 각 함수도 연속이다.

① $cf(x)$

② $f(x) \pm g(x)$

③ $f(x) \cdot g(x)$

④ $\dfrac{f(x)}{g(x)}$ (단, $g(a) \neq 0$)

예제 7.4 **다음 함수가 x=0에서 연속인지를 판정하시오.**

① $f(x) = x + 3$ ② $h(x) = \dfrac{2}{x^2}$

③ $k(x) = \begin{cases} x^3 + 2, & x \neq 0 \\ 0, & x = 0 \end{cases}$

풀이 ① $f(0) = 0 + 3 = 3$, $\lim_{x \to 0} f(x) = 0^2 + 3 = 3$이다.

따라서 $\lim_{x \to 0} f(x) = f(0)$이므로 함수 $f(x)$는 $x = 0$에서 연속이다.

② $h(0)$이 정의되지 않으므로 함수 $h(x)$는 $x = 0$에서 연속이 아니다.

③ $\lim_{x \to 0} k(x)$는 우극한과 좌극한 값에 의해

$\lim_{x \to 0^-} k(x) = \lim_{x \to 0^-} (x^3 + 2) = 2$, $\lim_{x \to 0^+} k(x) = \lim_{x \to 0^+} (x^3 + 2) = 2$ 이므로

$\lim_{x \to 0} k(x) = 1$, $k(0) = 0$,

따라서 $\lim_{x \to 0} k(x) \neq k(0)$ 이므로 $k(x)$는 연속이 아니다.

7.2 미분법

7.2.1 도함수의 정의

(1) 평균변화율

함수 $y=f(x)$가 구간 $[a, b]$에서 연속일 때, 변수 x가 x_1에서 x_2까지 변하면, 함수 y는 $f(x_1)$에서 $f(x_2)$까지 변한다. [그림 7-1]에서와 같이 x의 변화량 x_2-x_1을 Δx라 하고, y의 변화량 $f(x_2)-f(x_1)$을 Δy라 하면, 이 Δx, Δy를 각각 x의 증분, y의 증분이라 한다.

이 때 두 증분의 비 $\dfrac{\Delta y}{\Delta x}$를 **평균변화율(average rate change)**이라 한다.

$$\frac{\Delta y}{\Delta x}=\frac{f(x_2)-f(x_1)}{x_2-x_1}=\frac{f(x_1+\Delta x)-f(x_1)}{\Delta x} \tag{7.2}$$

다음 그림에서 평균변화율은 점 $P(x_1, f(x_1))$와 $Q(x_2, f(x_2))$를 잇는 직선의 기울기임을 알 수 있다.

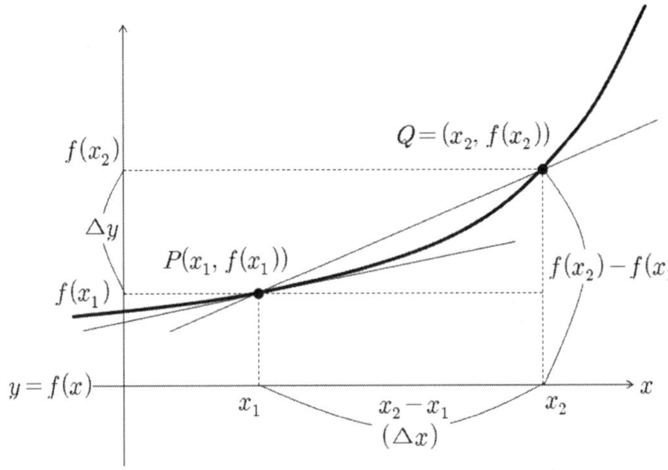

[그림 7-1] 평균 변화율 $(\dfrac{\Delta y}{\Delta x})$과 순간변화율 $f'(x_1)$

예제 7.5 x가 1에서 2로 변할 때 다음 $f(x)$의 평균 변화율을 구하시오.

① $f(x)=x^2-5x$　　② $f(x)=3x^2$

③ $f(x)=\frac{1}{x}$ ④ $f(x)=|x-2|$

풀이 ① $\frac{\Delta y}{\Delta x}=\frac{f(2)-f(1)}{2-1}=\frac{(-1)-(-4)}{1}=3$

② $\frac{\Delta y}{\Delta x}=\frac{f(2)-f(1)}{2-1}=\frac{12-3}{1}=9$

③ $\frac{\Delta y}{\Delta x}=\frac{f(2)-f(1)}{2-1}=\frac{\frac{1}{2}-\frac{1}{1}}{1}=-\frac{1}{2}$

④ $\frac{\Delta y}{\Delta x}=\frac{f(2)-f(1)}{2-1}=\frac{0-1}{1}=-1$

(2) 순간변화율

평균 변화율의 극한값 $\lim_{\Delta x\to 0}\frac{\Delta y}{\Delta x}$가 존재할 때 이 값을 $x=x_1$에서의 **순간변화율(rate of change)**이라 하고

$$\lim_{\Delta x\to 0}\frac{f(x_1+\Delta x)-f(x_1)}{\Delta x}=f'(x_1) \tag{7.3}$$

와 같이 표시하며, $f(x)$의 x_1에서의 **미분계수(differential coefficient)**라고도 한다.

[그림 7-1]에서 순간변화율은 점 $P(x_1, f(x_1))$에 접하는 접선의 기울기임을 알 수 있다. 한편, $P(x_1, f(x_1))$에서 접선에 수직인 직선을 **법선**이라 하며, $f(x_1)\neq 0$이면 **법선의 기울기**는 $-\frac{1}{f'(x_1)}$이다.

예제 7.6 $x=1$**에서의 순간 변화율을 구하시오.**

① $f(x)=x^2-5x$ ② $f(x)=3x^2$

③ $f(x)=\frac{1}{x}$ ④ $f(x)=|x-2|$

풀이 x의 증가분을 h라고 하면

① $f(1+h)-f(1)=(1+h^2)-5(1+h)-(1-5)$
$=(1+2h+h^2-5-5h)-(-4)$
$=h^2-3h=h(h-3)$

$x=1$ 에서의 $f(x)$의 순간변화율은

$$f'(1)=\lim_{h\to 0}\frac{f(1+h)-f(1)}{h}=\lim_{h\to 0}\frac{h(h-3)}{h}=-3$$

② $f(1+h)-f(1)=3(1+h)^2-3$
$\qquad\qquad\qquad\quad = 3(1+2h+h^2)-3$
$\qquad\qquad\qquad\quad = 3+6h+3h^2-3=3h(h+2)$

$x=1$ 에서의 $f(x)$의 순간변화율은

$$f'(1)=\lim_{h\to 0}\frac{f(1+h)-f(1)}{h}=\lim_{h\to 0}\frac{3h(h+2)}{h}=6$$

③ $f(1+h)-f(1)=\dfrac{1}{1+h}-\dfrac{1}{1}=\dfrac{1-(1+h)}{1+h}$
$\qquad\qquad\qquad\quad =\dfrac{-h}{1+h}$

$x=1$ 에서의 $f(x)$의 순간변화율은

$$f'(1)=\lim_{h\to 0}\frac{f(1+h)-f(1)}{h}=\lim_{h\to 0}\frac{\frac{-h}{1+h}}{\frac{h}{1}}=\frac{-h}{h(1+h)}=-1$$

④ $f(1+h)-f(1)=|1+h-2|-|1-2|$
$\qquad\qquad\qquad\quad =|h-1|-|-1|=|h|$

$x=1$ 에서의 $f(x)$의 순간변화율은

$$f'(1)=\lim_{h\to 0}\frac{f(1+h)-f(1)}{h}=\lim_{h\to 0}\frac{|h|}{h}=1$$

(3) 도함수의 정의

미분 가능한 모든 함수의 정의역내의 x의 집합을 생각할 때 x에 관한 미분함수, 즉

$$f'(x)=\lim_{\Delta x\to 0}\frac{f(x_1+\Delta x)-f(x_1)}{\Delta x} \tag{7.4}$$

를 본래의 함수 $f(x)$의 x에 관한 **도함수**라 한다.
한편 $f(x)$의 도함수 $f'(x)$를 구하는 것을 $f(x)$를 **미분한다**고 말하고 도함수는

$$y',\ f'(x),\ \frac{dy}{dx},\ Dy,\ Df(x) \tag{7.5}$$

등으로 표시한다.

(4) 도함수의 기하학적 의미

[그림 7-1]에서 도함수의 기하학적 의미를 살펴보면 평균변화율 $\frac{\Delta y}{\Delta x}$는 직선 PQ의 기울기가 됨을 알 수 있다. 이 때 $\Delta x \to 0$로 하면 점 Q는 곡선을 따라, 점 P에 접근하게 되고, 점 P에서 이 곡선에 접하게 되는 것을 알 수 있다. 따라서 P에서 x에 관한 y의 도함수의 값은 이 점에서 $y=f(x)$의 곡선에 그은 접선의 기울기가 됨을 알 수 있다. 즉,

$$y'=f'(x)=\lim_{\Delta x \to 0}\frac{\Delta y}{\Delta x}=\tan\theta \tag{7.6}$$

이다.

7.2.2 미분공식(Ⅰ)

① 상수의 미분

$$y=c(c\text{는 상수})\text{이면, } y'=0\text{이다.} \tag{7.7}$$

② 멱함수의 미분

$$y=x^n\text{이면, } y'=nx^{n-1}\text{이다.} \tag{7.8}$$

③ $y=f(x)+g(x)$일 때 $y'=f'(x)+g'(x)$ (7.9)

④ $y=kf(x)$일 때 $y'=kf'(x)$, 단, k는 상수 (7.10)

⑤ $y=f(x)\cdot g(x)$일 때 $y'=f'(x)\cdot g(x)+f(x)\cdot g'(x)$ (7.11)

⑥ 분수함수의 미분

$$y=\frac{f(x)}{g(x)},\ g(x)\neq 0\text{일 때 } \frac{dy}{dx}=\frac{f'(x)g(x)-f(x)g'(x)}{\{g(x)\}^2} \tag{7.12}$$

⑦ 합성함수의 미분

미분 가능한 함수 $y=f(u)$와 $u=g(x)$에 대하여 합성함수 $y=f\{g(x)\}$에 대한 도함수는 다음과 같다.

$$\frac{dy}{dx}=\frac{dy}{du}\frac{du}{dx}=f'(u)g'(x) \tag{7.13}$$

⑧ 역함수의 미분

미분 가능한 함수 $y=f(x)$에 대하여 $\frac{dx}{dy}\neq 0$일 때, 그 역함수 $x=g(y)$는 미분 가능이고 그 도함수는 다음과 같다.

$$\frac{dy}{dx}=\frac{1}{\frac{dx}{dy}},\ f'(x)=\frac{1}{g'(y)} \tag{7.14}$$

⑨ 음함수의 미분법

$$y\text{가 } x\text{의 함수일 때 } \frac{d}{dx}f(y)=\frac{d}{dy}f(y)\frac{dy}{dx} \tag{7.15}$$

⑩ 매개 변수의 미분법

$$x=f(t),\ y=g(t) \text{ 이면 } \frac{dy}{dx}=\frac{\frac{dy}{dt}}{\frac{dx}{dt}}=\frac{g'(t)}{f'(t)} \text{ 이다.} \tag{7.16}$$

(단, $f'(t)\neq 0$ 이다.)

예제 7.7 **다음 함수를 미분하시오.**

① $f(x)=4$ ② $f(x)=2016$

③ $f(x)=x$ ④ $f(x)=x^3$

⑤ $f(x)=x^{3.1}$ ⑥ $f(x)=\frac{1}{x^3}$

⑦ $f(x)=\sqrt{x}$ ⑧ $f(x)=x\sqrt[4]{x}$

풀이 ① $f'(x)=0$

② $f'(x)=0$

③ $f'(x)=1$

④ $f'(x)=3x^2$

⑤ $f'(x)=3.1x^{2.1}$

⑥ $f(x)=x^{-3},\ f'(x)=-3x^{-4}=-\dfrac{3}{x^4}$

⑦ $f(x)=x^{\frac{1}{2}},\ f'(x)=\dfrac{1}{2}x^{-\frac{1}{2}}=\dfrac{1}{2\sqrt{x}}$

⑧ $f(x)=x\cdot x^{\frac{1}{4}}=x^{\frac{5}{4}},\ f'(x)=\dfrac{5}{4}x^{\frac{1}{4}}=\dfrac{5}{4}\sqrt[4]{x}$

예제 7.8 다음 함수를 미분하시오.

① $y=2x^3$ ② $y=-3x^8$

③ $y=x^2+4x$ ④ $y=x^4-x^2$

⑤ $y=3x^3+5x^2-2x$ ⑥ $y=6x^5-5x^3+7$

풀이 ① $y'=6x^2$

② $y'=-24x^7$

③ $y'=2x+4$

④ $y'=4x^3-2x$

⑤ $y'=9x^2+10x-2$

⑥ $y'=30x^4-15x^2$

예제 7.9 다음 함수를 미분하시오.

① $y=(x-2)(3x+1)$ ② $y=(x^3-2)(2x+1)$

③ $y=x^3(2x+1)$ ④ $y=(x^2-2x+1)(4x+1)$

풀이 ① $y'=(x-2)'(3x+1)+(x-2)(3x+1)'=1\cdot(3x+1)+(x-2)\cdot 3$
$=3x+1+3x-6=6x-5$

② $y'=(x^3-2)'(2x+1)+(x^3-2)(2x+1)'$
$=3x\cdot(2x^2+1)+(x^3-2)\cdot 2$
$=6x^3+3x+2x^3-4=8x^3-1$

③ $y'=(x^3)'(2x+1)+x^3(2x+1)'=3x^2\cdot(2x+1)+x^3\cdot 2$
$=6x^3+3x^2+2x^3=8x^3+3x^2$

④ $y'=(x^2-2x+1)'(4x+1)+(x^2-2x+1)(4x+1)'$
$=(2x-2)(4x+1)+(x^2-2x+1)\cdot 4$
$=8x^2+2x-8x-2+4x^2-8x+4=12x^2-14x+2$

예제 7.10 다음 함수를 미분하시오.

① $y=\frac{2x}{x^2+1}$ ② $y=\frac{x+1}{2x+1}$

③ $y=\frac{x^3}{x+3}$ ④ $y=\frac{3x-3}{x^2+3}$

풀이

① $y'=\frac{(2x)'(x^2+1)-2x(x^2+1)'}{(x^2+1)^2}=\frac{2(x^2+1)-2x\cdot 2x}{(x^2+1)^2}$

$=\frac{2x^2-4x+2}{(x^2+1)^2}=\frac{2(x^2-2x+1)}{(x^2+1)^2}$

② $y'=\frac{(x+1)'(2x+1)-(x+1)(2x+1)'}{(2x+1)^2}=\frac{1\cdot(2x+1)-(x+1)\cdot 2}{(2x+1)^2}$

$=\frac{2x+1-2x-2}{(2x+1)^2}=-\frac{1}{(2x+1)^2}$

③ $y'=\frac{(x^3)'(x+3)-(x^3)(x+3)'}{(x+3)^2}=\frac{(3x^2)(x+3)-(x^3)\cdot 1}{(x+3)^2}$

$=\frac{3x^3+9x^3-x^3}{(x+3)^2}=\frac{11x^3}{(x+3)^2}$

④ $y'=\frac{(3x-3)'(x^2+3)-(3x-3)(x^2+3)'}{(x^2+3)^2}$

$=\frac{3\cdot(x^2+3)-(3x-3)(2x)}{(x^2+3)^2}$

$=\frac{3x^2+9-6x^2+6x}{(x^2+3)^2}=\frac{3x^2+6x+9}{(x^2+3)^2}=\frac{3(x^2+2x+3)}{(x^2+3)^2}$

7.2.3 미분공식(Ⅱ)

(1) 초월함수의 극한

정리 7.3

θ가 중심각의 크기를 나타낼 때 $\lim_{\theta\to 0}\frac{\sin\theta}{\theta}=1$이다.

정리 7.4

$\lim_{x\to 0}(1+x)^{\frac{1}{x}}=e$, $\lim_{x\to\infty}(1+\frac{1}{x})^x=e$ 이 성립한다.

여기서, $e=2.71828\cdots\cdots$인 무리수이다.

e를 밑으로 하는 로그를 **자연 로그(natural logarithm)**라 하고 $\log_e x=\log x=\ln x$로 표시한다.

정리 7.5

$\lim_{x\to 0}\frac{\ln(1+x)}{x}=1$, $\lim_{x\to 0}\frac{e^x-1}{x}=1$이 성립한다.

(2) 삼각함수의 미분 공식

① $\frac{d}{dx}(\sin x)=\cos x$ (7.17)

② $\frac{d}{dx}(\cos x)=-\sin x$ (7.18)

③ $\frac{d}{dx}(\tan x)=\sec^2 x$ (7.19)

④ $\frac{d}{dx}(\mathrm{cosec}\,x)=-\mathrm{cosec}\,x\cdot\cot x$ (7.20)

⑤ $\frac{d}{dx}(\sec x)=\sec x\cdot\tan x$ (7.21)

⑥ $\frac{d}{dx}(\cot x)=-\mathrm{cosec}^2 x$ (7.22)

예제 7.11 **다음 각 함수를 미분하시오.**

① $y=\cos x+2x^2$　　② $y=\sin^2 x+\cos x$

③ $y=2\cot x+\tan x$　　④ $y=x^2\tan x$

⑤ $y=\frac{\sin x}{\cos x}$　　⑥ $y=\frac{\sin x}{x^2-1}$

풀이 ① $y'=(\cos x)'+(2x^2)'=(-\sin x)+4x$

② $y' = (\sin^2 x)' + (\cos x)' = 2(\sin x)(\sin x)' + (-\sin x)$
$= 2\sin x\cos x - \sin x$

③ $y' = (2\cot x)' + (\tan x)' = (-2\csc^2 x) + \sec^2 x$

④ $y' = (x^2)'\tan x + x^2(\tan x)' = 2x\tan x + x^2\sec^2 x$

⑤ $y = \dfrac{\sin x}{\cos x} = \dfrac{(\sin x)'(\cos x) - (\sin x)(\cos x)'}{(\cos x)^2} = \dfrac{\cos^2 x + \sin^2 x}{(\cos x)^2}$

⑥ $y = \dfrac{\sin x}{x^2 - 1} = \dfrac{(\sin x)'(x^2 - 1) - (\sin x)(x^2 - 1)'}{(x^2 - 1)^2}$
$= \dfrac{(x^2 - 1)\cos x - 2x\sin x}{(x^2 - 1)^2}$

(3) 지수함수, 로그함수의 미분공식

① $\dfrac{d}{dx}(\ln x) = \dfrac{1}{x}$ (7.23)

② $\dfrac{d}{dx}(\log_a x) = \dfrac{1}{x}\log_a e$ (단, $a \neq 0$, $a > 0$) (7.24)

③ $\dfrac{d}{dx}(e^x) = e^x$ (7.25)

④ $\dfrac{d}{dx}(a^x) = a^x \ln a$ (단, $a \neq 0$, $a > 0$) (7.26)

⑤ $\dfrac{d}{dx}(x^x) = x^x(1 + \ln x)$ (단, $x > 0$) (7.27)

예제 7.12 다음 함수를 미분하시오.

① $y = 4e^x$ ② $y = 4 \cdot 3^x$

③ $y = e^x \sin x$ ④ $y = x^3 e^x$

⑤ $y = (3 + x^3)e^x$ ⑥ $y = 2x^3 - \ln x$

⑦ $y = \dfrac{(x+1)}{e^x}$ ⑧ $y = \dfrac{x^3}{\ln x}$

풀이 ① $y' = 4(e^x)' = 4e^x$

② $y' = 4 \cdot (3^x)' = 4 \cdot 3^x \log 3 = 4(\log 3) \cdot 3^x$

③ $y' = (e^x)'\sin x + e^x(\sin x)' = e^x \sin x + e^x \cos x$

④ $y' = (x^3)'e^x + x^3(e^x)' = 3x^2 e^x + x^3 e^x$

⑤ $y' = (3+x^3)'e^x + (3+x^3)(e^x)' = 3x^2e^x + 3e^x + x^3e^x$
$= (3+3x^2+x^3)e^x$

⑥ $y' = (2x^3)' - (\ln x)' = 6x^2 - \dfrac{1}{x}$

⑦ $y' = \dfrac{(x+1)'(e^x) - (x+1)(e^x)'}{(e^x)^2} = \dfrac{1 \cdot e^x - (x+1)e^x}{e^{2x}}$

$= \dfrac{(1-x-1)e^x}{e^{2x}} = \dfrac{-x}{e^x} = -xe^x$

⑧ $y' = \dfrac{(x^3)'(\ln x) - (x^3)(\ln x)'}{(\ln x)^2} = \dfrac{3x^2(\ln x) - (x^3) \cdot \dfrac{1}{x}}{(\ln x)^2} = \dfrac{3x^2\ln x - x^2}{(\ln x)^2}$

(4) 역삼각함수의 미분

함수 $y=f(x)$의 역함수가 존재하려면 치역의 각 원소에 대해 오직 한 개의 정의역 원소가 대응하여야 한다. 삼각함수는 주기함수이므로 y값에 대응하는 x의 값이 무수히 많이 존재하게 된다. 그러나 정의역의 범위를 적당히 제한한다면 삼각함수도 역함수가 존재하게 된다.

① **역 sine함수(inverse sine function)** : sine 함수를 구간 $\left[-\dfrac{\pi}{2}, \dfrac{\pi}{2}\right]$로 제한한 경우 sine함수의 역함수가 존재하게 되며 이를 $\sin^{-1}x$ 또는 arcsine x로 나타낸다. 즉, $y=\sin^{-1}x \leftrightarrow x=\sin y$ 이다.

② **역 cosine함수(inverse cosine function)** : cosine 함수의 정의역을 $[0, \pi]$로 제한한 경우 cosine 함수의 역함수를 $\cos^{-1}x$ 또는 arccos x로 나타낸다.

$$y=\cos^{-1}x \leftrightarrow x=\cos y$$

③ **역 tangent함수(inverse tangent function)** : tangent 함수의 정의역을 $\left(-\dfrac{\pi}{2}, \dfrac{\pi}{2}\right)$로 제한한 경우 tangent 함수의 역함수를 $\tan^{-1}x$ 또는 arctan x로 나타낸다.

$$y=\tan^{-1}x \leftrightarrow x=\tan y$$

다음은 삼각함수와 역함수의 관계를 그래프로 나타내었다.

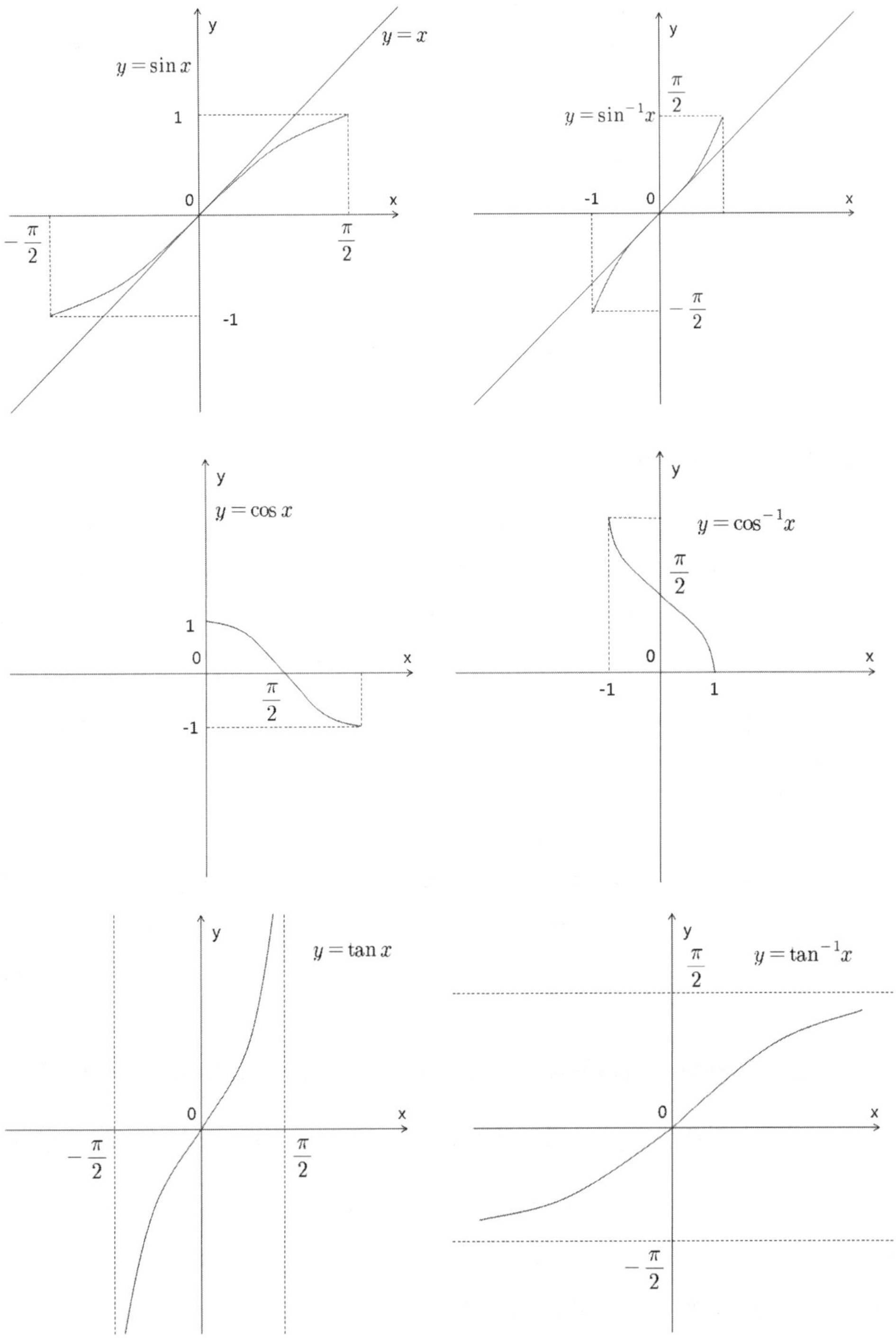

[그림 7-2] 삼각함수와 역함수의 관계

(5) 역삼각함수의 미분공식

① $\dfrac{d}{dx}sin^{-1}x = \dfrac{1}{\sqrt{1-x^2}}$ $[-1 < x < 1]$

② $\dfrac{d}{dx}cos^{-1}x = \dfrac{1}{\sqrt{1-x^2}}$ $[-1 < x < 1]$

(7.28)

③ $\dfrac{d}{dx}tan^{-1}x = \dfrac{1}{1+x^2}$ $[-\infty < x < \infty]$

예제 7.13 **다음 함수를 미분하시오.**

① $y = e^x \sin^{-1}x$ ② $y = (2+x^2)\cos^{-1}x$

풀이

① $y' = e^x \sin^{-1}x = (e^x)'\sin^{-1}x + e^x(\sin^{-1}x)' = e^x \sin^{-1}x + \dfrac{e^x}{\sqrt{1-x^2}}$

② $y' = (2+x^2)\cos^{-1}x = (2+x^2)'\cos^{-1}x + (2+x^2)(\cos^{-1}x)'$

$= 2xcos^{-1}x + \dfrac{2+x^2}{\sqrt{1-x^2}}$

7.3 미분의 응용

7.3.1 접선 및 법선의 방정식

곡선 $y = f(x)$위의 한 점 $P(x_1, y_1)$에서 이 곡선에 접하는 **접선의 방정식**은

$$y - y_1 = f'(x_1)(x - x_1) \tag{7.29}$$

이고, 곡선 $y = f(x)$위의 한 점 $P(x_1, y_1)$에서의 접선에 수직인 직선을 법선이라고 하며 **법선의 방정식**은

$$y - y_1 = -\frac{1}{f'(x_1)}(x - x_1) \tag{7.30}$$

예제 7.14 **다음 각 곡선 위의 점에서 접선 및 법선의 방정식을 구하시오.**

① $y=x^3+x^2-3x+4$, $(1,3)$

② $y=x^3$, $(-1,-1)$

③ $y=x^3-4x^2+5x$, $(2,2)$

④ $y=x^3-3x^2+4$, $(1,2)$

풀이 ① 기울기 : $y'_{x=1}=3x^2+2x-3=3+2-3=2$

접선의 방정식 : $y-3=2(x-1)$ $\quad \therefore y=2x+1$

법선의 방정식 : $y-3=-\frac{1}{2}(x-1)$ $\quad \therefore y=-\frac{1}{2}x+\frac{7}{2}$

② 기울기 : $y'_{x=-1}=3x^2=3$

접선의 방정식 : $y+1=3(x+1)$ $\quad \therefore y=3x+2$

법선의 방정식 : $y+1=-\frac{1}{3}(x+1)$ $\quad \therefore y=-\frac{1}{3}x-\frac{4}{3}$

③ 기울기 : $y'_{x=2}=3x^2-8x+5=12-16+5=1$

접선의 방정식 : $y-2=1\cdot(x-2)$ $\quad \therefore y=x$

법선의 방정식 : $y-2=-1\cdot(x-2)$ $\quad \therefore y=-x+4$

④ 기울기 : $y'_{x=1}=3x^2-6x=3-6=-3$

접선의 방정식 : $y-2=-3(x-1)$ $\quad \therefore y=-3x+5$

법선의 방정식 : $y-2=\frac{1}{3}(x-1)$ $\quad \therefore y=\frac{1}{3}x+\frac{5}{3}$

7.3.2 함수의 극대, 극소

함수 $y=f(x)$가 x의 증가에 따라 그 값이 증가하면 **증가함수**라 하고 x가 증가함에 따라 y가 감소하면 **감소함수**라 한다. 또한 함수 $y=f(x)$가 $x=a$의 좌우에서, 증가상태에서 감소상태로 바뀌면 $f(x)$는 $x=a$에서 극대라 하고 함수값 $f(a)$를 **극대값**이라 한다. 한편, 함수 $y=f(x)$가 $x=a$의 좌우에서, 감소 상태에서 증가상태로 바뀌면 $f(x)$는 $x=a$에서 극소라 하고 $f(a)$를 **극소값**이라 하고, 극대값과 극소값 "**극값**"이라 한다.

다항함수는 연속함수이므로 폐구간 $[a, b]$에서 최대값과 최소값을 갖는다.

최대값과 최소값을 구하는 방법은 다음과 같다.

① 구간 $[a, b]$에서 $f(x)$의 모든 극대값과 극소값을 구한다.

② 구간 $[a, b]$의 양끝점에서의 함수값 $f(a)$, $f(b)$를 구한다.
③ ①과 ②에서 구한 값 중에서 가장 큰 값이 최대값이고, 가장 작은 값이 최소값이다.

또한 미분과 함수의 증감과는 다음이 성립된다.

① 어떤 구간에서 $f'(a) > 0$이면 $f(x)$는 증가함수라 하고,
② $f'(a) < 0$이면 $f(x)$는 $x = a$에서 감소함수라 한다.
③ $f'(a) = 0$이고 x가 a를 지날 때 $f'(x)$의 부호가 (+)에서 (−)로 변하면 $f(x)$는 $x = a$에서 극대가 된다.
④ $f'(x) = 0$이고 x가 a를 지날 때 $f'(x)$의 부호가 (−)에서 (+)로 변하면 $f(x)$는 $x = a$에서 극소가 된다.

함수의 극대, 극소를 이용하면 함수의 그래프를 그리는 것이 용이하다.

예제 7.15 **다음 함수의 극값을 구하시오.**

① $f(x) = x^3 - 3x + 2$
② $f(x) = -x^3 + 3x + 2$
③ $f(x) = x^3 - 3x^2 + 3x + 1$

풀이 ① $f'(x) = 3x^2 - 3 = 3(x^2 - 1) = 3(x+1)(x-1)$
$f'(x) = 0$에서 $x = -1$, $x = 1$
$f(-1) = 0$, $f(1) = -4$ 이므로,
x=−1에서 극대값 0, x=1에서 극소값 −4
② $f'(x) = -3x^2 + 3 = -3(x^2 - 1) = -3(x+1)(x-1)$
$f'(x) = 0$에서 $x = -1$, $x = 1$
$f(-1) = -4$, $f(1) = 0$ 이므로,
x=1에서 극대값 0, x=−1에서 극소값 −4
③ $f'(x) = 3x^2 - 6x + 3 = 3(x^2 - 2x + 1) = 3(x-1)^2 \geq 0$
$f(x)$는 모든 구간에서 단조증가 하므로 극값은 없다.

연습문제

01 다음 대응 관계가 함수인지 판별하고, 함수이면 정의역, 공변역, 치역을 각각 구하시오.

①

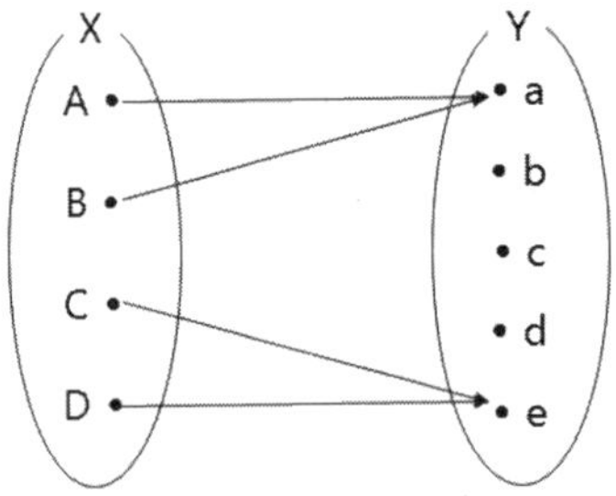

②

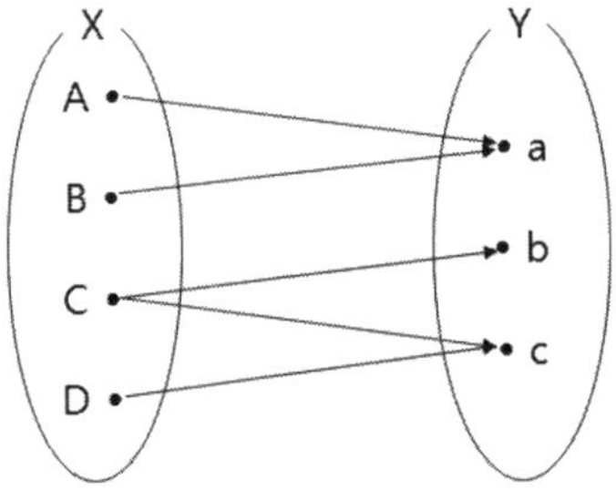

02 좌극한과 우극한을 구하고, 극한값이 존재하는지 판별하시오.

① $f(x)=\begin{cases} x^2+1, & x \le 0 \\ -x^2+2, & x>0 \end{cases}$ 일 때, $\lim\limits_{x\to 0^-} f(x)$와 $\lim\limits_{x\to 0^+} f(x)$

② $f(x)=\begin{cases} -x+4, & x \le 1 \\ x^2+2, & x>1 \end{cases}$ 일 때, $\lim\limits_{x\to 1^-} f(x)$와 $\lim\limits_{x\to 1^+} f(x)$

03 다음 극한을 구하여라.

① $\lim\limits_{x\to 0} \dfrac{\sin 2x}{5x}$

② $\lim\limits_{x\to 0} \dfrac{\sin 2x}{\sin 3x}$

③ $\lim\limits_{x\to \infty} \dfrac{4^x}{4^x-3^x}$

④ $\lim\limits_{x\to \infty} (3^x-2^x)$

04 함수 $f(x)=x^2+3x$ 의 구간 $[h,\ h+2]$ 에서의 평균변화율이 7일 때, h 의 값을 구하여라.

05 각 함수의 도함수를 구하고 x=2에서의 미분계수를 구하시오.

① $f(x)=x^3+2x+5$

② $f(x)=\sqrt{x+3}$

③ $f(x)=\sqrt{x}+3$

④ $f(x)=\dfrac{1}{x}$

06 다음 함수를 미분하시오.

① $y=(x-2)(3x+1)(2x+3)$

② $y=(x^2-2)(x+1)(4x+3)$

③ $y=(x^3-x+1)^4$

④ $y=(\sin x)(1-\cos x)$

⑤ $y=(3x^2-1)\sin 4x$

⑥ $y=\sin^4 x cos 2x$

07 다음 물음에 답하시오.

① 곡선 $y=x^3+ax+b$위의 점 (2,3)에서의 접선의 방정식이 $y=2x+c$ 일 때, 상수 a, b, c의 값을 구하시오.

② 곡선 $y=x^3+ax^2+bx+c$는 점(2,4)를 지나며, 점(1,7)에서 직선 $y=7x-10$에 접한다. 상수 a, b, c의 값을 구하여라.

CHAPTER

08

적분법

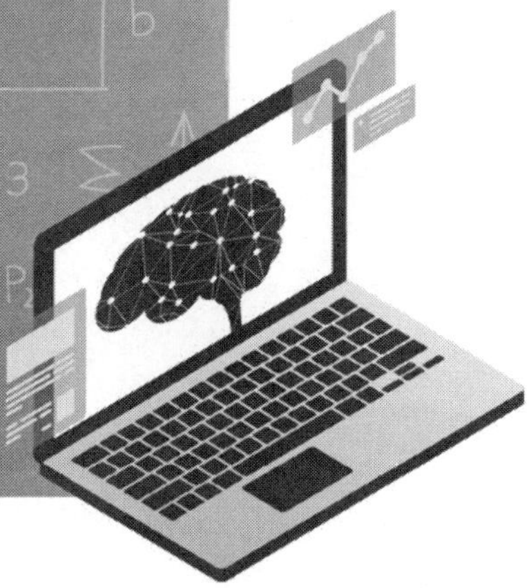

CHAPTER

08 적분법

8.1 부정적분

함수 $F(x)$의 도함수가 $f(x)$, 즉 $F'(x)=f(x)$일때 $F(x)$를 $f(x)$의 **부정적분**(Indefinite integral) 또는 **원시함수**(Primitive function)라 하고

$$F(x)=\int f(x)dx \tag{8.1}$$

로 표시한다.

$F(x)$가 $f(x)$의 부정적분이고, c가 임의의 상수일 때, $\{F(x)+c\}'=f(x)$로 되어 $F(x)+c$ 또한 $f(x)$의 부정적분이므로 일반적으로

$$\int f(x)dx = F(x)+C \ (C\text{는 상수}) \tag{8.2}$$

로 표시한다. 함수 $f(x)$의 부정적분을 구하는 것을 $f(x)$를 "적분한다"고 하며, $f(x)$를 **피적분 함수**(integral), C를 **적분 상수**(integraion constant)라고 한다.

8.1.1 부정적분의 공식

부정적분에 관하여는 다음과 같은 공식이 성립된다.

(1) 기본 공식

임의의 상수 C 와 A에 대하여

① $\int \{f_1(x)+f_2(x)+ .... + f_n(x)\}dx$

$$= \int f_1(x)dx + \int f_2(x)dx + ... + \int f_n(x)dx \tag{8.3}$$

② $\int A dx = Ax + C$ (8.4)

③ $\int x^n dx = \frac{x^{n+1}}{n+1} + C$ (8.5)

④ $\int \frac{1}{x} dx = \ln|x| + C$ (8.6)

⑤ $\int Af(x)dx = A\int f(x)dx$ (8.7)

예제 8.1 **[예제 8.1] 다음 부정적분을 구하시오.**

① $\int x^3 dx$ ② $\int (-9)dx$

③ $\int (2x-3)dx$ ④ $\int \frac{1}{x^2} dx$

⑤ $\int x\sqrt{x}\, dx$ ⑥ $\int \frac{x^3}{x-1}dx - \int \frac{1}{x-1}dx$

⑦ $\int dx$ ⑧ $\int 0dx$

풀이

① $\int x^3 dx = \frac{x^{3+1}}{3+1} + C = \frac{x^4}{4} + C$ (공식8.3이용)

② $\int (-9)dx = -9x + C$ (공식8.2이용)

③ $\int (2x-3)dx = \int 2xdx - \int 3dx = \frac{2x^2}{2} - 3x + C = x^2 - 3x + C$

(공식 8.1, 8.2, 8.3 이용)

④ $\int \frac{1}{x^2} dx = \int x^{-2} dx = \frac{x^{-2+1}}{-2+1} + C = \frac{x^{-1}}{-1} + C = -\frac{1}{x} + C$

(공식8.3이용)

⑤ $\int x\sqrt{x}\, dx = \int x \cdot x^{\frac{1}{2}} dx = \int x^{\frac{3}{2}} dx = \frac{x^{\frac{3}{2}+1}}{\frac{3}{2}+1} + C$

$\therefore \int x\sqrt{x}\, dx = \frac{2}{5}x^{\frac{5}{2}} + C$

⑥ $\int \frac{x^3}{x-1}dx - \int \frac{1}{x-1}dx = \int \frac{x^3-1}{x-1}dx = \int \frac{(x-1)(x^2+x+1)}{x-1}dx$

$$= \int (x^2 + x + 1)dx = \frac{1}{3}x^3 + \frac{1}{2}x^2 + x + C$$

⑦ $\int dx = x + C$

⑧ $\int 0dx = C$

(2) 지수함수와 삼각함수의 적분공식

① $\int e^x dx = e^x + C$ (8.8)

② $\int e^{ax} dx = \frac{1}{a}e^x + C$ (8.9)

③ $\int a^x dx = \frac{a^x}{\ln a} + C$ (8.10)

④ $\int \sin mx dx = -\frac{1}{m}\cos mx + C$ (8.11)

⑤ $\int \cos mx dx = \frac{1}{m}\sin mx + C$ (8.12)

⑥ $\int \tan x dx = -\ln|\cos x| + C = \ln|\sec x| + C$ (8.13)

⑦ $\int \sec^2 x dx = \tan x + C$ (8.14)

예제 8.2 다음 부정적분을 구하시오.

① $\int \sin\frac{1}{2}x\,dx$

② $\int \tan^2\theta\,d\theta$

③ $\int \cos\frac{3}{2}x dx$

④ $\int (5^x - 3^x)dx$

⑤ $\int e^{x-1}dx$

⑥ $\int \sec^2 3x dx$

풀이 ① $\frac{1}{2}x = t$라 하면 $dx = 2dt$이므로 주어진 부정적분은

$\int \sin\frac{1}{2}xdx = \int \sin t \cdot 2dt = \int 2\sin t dt = -2\cos t + C$가 된다.

$\therefore -2\cos\frac{1}{2}x + C$

② $\int \tan^2\theta d\theta = \int (\sec^2\theta - 1)d\theta = \int \sec^2\theta d\theta - \int 1d\theta = \tan\theta - \theta + C$

③ $\frac{3}{2}x = t$라 하면 $dx = \frac{2}{3}dt$가 되므로 주어진 부정적분은

$\int \cos\frac{3}{2}xdx = \int \cos t \cdot \frac{2}{3}dt$ 가 된다.

$\therefore \int \cos\frac{2}{3}xdx = \frac{2}{3}\int \cos tdt = \frac{2}{3}\sin t + C = \frac{2}{3}\sin\frac{3}{2}x + C$

④ $\int (5^x - 3^x)dx = \int 5^x dx - \int 3^x dx = \frac{5^x}{\ln 5} - \frac{3^x}{\ln 3} + C$

⑤ $\int e^{x-1}dx = \int e^x \cdot e^{-1}dx = \frac{1}{e}\int e^x dx = \frac{1}{e}[e^x + C] = e^{x-1} + C$

⑥ $\int \sec^2 3xdx = \int \sec^2 3xd(3x) \times \frac{1}{3} = \frac{1}{3}\int \sec^2 3xd(3x)$

〔공식8.8, 8.9〕

$\therefore \frac{1}{3}\tan 3x + C$

다른 방법으로는 예제 ①, ③을 풀이할 때와 $3x = t$같이 치환하면 된다.

(3) 삼각적분의 변환 공식

① $\sin ax \cdot \sin dx$, $\sin ax \cdot \cos bx$, $\cos ax \cdot \cos bx$ 꼴의 적분은

$$\sin\alpha \cdot \sin\beta = -\frac{1}{2}\{\cos(\alpha+\beta) - \cos(\alpha-\beta)\} \tag{8.15}$$

$$\sin\alpha \cdot \cos\beta = \frac{1}{2}\{\sin(\alpha+\beta) + \sin(\alpha-\beta)\} \tag{8.16}$$

$$\cos\alpha \cdot \cos\beta = \frac{1}{2}\{\cos(\alpha+\beta) + \cos(\alpha-\beta)\} \tag{8.17}$$

을 이용한다.

② m 또는 n이 홀수인 양의 정수일 때 $\sin^m x \cdot \cos^n x$인 형의 적분은

$$\cos^2 x = 1 - \sin^2 x, \quad \sin^2 x = 1 - \cos^2 x \tag{8.18}$$

를 이용한다.

③ m과 n이 모두 짝수인 양의 정수일 때 $\sin^m x \cdot \cos^n x$의 형의 적분은

$$\sin^2 x = \frac{1-\cos 2x}{2}, \quad \cos^2 x = \frac{1+\cos 2x}{2}, \quad \sin x \cdot \cos x = \frac{1}{2}\sin 2x \qquad (8.19)$$

④ n이 양의 정수일 때 $\tan^n x$, $\cot^n x$ 형의 적분은

$$\tan^2 x = \sec^2 x - 1, \quad \cot^2 x = \csc^2 x - 1 \qquad (8.20)$$

를 이용한다.

예제 8.3 **다음 부정적분을 구하라.**

① $\int \sin 5x \cdot \cos 3x dx$　　② $\int \cos 4x \cdot \cos 2x dx$

③ $\int \sin^2 x \cdot \cos^3 x dx$　　④ $\int \tan^3 x dx$

⑤ $\int \sin^2 3x \cdot \cos^2 3x dx$

풀이

① 공식 ①을 이용하면 $\sin 5x \cdot \cos 3x = \frac{1}{2}(\sin 8x + \sin 2x)$ 로 되므로

$$\begin{aligned}\int \sin 5x \cdot \cos 3x dx &= \int \frac{1}{2}(\sin 8x + \sin 2x)dx \\ &= \frac{1}{2} \cdot \left[\frac{1}{8}(-\cos 8x) + \frac{1}{2}(-\cos 2x)\right] + C \\ &= -\frac{1}{16}\cos 8x - \frac{1}{4}\cos 2x + C\end{aligned}$$

② $\cos 4x \cdot \cos 2x = \frac{1}{2}(\cos 6x + \cos 2x)$ 이므로

$$\begin{aligned}\int \cos 4x \cdot \cos 2x dx &= \frac{1}{2}\int (\cos 6x + \cos 2x)dx \\ &= \frac{1}{2}\left[\frac{1}{6}\sin 6x + \frac{1}{2}sin 2x\right] + C \\ &= \frac{1}{12}\sin 6x + \frac{1}{4}\sin 2x + C\end{aligned}$$

③ 공식8.18을 이용하여 $\cos^3 x = \cos^2 x \cdot \cos x = (1-\sin^2 x)\cos x$로 놓으면

$\int \sin^2 x \cdot \cos^3 x dx = \int \sin^2 x(1-\sin^2 x)\cos x dx$ 이다.

한편 $\sin x = t$라 하면 $\cos x dx = dt$ 이므로 위 식은

$$\int \sin^2 x \cdot \cos^3 x dx = \int \sin^2 x(1-\sin^2 x)\cos x dx$$
$$= \int t^2(1-t^2)dt = \int (t^2 - t^4)dt$$
$$= \frac{1}{3}t^3 - \frac{1}{5}t^5 + C$$
$$= \frac{1}{3}\sin^3 x - \frac{1}{5}\sin^5 x + C$$

④ ①의 풀이와 마찬가지로 〔 공식 8.20 이용 〕

$$\int \tan^3 x dx = \int \tan x \cdot \tan^2 x dx$$
$$= \int \tan x(\sec^2 x - 1)dx$$
$$= \int (\tan x \cdot \sec^2 x - \tan x)dx$$
$$= \int \tan x \cdot \sec^2 x dx - \int \tan x dx$$
$$= \int \tan x \cdot d(\tan x) - \int \tan x dx$$
$$= \frac{1}{2}tan^2 x + \ln|\cos x| + C_1$$

⑤ 공식 8.19를 이용하여

$\sin 3x \cdot \cos 3x = \frac{1}{2}sin6x$이므로 $\sin^2 3x \cdot \cos^2 3x = \frac{1}{4}sin^2 6x$이 된다.

$$\int \sin^2 3x \cdot \cos^2 3x dx = \frac{1}{4}\int \sin^2 6x dx = \frac{1}{4}\int \frac{1-\cos 12x}{2}dx$$
$$= \frac{1}{8}\int (1-\cos 12x)dx = \frac{1}{8}\left(x - \frac{1}{12}\sin 12x\right) + C$$
$$= \frac{1}{8}x - \frac{1}{96}\sin 12x + C$$

(4) 역삼각함수가 되는 적분공식

① $\int \frac{dx}{\sqrt{a^2 - x^2}} = \sin^{-1}\frac{x}{a} + C \quad (a > 0)$ (8.21)

② $\int \frac{dx}{x^2 + a^2} = \frac{1}{a}\tan^{-1}\frac{x}{a} + C$ (8.22)

③ $\int \frac{dx}{\sqrt{x^2 - a^2}} = \ln\left|x + \sqrt{x^2 - a^2}\right| + C$ (8.23)

④ $\int \frac{dx}{\sqrt{x^2+a^2}} = \ln\left|x+\sqrt{x^2+a^2}\right| + C$ (8.24)

예제 8.4 다음을 적분하여라.

① $\int \frac{1}{\sqrt{9-x^2}}dx$ ② $\int \frac{1}{1+x^2}dx$ ③ $\int \frac{1}{\sqrt{x^2+4}}dx$

풀이 ① 공식 8.21을 이용하면 $a=3$ 이므로

$$\int \frac{1}{\sqrt{9-x^2}}dx = \sin^{-1}\frac{x}{3} + C$$

② 공식 8.22를 이용하면 $a=1$ 이므로

$$\int \frac{1}{1+x^2}dx = \tan^{-1}x + C$$

③ 공식 8.24를 이용하면 $a=2$ 이므로

$$\int \frac{1}{\sqrt{x^2+4}}dx = \ln\left|x+\sqrt{x^2+4}\right| + C$$

8.2 치환적분법

수학적인 문제를 풀이함에 있어 변수를 다른 변수로 치환하여 해석함으로써 쉽게 문제를 풀 수 있는 경우가 많이 있다. 적분법에서도 적분변수를 다른 변수로 치환하게 되면, 익숙하지 않았던 적분 문제를 알고 있는 적분 형태로 변형시킬 수 있다. 이와 같은 적분 방법을 **치환적분법(integration by substitution)**이라 한다.

즉 $\int f(t)dt = F(t) + C$ 에서 $t=\phi(x)$ 가 미분 가능하면

$$\frac{d}{dx}F\{\phi(x)\} = F'\{\phi(x)\}\phi'(x) = f\{\phi(x)\}\phi'(x) \tag{8.25}$$

이므로

$$\int f\{\phi(x)\}\phi'(x)dx = \int f\{\phi(x)\}d\phi(x) = F\{\phi(x)\} + C \tag{8.26}$$

로 되어 $\phi(x)$ 를 x와 같이 생각하여 적분함으로써 얻어진다.

① $\int f(ax+b)dx$의 적분 $ax+b=u$ 라 하면 $adx=du$이므로

$$\int f(ax+b)dx = \frac{1}{a}\int f(u)du \tag{8.27}$$

의 형태로 변형된다.

② $\int \{f(x)\}^n f'(x)dx = \frac{1}{n+1}\{f(x)\}^{n+1} + C$ (8.28)

③ $\int \frac{f'(x)}{f(x)}dx = \ln|f(x)| + C$ (8.29)

④ 피적분함수 속에 $\sqrt{a^2-x^2}$ 가 있을 때 $x=a\sin\theta(a>0)$ 로 치환

⑤ 피적분함수 속에 $\sqrt{a^2+x^2}$ 가 있을 때 $x=a\tan\theta(a>0)$ 로 치환

⑥ 피적분함수 속에 $\sqrt{x^2-a^2}$ 가 있을 때 $x=a\sec\theta(a>0)$ 로 치환

또한 삼각함수 $\sin x$, $\cos x$ 를 포함하는 유리함수의 적분은 $\tan\frac{x}{2}=u$ 로 치환하여 $dx=\frac{2}{1+u^2}du$로부터 $\sin x=\frac{2u}{1+u^2}$, $\cos x=\frac{1-u^2}{1+u^2}$로 치환하여 적분할 수 있다.

예제 8.5 **다음의 역삼각함수의 적분공식을 치환적분을 이용하여 증명하시오.**

$$\int \frac{1}{a^2-x^2}dx = \sin^{-1}\frac{x}{a} + C$$

풀이 $x=a\sin\theta$ 라 치환하면 $dx=a\cos\theta d\theta$이고

$a^2-x^2=a^2-a^2\sin^2\theta=a^2(1-\sin^2\theta)=a^2\cos^2\theta$이 된다.

$$\therefore \int \frac{1}{\sqrt{a^2-x^2}}dx = \int \frac{1}{a^2\cos^2\theta} \cdot a\cos\theta\, d\theta = \int \frac{a\cos\theta}{a\cos\theta}d\theta$$

$$= \int d\theta = \theta + C = \sin^{-1}\frac{x}{a} + C \quad (\because x=a\sin\theta\text{이므로})$$

예제 8.6 다음을 치환적분법으로 적분하시오.

① $\int (2x-3)^4 dx$ ② $\int \frac{5}{2x-3} dx$

③ $\int \sqrt{2x-3}\, dx$ ④ $\int e^{3x} dx$

⑤ $\int \cos(3x-2) dx$ ⑥ $\int \frac{\cos x}{2+\sin x} dx$

풀이

① $2x-3=t$라 치환하면 $2dx=dt$ 즉 $dx=\frac{1}{2}dt$이므로

$$\int (2x-3)^4 dx = \int t^4 \cdot \frac{1}{2dt} = \frac{1}{2}\int t^4 dt = \frac{1}{10}t^5 + C = \frac{1}{10}(2x-3)^5 + C$$

② $2x-3=t$라하면 $dx=\frac{1}{2}dt$이므로

$$\int \frac{5}{2x-3} dx = \int \frac{5}{t} \cdot \frac{1}{2}dt = \frac{5}{2}\int \frac{1}{t}dx$$

$$= \frac{5}{2}\ln|t| + C = \frac{5}{2}\ln|2x-3| + C$$

③ $2x-3=t$라 치환하면 $dx=\frac{1}{2}dt$이므로

$$\int \sqrt{2x-3}\, dx = \int \sqrt{t} \cdot \frac{1}{2}dt = \frac{1}{2}\int t^{\frac{1}{2}} dt$$

$$= \frac{1}{2} \cdot \frac{1}{\frac{1}{2}+1} t^{\frac{1}{2}+1} + C$$

$$= \frac{1}{2} \cdot \frac{2}{3} t^{\frac{3}{2}} + C$$

$$= \frac{1}{3}(2x-3)^{\frac{3}{2}} + C$$

④ $3x=t$라 치환하면 $dx=\frac{1}{3}dt$

$$\int e^3 dx = \int e^t \cdot \frac{1}{3}dt = \frac{1}{3}\int e^t + C = \frac{1}{3}e^{3x} + C$$

⑤ $3x-2=t$라 치환하면 $3dx=dt$에서 $dx=\frac{1}{3}dt$이므로

$$\int \cos(3x-2) dx = \int \cos t \cdot \frac{1}{3}dt = \frac{1}{3}\int \cos t dt$$

$$= \frac{1}{3}\sin t + C = \frac{1}{3}\sin(3x-2) + C$$

⑥ $2+\sin x = t$라 치환하고 양변을 미분하면 $\cos x \cdot dx = dt$이므로

$$\int \frac{\cos x}{2+\sin x}dx = \int \frac{dt}{t} = \ln|t| + C = \ln|2+\sin x| + C$$

8.3 부분적분법

x의 함수 $u(x)$, $v(x)$가 미분 가능할 때 두함수의 곱 $u \cdot v$를 x에 관하여 미분하면

$$\frac{d}{dx}(uv) = u\frac{dv}{dx} + v\frac{du}{dx} \tag{8.30}$$

이다. 또한 위식은

$$u\frac{dv}{dx} = \frac{d}{dx}(uv) - v\frac{du}{dx} \tag{8.31}$$

로 되므로 위 식의 양변을 x로 적분하면

$$\int u\frac{dv}{dx}dx = uv - \int v\frac{du}{dx}dx \tag{8.32}$$

가 된다. 즉

$$\int uv'dx = uv - \int u'vdx \tag{8.33}$$

와 같이 어려운 적분을 쉽게 적분되는 식을 사용하여 적분하는 방법을 부분적분법 (intergration by parts)이라 한다. 이때 x의 함수 u와 v에 대해서 먼저 어느 함수를 택하느냐에 따라 적분의 난이도가 정해진다.

예제 8.7 **[예제 8.7] 부분적분법을 이용하여 다음 부정적분을 계산하시오.**

① $\int \ln\ x dx$　　② $\int x\ \ln\ x dx$　　③ $\int xe^x dx$

풀이

① $u = \ln x$, $v' = 1$이라 생각하면 $u' = \frac{1}{x}$, $v = x$이므로

부분적분법의 공식으로부터

$$\int \ln x dx = \ln x \cdot x - \int \frac{1}{x} . x dx = x\ln x - x + C$$

② $u = \ln x$, $v' = x$ 라 생각하면 $u' = \frac{1}{x}$, $v = \frac{1}{2}x^2$ 이므로

$$\int x\ln x dx = \ln x \cdot \frac{1}{2}x^2 - \int \frac{1}{x} \cdot \frac{1}{2}x^2 dx = \frac{1}{2}x^2 \cdot \ln x - \frac{1}{2}\int x dx$$

$$= \frac{1}{2}x^2\ln x - \frac{1}{4}x^2 + C$$

③ $u = x$, $v' = e^x$ 라 생각하면 $u' = 1$, $v = e^x$ 이므로

$$\int xe^x dx = x \cdot e^x - \int 1 \cdot e^x dx = xe^x - e^x + C$$

예제 8.8 **다음 적분을 계산하시오.(단, 부분적분법을 이용할 것)**

① $\int x \cdot \sin x dx$ ② $\int e^x \cdot \cos x dx$ ③ $\int e^{ax} \cdot \sin bx dx$

풀이 ① $u = x$, $v' = \sin x$ 라 생각하면 $u' = 1$, $v = -\cos x$ 이므로

$$\int x'\sin x dx = x \cdot (-\cos x) - \int 1 \cdot (-\cos x) dx$$
$$= -x\cos x + \int \cos x dx$$
$$= -x \cdot \cos x + \sin x + C$$

② $u = e^x$, $v' = \cos x$ 라 생각하면 $u' = e^x$, $v = \sin x$ 이므로

$$I = \int e^x \cdot \cos x dx = e^x \sin x - \int e^x \sin x dx \cdots\cdots (1)$$

여기서 $\int e^x \sin x dx$ 를 구하기 위해 또 한번 부분적분법을 이용하여

$u = e^x$, $v' = \sin x$ 라 하면 $u' = e^x$, $v = -\cos x$ 이므로

$$\int e^x \sin x dx = e^x(-\cos x) - \int e^x(-\cos x)dx = -e^x\cos x + \int e^x \cos x dx$$

이 결과를 (1) 식에 대입하면

$$\therefore \underbrace{\int e^x \cos x dx}_{I} = e^x \sin x - [-e^x \cos x - \int e^x \cos x dx]$$

$$= e^x \sin x + e^x \cos x - \underbrace{\int e^x \cos x dx}_{I}$$

$$\therefore 2I = 2\int e^x \cos x dx = e^x[\sin x + \cos x]$$

$$\therefore I = \int e^x \cos x dx = \frac{1}{2}e^x[\sin x + \cos x]$$

③ $u=e^{ax}$, $v'=\sin bx$라 하면, $u'=ae^{ax}$, $v=-\frac{1}{b}\cos bx$이다.

주어진 식$=\int e^{ax}\cdot \sin bx dx=I$라 하고 부분적분법을 이용하면

$$I=e^{ax}\left(-\frac{1}{b}\cos bx\right)-\int ae^{ax}\left(-\frac{1}{b}\cos bx\right)dx$$
$$=-\frac{1}{b}e^{ax}\cos bx+\frac{a}{b}\int e^{ax}\cos bx dx \quad \cdots\cdots (1)$$

$\int e^{ax}\cos bx dx$를 구하기 위하여 부분적분법을 이용하여

$u=e^{ax}$, $v'=\cos bx$라 하면

$u'=ae^{ax}$, $v=\frac{1}{b}\sin bx$이므로

$$\int e^{ax}\cos bx dx=e^{ax}\frac{1}{b}\sin bx-\int ae^{ax}\cdot\frac{1}{b}\sin bx dx$$
$$=\frac{1}{b}e^{ax}\sin bx-\frac{a}{b}\int e^{ax}\sin bx dx$$
$$=\frac{1}{b}e^{ax}\sin bx-\frac{a}{b}I \quad \cdots\cdots (2)$$

(2) 식을 (1)식에 대입하면

$$I=-\frac{1}{b}e^{ax}\cdot\cos bx+\frac{a}{b}\left[\frac{1}{b}e^{ax}\sin bx-\frac{a}{b}I\right]$$
$$=-\frac{1}{b}e^{ax}\cdot\cos bx+\frac{a}{b^2}e^{ax}\sin\cdot bx-\frac{a^2}{b^2}I$$
$$-\left(1+\frac{a^2}{b^2}\right)I=\frac{1}{b^2}e^{ax}[a\sin bx-b\cos bx]$$

$$I=\frac{b^2}{a^2+b^2}\times\frac{1}{b^2}e^{ax}[a\sin bx-b\cos bx]=\frac{e^{ax}[a\sin bx-b\cos bx]}{a^2+b^2}$$
$$\therefore \int e^{ax}\sin bx dx=\frac{e^{ax}[a\sin bx-b\cos bx]}{a^2+b^2}$$

8.4 정적분

정적분이라 함은 합의 의미를 가진 적분이다. 부정적분에는 적분구간이 없는 반면 정적분에는 구간이 있어서 구간내의 함수가 차지하는 부분을 합하는 의미가 있다.

즉 다음 〔그림 8-1〕 과 같이 함수 $y=f(x)$의 곡선상의 구간 $a \leqq x \leqq b$로 둘러싸인 부분의 면적을 구하는 방법을 알아보기로 하자.

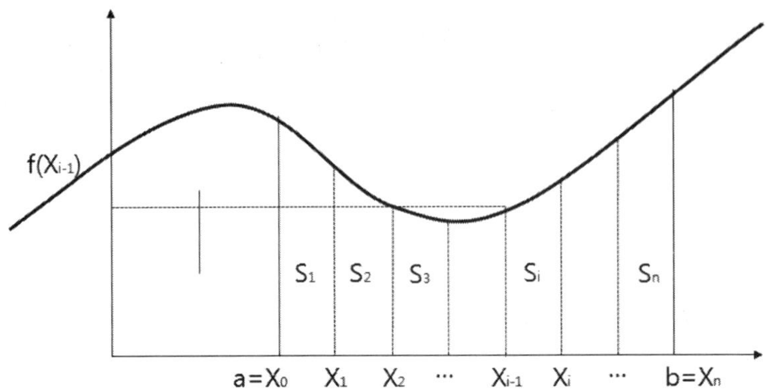

[그림 8-1] $y=f(x)$**와** $x=a$, $x=b$**로 둘러싸인 면적**

① 구간 $[a,\ b]$를 n등분하는 분점을

$$a=x_0,\ x_1,\ x_2,\ \cdots\cdots\ x_{n-1},\ x_n=b \tag{8.34}$$

라 하고, 각 소구간의 거리를 $\triangle x_i$라 하면 $\triangle x_i=(b-a)/n$다.

② 소구간 $[x_{i-1},\ x_i]$를 밑변, 그때의 함수값 $f(x_{i-1})$를 높이로 하는 직사각형의 면적의 합은

$$S_n=f(x_0)\triangle x+f(x_1)\triangle x+\cdots\cdots+f(x_{n-1})\triangle x=\sum_{i=1}^{n}f(x_{i-1})\triangle x \tag{8.35}$$

③ 이때 $n\to\infty$이면 S_n은 구형면적 S에 한없이 가까워지므로 이 극한값이 바로 구간 $[a,\ b]$에서의 면적이 된다.

$$S=\lim_{n\to\infty}S_n=\lim_{n\to\infty}\sum_{i=1}^{n}f(x_{i-1})\triangle x=\int_a^b f(x)dx \tag{8.36}$$

이 면적 S를 $f(x)$의 구간 $[a,\ b]$에서 정벅분이라 하며, $f(x)$의 원시 함수 중 1개를 $F(x)$라 하면

$$\int_a^b f(x)dx=[F(x)]_a^b=F(b)-F(a) \tag{8.37}$$

이때 함수 $f(x)$가 구간 $[a,\ b]$에서 연속이고 적분 가능하면 다음과 같은 성질이 있다.

① 함수 $f(x)$이 구간 $[a,\ b]$에서 $a < b$이고 $f(x) > 0$이면 $\int_a^b f(x)dx > 0$ 이다.

② 함수 $f(x)$이 구간 $[a,\ b]$에서 $a < b$이고 $f(x) < 0$이면 $\int_a^b f(x)dx < 0$ 이다.

③ $\int_a^b f(x)dx = -\int_a^b f(x)dx$ (8.38)

④ $\int_a^b kf(x)dx = k\int_a^b f(x)dx = k[F(b) - F(a)]$ (8.39)

⑤ $\int_a^b \{f(x) \pm g(x)\}dx = \int_a^b f(x)dx \pm \int_a^b g(x)dx$ (8.40)

⑥ $\int_a^d f(x)dx = \int_a^b f(x)dx + \int_b^c f(x)dx + \int_c^d f(x)dx$ (8.41)

⑦ $\int_a^a f(x)dx = 0$ (8.42)

⑧ 주어진 구간 $a \le x \le b$에서 항상 $f(x) \le g(x)$이면,

$$\int_a^b f(x)dx \le \int_a^b g(x)dx \tag{8.43}$$

⑨ 부분적으로 $f(x)$, $g(x)$가 구간 $[a,\ b]$에서 연속인 도함수를 가지면

$$\int_a^b f(x)g'(x)dx = [f(x)g(x)]_a^b - \int_a^b f'(x)g(x)dx \tag{8.44}$$

⑩ 치환적분

$x = h(t)$에 있어서 변수 t가 α에서 β로 변화할 때, x의 값이 a에서 b까지 변화하고, $h'(t)$가 연속이면

$$\int_a^b g(x)dx = \int_\alpha^\beta g\{h(t)\}h'(t)dt \text{이다.} \tag{8.45}$$

⑪ 함수 $f(x)$가 우함수인 경우, 즉 $f(x)$가 y축 대칭 함수인 경우

$$[f(-x) = f(x)],\ \int_{-a}^a f(x)dx = 2\int_0^a f(x)dx$$

이고, 함수 $f(x)$가 기함수인 경우, 즉 $f(x)$가 원점 대칭인 함수인 경우

$$[f(-x)=-f(x)],\ \int_{-a}^{a} f(x)dx=0$$

예제 8.9 다음 정적분을 구하라.

① $\int_0^2 xdx$ ② $\int_0^1 (2x+1)dx$

③ $\int_0^2 x^2dx$ ④ $\int_{-1}^2 (3x^2-2x^3)dx$

풀이

① $\int_0^2 xdx=\left[\frac{1}{2}x^2\right]_0^2=\frac{1}{2}[4-0]=2$

② $\int_0^1 (2x+1)dx=[x^2+x]_0^1=(1^2+1)-(0^2+0)=2$

③ $\int_0^2 x^2dx=\left[\frac{1}{3}x^3\right]_0^2=\frac{1}{3}(2^3-0^3)=\frac{8}{3}$

④ $\int_{-1}^2 (3x^2-2x^3)dx=\left[x^3-\frac{1}{2}x^4\right]_{-1}^2$

$=\left(2^3-\frac{1}{2}\cdot 2^4\right)-\left[(-1)^3-\frac{1}{2}(-1)^4\right]$

$=(8-8)-\left(-1-\frac{1}{2}\right)=\frac{3}{2}$

예제 8.10 다음 정적분을 구하라.

① $\int_0^3 (x^3+x^2+1)dx-\int_0^3 (x^3-2x^2+2)dx$

② $\int_2^3 (1-x^2+2x^3)dx+\int_2^3 (x^2-2x^3+1)dx$

풀이 정적분의 성질⑤를 이용하면

① $\int_0^3 (x^3+x^2+1)dx-\int_0^3 (x^3-2x^2+2)dx$

$=\int_0^3 [x^3+x^2+1-(x^3-2x^2+2)]dx$

$=\int_0^3 (3x^2-1)dx=[x^3-x]_0^3$

$=27-3=24$

② 마찬가지 방법을 이용하면

$$\int_2^3 2dx = [2x]_2^3 = 6-4 = 2$$

예제 8.11 **다음을 구하시오.**

① $f(a) = \int_a^{a+1}(x^2+a^2)dx$ 일 때 $\int_0^1 f(x)dx$ 의 값은?

② $\int_0^x f(X)dX = 3x^2-2x$ 일 때 $\int_0^1 f(x)^2 dx$ 의 값은?

③ $\int_0^1 (3a^2x^2+4ax-1)dx$ 의 값이 최소가 되는 a 의 값은?

풀이

① $f(a) = \int_a^{a+1}(x^2+a^2)dx$

$$= \left[\frac{1}{3}x^3 + a^2x\right]_a^{a+1}$$

$$= \left[\frac{1}{3}(a+1^3+a^2(a+1))\right] - \left[\frac{1}{3}a^3+a^3\right]$$

$$\therefore f(a) = \frac{1}{3}(a^3+3a^2+3a+1)+a^3+a^2-\frac{1}{3}a^3-a^3$$

$$= 2a^2+a+\frac{1}{3}$$

$$\int_0^1 f(x)dx = \int_0^1\left(2x^2+x+\frac{1}{3}\right)dx$$

$$= \left[\frac{2}{3}x^2+\frac{1}{2}x^2+\frac{1}{3}x\right]_0^1$$

$$= \frac{2}{3}+\frac{1}{2}+\frac{1}{3} = \frac{3}{2}$$

② $\int_0^x f(t)dt = 3x^2-2x$ 의 양변을 x 로 미분하면 $f(x) = 6x-2$ 이므로

$$\int_0^1 f(x^2)dx = \int_0^1 (6x^2-2)dx = [2x^3-2x]_0^1 = 2-2 = 0$$

③ $\int_0^1 (3a^2x^2+4ax-1)dx = [a^2x^3+2ax^2-x]_0^1 = a^2+2a-1$

$\therefore a^2+2a-1 = (a+1)^2-2$ 에서 $a=-1$ 일 때 최소값

8.5 정적분의 응용

곡선으로 둘러싸인 면적, 회전체의 체적, 모멘트와 질량중심, 유효전압 등 많은 곳에서 적분이 응용된다.

8.5.1 면적

면적을 구하는 일반적인 방법은 다음과 같다.

① 구하고자 하는 면적을 그래프로 그린다.

② 일반적인 수직(또는 수평)인 직사각형의 면적소를 그리고 이것을 y와 dx(또는 x와 dy)로 나타낸다.

③ 그림에서 적분의 구간을 정하고 적분하여 면적을 구한다.

면적에 대한 몇 가지 공식을 요약하면 다음과 같다.

a. 곡선 $y=f(x)$가 구간 $[a,\ b]$에서 $f(x) \geq 0$ 일 때,
이 곡선과 $x=a,\ x=b$ 및 x축으로 둘러싸인 부분의 면적 S는

$$S=\int_a^b f(x)dx \tag{8.46}$$

b. 두 개의 곡선 $y=f(x),\ y=g(x)$이 $f(x) \geq g(x)$일 때,
직선 $x=a,\ x=b(a<b)$로 싸인 면적 S는 다음과 같다.

$$S=\int_a^b \{f(x)-g(x)\}dx \tag{8.47}$$

예제 8.12 **포물선 $y=x^2-1$과 x축으로 둘러싸인 부분의 면적을 구하라.**

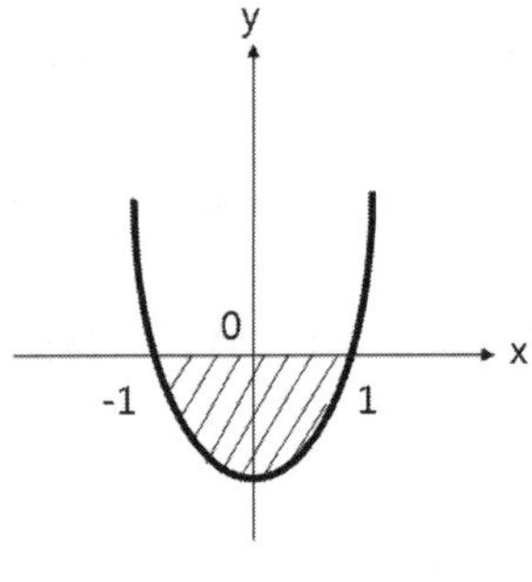

풀이 포물선의 그래프를 그리면 다음과 같다.

옆의 그래프로부터 구하고자 하는 부분의 면적 S는

$$S=-\int_{-1}^{1}(x^2-1)dx=-\left[\frac{x^3}{3}-x\right]_{-1}^{1}=\frac{4}{3}$$

예제 8.13 $y=\sin x$**와** x**축,** $x=0$, $x=\pi$**로 둘러싸인 부분의 면적**S**를 구하라.**

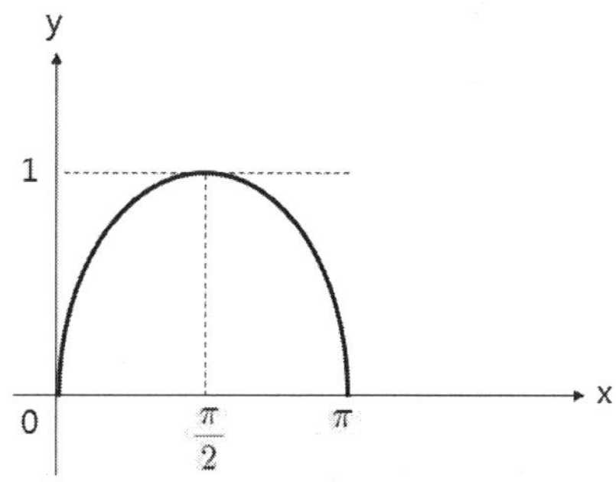

$$\left[\begin{array}{l}\because \omega=\frac{2\pi}{T}=2\pi f \\ f:\text{ 진동수, 주파수} \\ T:\text{ 주기} \\ \omega:\text{ 각속도}\end{array}\right]$$

풀이 $S=\int_{0}^{\pi}\sin x dx=[-\cos]_{0}^{\pi}=-(-1)+1=2$

예제 8.14 **정현파 교류전압** $e=E_m\sin\omega t$**의 평균값을 구하라.**

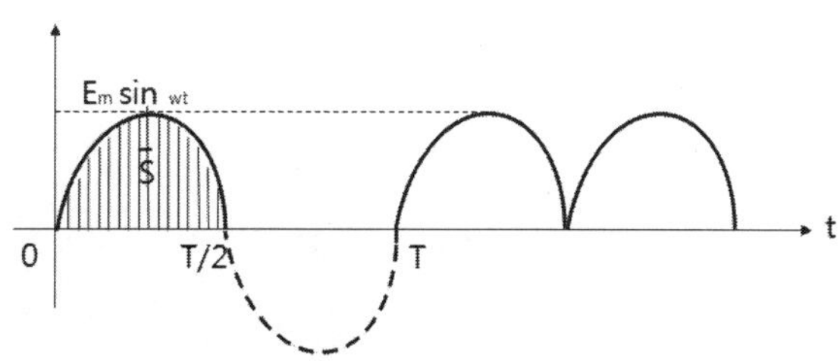

풀이 평균값(산술평균)은 파형의 면적 S을 1파형의 가로길이로 나누면 되므로 그림에서 $S=\int_{0}^{\frac{T}{2}}E_m\sin\omega t dt$이고, 가로 길이$=\frac{T}{2}$이므로

$$\text{평균값 } E_a = \frac{S}{\frac{T}{2}} = \frac{1}{\frac{T}{2}} \cdot \int_0^{\frac{T}{2}} E_m \sin\omega t dt$$

$$E_a = \frac{-1}{\frac{T}{2}} \cdot E_m \cdot \left[-\frac{1}{\omega} \cdot \cos\omega t\right]_0^{\frac{T}{2}}$$

$$= \frac{2}{T} \cdot E_m\left[\frac{1}{\omega} + \frac{1}{\omega}\right] \qquad (\because \cos\omega \cdot \frac{T}{2} = -1)$$

$$= \frac{2}{T} \cdot E_m \cdot \frac{2}{\omega}$$

$$= \frac{2}{T} \cdot E_m \cdot \frac{2}{\frac{2\pi}{T}}$$

$$= \frac{2}{\pi} E_m$$

8.5.2 체적

체적에 대하여는 다음과 같은 공식을 얻을 수 있다.

① x축 위의 점 $P(x)$를 지나고 x축에 수직인 평면으로 한 입체를 잘랐을 때, 단면의 면적이 $S(x)$이면 $x=a$에서 $x=b$까지의 입체의 체적은 아래와 같다. (단, $a<b$ 이다.)

$$V = \int_a^b S(x)dx \tag{8.48}$$

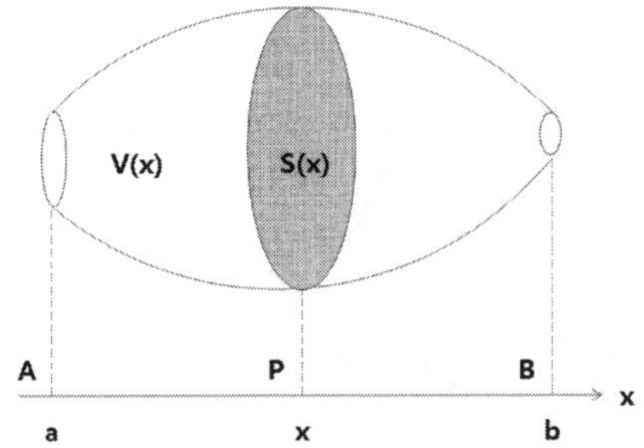

② 폐구간 $[a,\ b]$에서 곡선 $y=f(x)$를 x축을 회전축으로 하여 회전시켰을 때 생기는 회전체의 체적은

$$V = \pi\int_a^b \{f(x)\}^2 dx \tag{8.49}$$

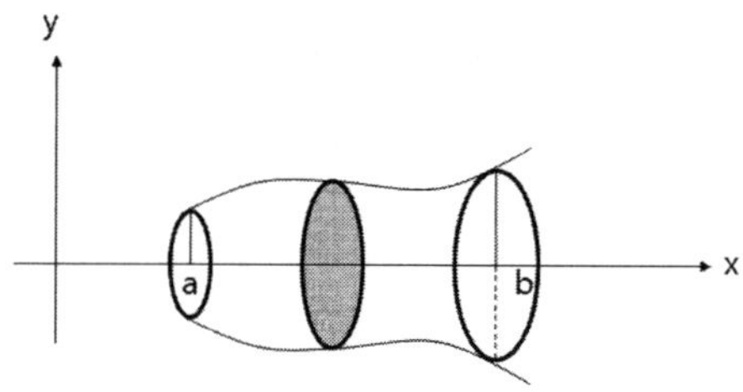

③ 폐구간 $[c,\ d]$에서 곡선 $x=g(y)$를 y축을 회전축으로 하여 회전시켰을 때 생기는 회전체의 체적은

$$V=\pi\int_{c}^{d}\{g(y)\}^{2}dy \tag{8.50}$$

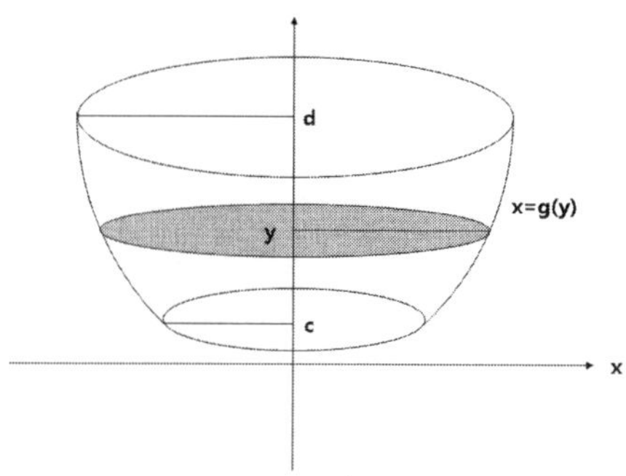

예제 8.15 **반지름이 r인 구의 체적을 구하라.**

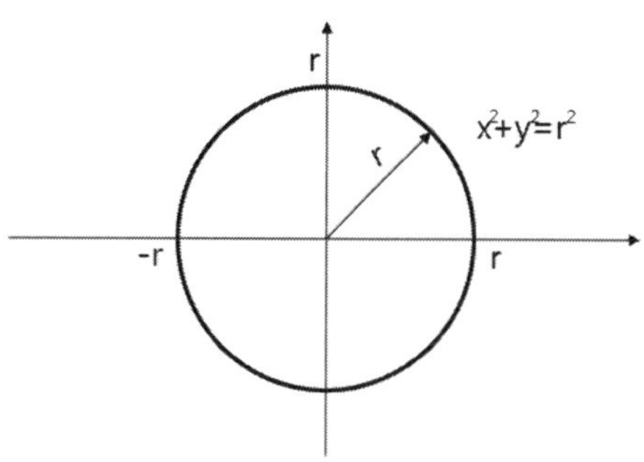

풀이 구의 중심을 원점과 일치하도록 하면 구의 체적은 반지름이 r인 반원을 x축 주위로 회전시킨 것과 같다.

$$V = x\int_{-r}^{r} y^2 dx = \pi\int_{-r}^{r} (r^2 - x^2)dx$$

$$\therefore V = \pi\left[r^2 x - \frac{1}{3}x^3\right]_{-r}^{r} = \frac{4}{3}\pi r^3$$

연습문제

01 다음 부정적분을 구하시오.

① $\int x(x+2)(x-3)dx$　② $\int \frac{x^4+x^2+1}{x^2-x+1}dx$

③ $\int \frac{x^3+1}{x+1}dx$　④ $\int \frac{x^2+1}{\sqrt{x}}dx$

⑤ $\int \frac{8^x-1}{2^x-1}dx$　⑥ $\int \cos^2\frac{x}{2}dx$

02 다음 부정적분을 구하시오.

① $\int (x^4-1)^2 \cdot 4x^3dx$　② $\int e^{3x-1}dx$

③ $\int \frac{3x^2}{x^3+1}dx$　④ $\int \frac{x^2+1}{x+1}dx$

03 부분적분법을 이용하여 부정적분을 구하시오.

① $\int \log(x+2)dx$　② $\int x^2e^xdx$

③ $\int 2xsin2xdx$

04 다음 정적분의 값을 구하시오.

① $\int_2^4 \frac{2x^2+x}{x}dx$　② $\int_0^3 \sqrt{x+1}\,dx$

③ $\int_0^{\pi}(e^{2x}-\sin^2x)dx$　④ $\int_0^2 \frac{x^3}{x+1}dx+\int_0^2 \frac{1}{t+1}dt$

⑤ $\int_0^1(e^{2x}-\cos x)dx+\int_0^1(e^{2x}+\cos x)dx$　⑥ $\int_1^2(x-1)(2-x)dx$

05 곡선 $y=x^2-5x+4$와 x축 및 y축으로 둘러싸인 부분의 넓이를 구하시오.

06 직선 궤도를 매초 24m의 속도로 달리는 열차가 제동기를 건 후 t초 후의 속도 $v\ m/\mathrm{sec}$는 $v=24-1.5t$라 한다.

① 제동기를 건 후 10초 동안 진행한 거리를 구하시오.

② 제동기를 건 후 정지할 때까지 진행한 거리를 구하시오.

07 그림과 같은 용기에 물을 부을 때 깊이가 x이면 수면의 단면의 넓이는 $S(x)=3\pi x^2$이고, 수면의 상승 속도는 $v=2t(3-t)$라 한다.
이 용기의 물의 양이 최대일 때의 물의 양을 구하시오.

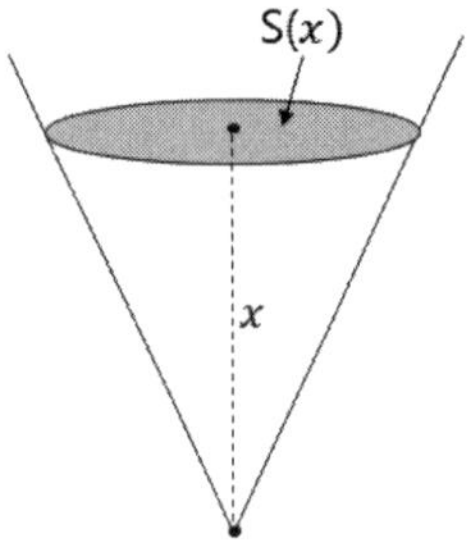

08 원점을 동시에 출발하여 x축 위를 움직이는 두 점 P, Q의 t초 후의 속도가 각각 $v_1=4-2t$, $v_2=3t^2-4$라 한다. P, Q위 중점을 R이라 할 때, R이 다시 원점을 지날 때까지 걸린 시간을 구하시오.

연습문제 풀이

CHAPTER 1

1 p:한국의 청도 q:중국의 청도 r:강에 관한 정보

$p \wedge r$, $q \wedge r$

2 (1) $p \wedge q$ (2) $\neg p \wedge q$ (3) $p \wedge \neg q$

3 (1) $\neg(\neg p)$

p	$\neg p$	$\neg(\neg p)$
T	F	T
F	T	F

(2) $(p \vee \neg q) \wedge r$

$p\ q\ r$	$\neg q$	$(p \vee \neg q)$	$(p \vee \neg q) \wedge r$
$T\ T\ T$	F	T	T
$T\ T\ F$	F	T	F
$T\ F\ T$	T	T	T
$T\ F\ F$	T	T	F
$F\ T\ T$	F	F	F
$F\ T\ F$	F	F	F
$F\ F\ T$	T	T	T
$F\ F\ F$	T	T	F

(3) $\neg(p \vee \neg q)$

$p\ q$	$\neg q$	$p \wedge \neg q$	$\neg(p \vee \neg q)$
$T\ T$	F	F	T
$T\ F$	T	T	F
$F\ T$	F	F	T
$F\ F$	T	F	T

(4) $p \to (p \land \neg q)$

p q	$\neg q$	$p \land \neg q$	$p \to (p \land \neg q)$
T T	F	F	F
T F	T	T	T
F T	F	F	T
F F	T	F	T

(5) $(p \to q) \lor (q \to r)$

p q r	$p \to q$	$q \to r$	$(p \to q) \lor (q \to r)$
T T T	T	T	T
T T F	T	F	T
T F T	F	T	T
T F F	F	T	T
F T T	T	T	T
F T F	T	F	T
F F T	T	T	T
F F F	T	T	T

(6) $(p \oplus q) \land (\neg q \to p)$

p q	$(p \oplus q)$	$\neg p$	$\neg q \to p$	$(p \oplus q) \land (\neg q \to p)$
T T	F	F	T	F
T F	T	T	T	T
F T	T	F	T	T
F F	F	T	F	F

4 (1) $p \lor q \equiv \neg(\neg(p \lor q)) \equiv \neg(\neg p \land \neg q)$

(2) $p \land q \equiv \neg(\neg(p \land q)) \equiv \neg(\neg p \lor \neg q)$

5 (1) $p \overline{\land} p \equiv \neg p$

p	$p \land p$	$p \overline{\land} p$	$\neg q$
T	T	F	F
F	F	T	T

(2) $(p \overline{\wedge} p) \overline{\wedge} (q \overline{\wedge} q) \equiv p \vee q$

p q	$p \overline{\wedge} p$	$q \overline{\wedge} q$	$(p \overline{\wedge} p) \overline{\wedge} (q \overline{\wedge} q)$	$p \vee q$
T T	F	F	T	T
T F	F	T	T	T
F T	T	F	T	T
F F	T	T	F	F

(3) $p \wedge q \equiv (p \overline{\wedge} q) \overline{\wedge} (p \overline{\wedge} q)$

p q	$p \overline{\wedge} q$	$(p \overline{\wedge} q) \overline{\wedge} (p \overline{\wedge} q)$	$p \wedge q$
T T	F	T	T
T F	T	F	F
F T	T	F	F
F F	T	F	F

6 (1) $\neg(\neg p \wedge \neg q) \equiv p \vee q$

(2) $\neg(p \rightarrow \neg q) \equiv \neg(\neg p \vee \neg q) \equiv p \wedge q$

(3) $\neg(\neg p \vee (p \rightarrow \neg q)) \equiv \neg(\neg p \vee (\neg p \vee \neg q)) \equiv \neg(\neg p \vee \neg q) \equiv p \wedge q$

(4) $(p \rightarrow q) \wedge (p \rightarrow \neg q) \equiv (\neg p \vee q) \wedge (\neg p \vee \neg q) \equiv \neg p \vee (q \wedge \neg q) \equiv \neg p$

(5) $p \wedge (p \vee \neg q) \equiv (p \vee F) \wedge (p \vee q) \equiv p \vee [(F \wedge p) \vee (F \wedge \neg q)] \equiv p \vee [F \vee F]$
$\equiv p \vee F \equiv p$

(6) $(p \wedge q \wedge r) \vee (q \wedge r) \equiv q \wedge r$

7 (1) $\forall_x P(x)$ (2) $\exists_x \sim P(x)$

(3) $\neg(\exists_x P(x)) \equiv \forall_x P(x)$ (4) $\forall_x \neg P(x)$

8 (1) $\neg p \wedge q,\ q \vdash \neg p$:유효추론

p	q	$\neg p \wedge q$	$\neg p$
T	T	F	F
T	F	F	F
F	T	T	T
F	F	F	T

(2) $\neg p \rightarrow q,\ q \vdash \neg p$:허위추론

p	q	$\neg p \rightarrow q$	$\neg p$
T	T	T	F
T	F	T	F
F	T	T	T
F	F	F	T

(3) $p \rightarrow \neg q,\ \neg r \rightarrow p \vdash q \rightarrow \neg r$:허위추론

p	q	r	$p \rightarrow \neg q$	$\neg r \rightarrow q$	$q \rightarrow \neg r$
T	T	T	F	T	F
T	T	F	F	T	T
T	F	T	T	T	T
T	F	F	T	T	T
F	T	T	T	T	F
F	T	F	T	F	T
F	F	T	T	T	T
F	F	F	T	F	T

(4) $p \rightarrow q,\ r \rightarrow \neg q \vdash \neg p \vee r$:허위추론

p	q	r	$p \rightarrow q$	$r \rightarrow \neg q$	$\neg P \rightarrow r$
T	T	T	T	F	T
T	T	F	F	T	T
T	F	T	T	T	T
T	F	F	F	T	T
F	T	T	T	T	T
F	T	F	T	T	F
F	F	T	T	T	T
F	F	F	T	F	F

9 (1) 허위추론

(2) 허위추론

10 (1) $A \cup B = \{a, b, c, d, e, f, g, m\}$

(2) $A \cap B = \{g, m\}$

(3) $A - C = \{c, e, g, m\}$

(4) $B \times C = \{(b,a), (b,b), (d,a), (d,b), (f,a), (f,b), (g,a), (g,b), (m,a), (m,b)\}$

(5) $A \cup (B \cup C) = \{a, b, c, d, e, f, g, m\}$

(6) $(A \cup B) \cap (A \cup B) = \{a, b, c, e, g, m\}$

11 (1) $A \cap B \cap C$

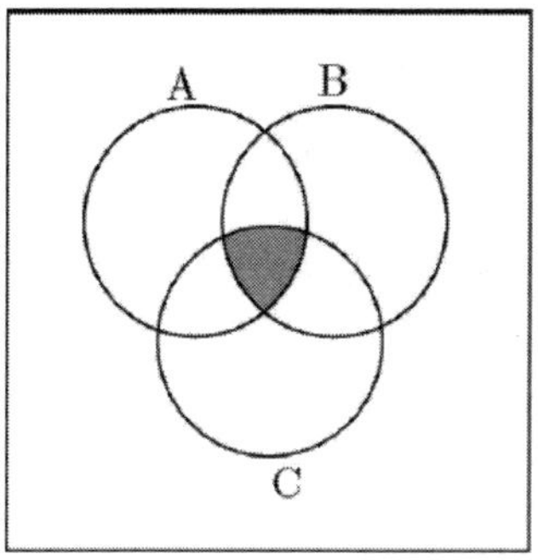

(2) $\overline{A} \cup B \cup C$

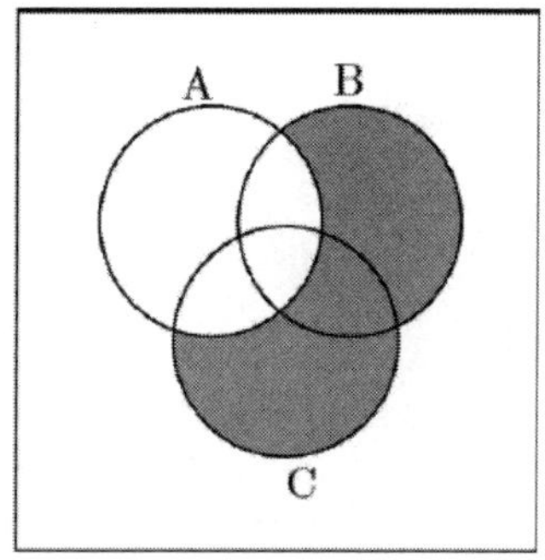

(3) $A \cup (B \cap C)$

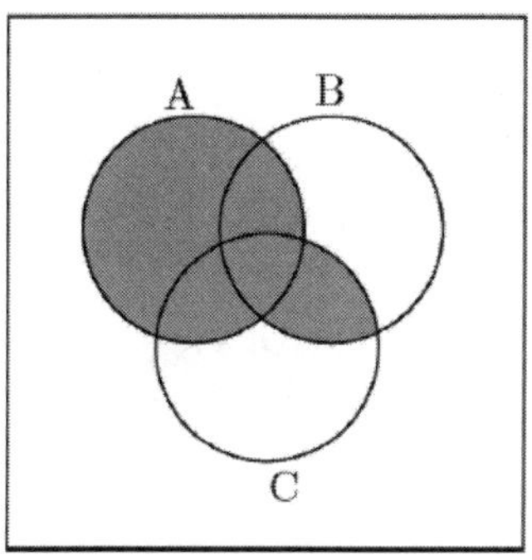

(4) $A - (B \cup C)$

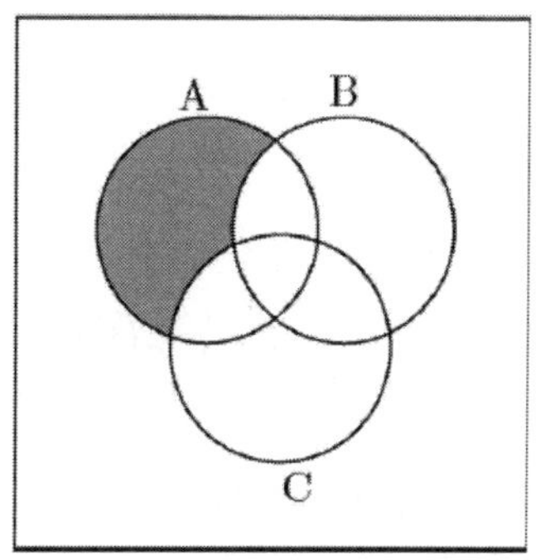

(5) $(A \cap B) - C$

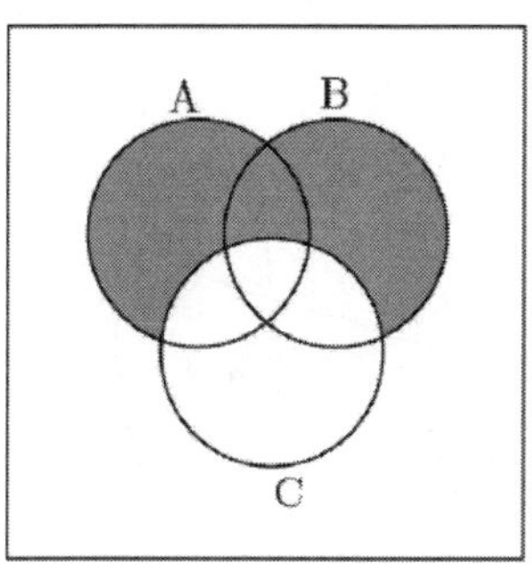

(6) $\overline{A} \cap \overline{B} \cap C$

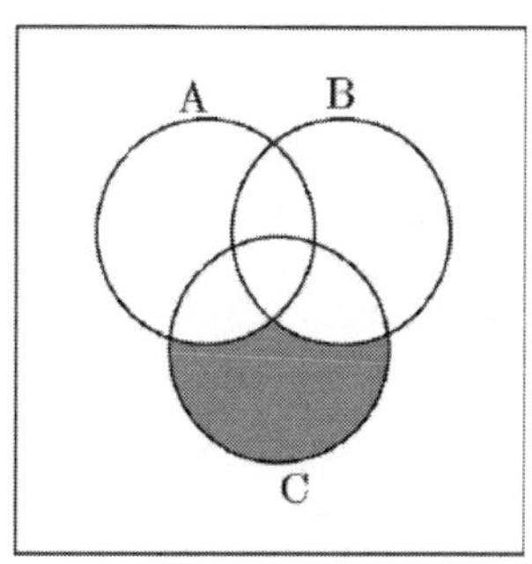

(7) $\overline{A} \cap (B \cup C)$

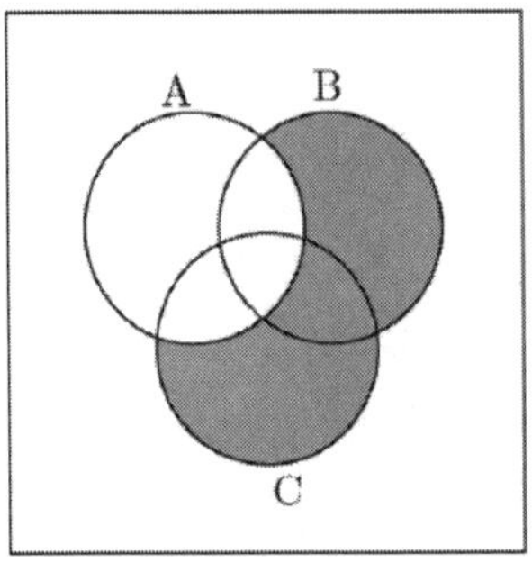

(8) $(\overline{A} \cap B) - C$

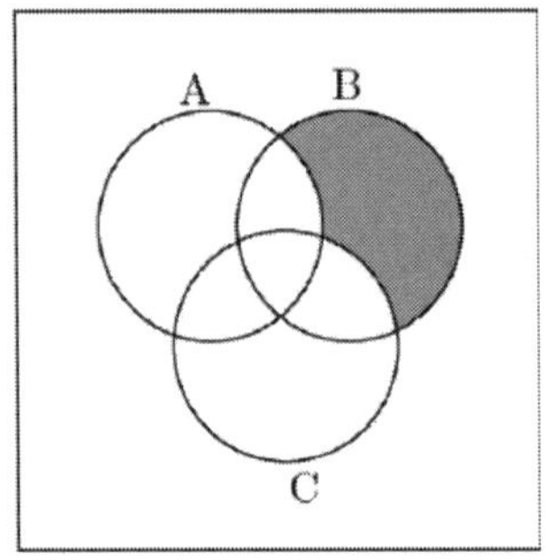

12 (1) F (2) T (3) F (4) T (5) T (6) T (7) F (8) F

CHAPTER 2

1 $A \times B \times C = \left\{ \begin{matrix} (1,a,r), (1,a,s), (1,b,r), (1,b,s), (1,c,r), (1,c,s), \\ (2,a,r), (2,a,s), (2,b,r), (2,b,s), (2,c,r), (2,c,s) \end{matrix} \right\}$

2 (1) $R = \{(2,1), (3,2), (4,3)\}$ (2) $M_R = \begin{pmatrix} 0\,0\,0\,0 \\ 1\,0\,0\,0 \\ 0\,1\,0\,0 \\ 0\,0\,1\,0 \end{pmatrix}$

(3)

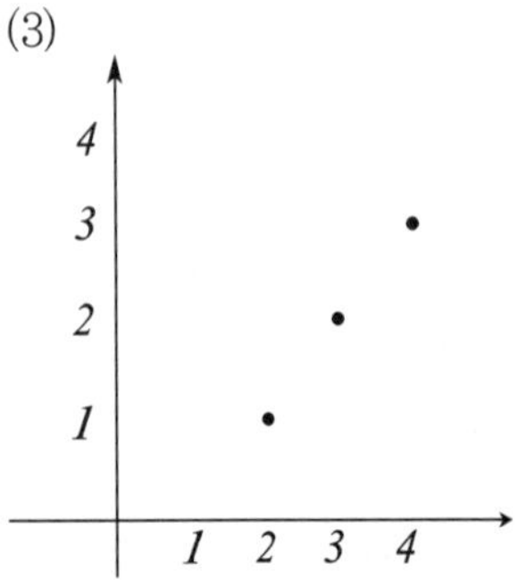

(4)

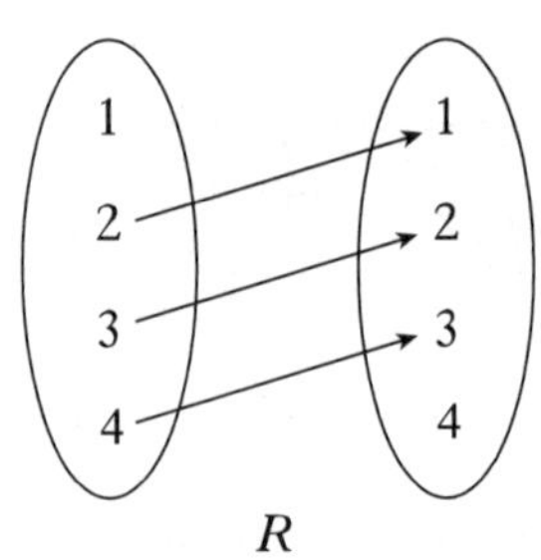

3 (1) $R \cdot S = \{(1,3), (1,4), (2,1), (3,3), (1,1)\}$

(2) $R \cdot S^{-1} = \{(3,1), (4,1), (1,2), (3,3), (1,1)\}$

(3) $R \cdot R = \{(1,1), (1,2), (1,4), (3,4)\}$

4 (1)
$R=\{$(영자,정민), (영자,상우), (영자,상옥), (정수,정민), (정수,상우), (정수,상옥)$\}$

(2) $S=\left\{\begin{matrix}\text{(영자,성만), (영자,지수), (정수,명진), (정수,명우),} \\ \text{(정수,명수), (지수,정민), (지수,상우), (지수,상옥)}\end{matrix}\right\}$

5 (1) S (2) 없다 (3) S (4) R, T (5) R, S

6 대칭관계, 반사관계

7 (1) 반사 (2) 비반사 (3) 추이 (4) 대칭

8 (1) $R=\{(a,a), (a,b), (b,b), (c,a), (c,c)\}$
(2) $R=\{(a,a), (a,b), (b,b), (c,a), (a,c)\}$
(3) $R=\{(a,a), (a,b), (b,b), (a,c), (c,b)\}$

CHAPTER 3

1 (1) 1 (2) 1 (3) 1 (4) 0

2 (1) $x'+y'+z'$

x y z	x'	z'	$x'+y'+z'$
0 0 0	1	1	1
0 0 1	1	0	1
0 1 0	1	1	1
0 1 1	1	0	1
1 0 0	0	1	1
1 0 1	0	0	0
1 1 0	0	1	1
1 1 1	0	0	1

(2) $xy'+x'y'$

x y	x'	y'	xy'	$x'y'$	$xy'+x'y'$
0 0	1	1	0	1	1
0 1	1	0	0	0	0
1 0	0	1	1	0	1
1 1	0	0	0	0	0

(3) $xy' + (z+y)'$

$x\ y\ z$	y'	xy'	$z+y$	$(z+y)'$	$xy' + (z+y)'$
0 0 0	1	0	0	1	1
0 0 1	1	0	1	0	0
0 1 0	0	0	1	0	0
0 1 1	0	0	1	0	0
1 0 0	1	1	0	1	1
1 0 1	1	1	1	0	1
1 1 0	0	0	1	0	0
1 1 1	0	0	1	0	0

3 (1) $f(x, y) = x'y' + x'y + xy' + xy$

(2) $f(x, y, z) = x'yz + xy'z' + xy'z + xyz$

(3) $f(x, y, z, w) = x'y'z'w + x'y'zw + x'yzw' + xy'z'w + xy'zw + xyz'w + xyzw$

4 (1) $f(x, y) = x'y + (x' + y')'$

$= x'y + (x \cdot y)$

$= y(x' + x) = y$

(2) $f(x, y, z) = x'y'z' + x'y'z + xy'z' + xy'z$

$= x'y'(z' + z) + xy'(z' + z)$

$= x'y' + xy' = y'(x' + x) = y'$

(3) $f(x, y, z, w) = wx' + (xz)' + (y' + z')$

$= wx' + (x' + z') + y' + z'$

$= wx' + x' + y' + z'$

$= x'(w+1) + y' + z' = x' + y' + z'$

5 (1) $f(x, y, z) = x'y'z + xy'z + xy'z' = xy' + y'z$

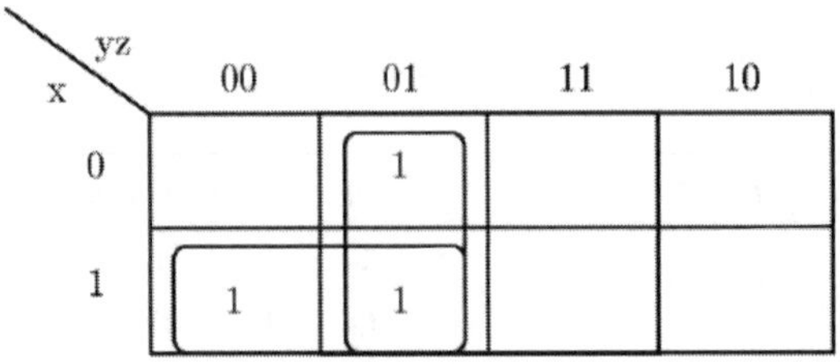

(2) $f(x, y, z) = xyz + x'yz + x'yz' + xy'z' + xy'z + xyz' = x + y$

x \ yz	00	01	11	10
0			1	1
1	1	1	1	1

(3) $f(x, y, z) = x'y'z + x'yz + xyz + xyz' = x'z + xy$

x \ yz	00	01	11	10
0		1	1	
1			1	1

6 (1) $f(x, y, z, w) = x'y'z'w' + x'y'z'w + x'y'zw + xy'z'w' + xy'z'w + xy'zw$

(2)

xy \ zw	00	01	11	10
00	1	1	1	
01				
11				
10	1	1	1	

$f(x, y, z, w) = y'z' + y'w$

(3)

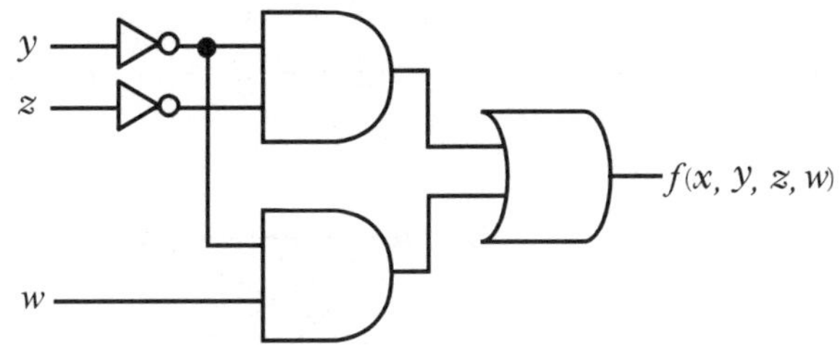

CHAPTER 4

1 (1) 오일러 경로이다

$b \to a \to d \to b \to c \to e \to a \to c \to d \to e$

(2) 오일러 순회이다

$b \to a \to d \to b \to c \to e \to a \to c \to d \to e \to b$

(3) 가중그래프이다

(4) 해밀턴 경로이다

$a \to c \to e \to d \to b$

(5) 해밀턴 순회이다

$a \to e \to c \to b \to d \to a$

(6) 평면 그래프가 아니다

(7)

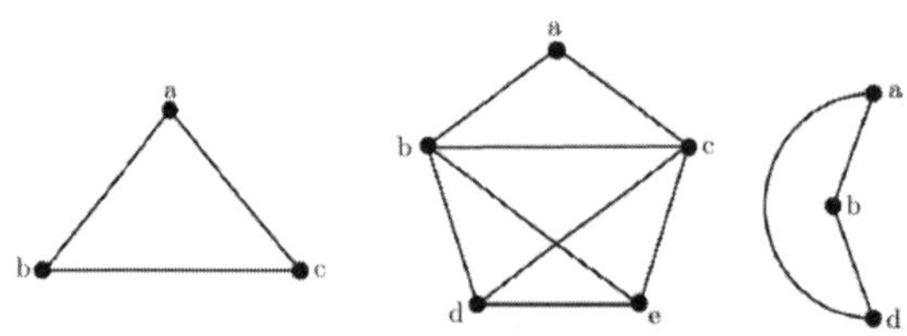

2 ① $a \to b \to c \to f$ ② $a \to b \to e \to f$ ③ $a \to f$
④ $a \to e \to f$ ⑤ $a \to e \to g \to f$ ⑥ $a \to e \to f$
⑦ $a \to g \to e \to f$ ⑧ $a \to d \to e \to f$ ⑨ $a \to d \to g \to e \to f$
⑩ $a \to d \to g \to f$

3 (1)

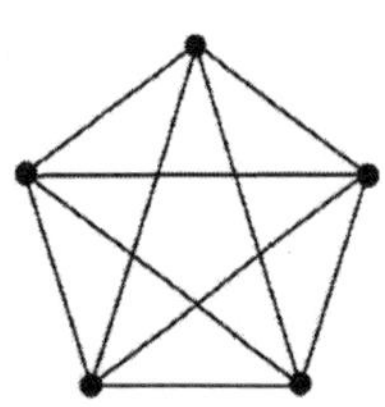

(2)

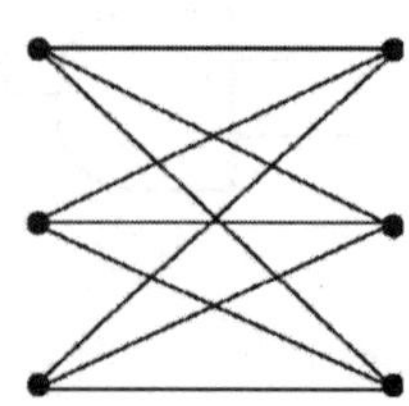

4 (1) (b, c, e, d, g) (2) 12

5 (1) (1, 2, 4, 8, 5, 6, 3, 7) (2) (1, 2, 3, 4, 5, 6, 7, 8)

CHAPTER 5

1 (1) 순환을 가지므로 트리가 아니다

(2) 모든 노드의 쌍이 연결되어 있지 않으므로 트리가 아니다

(3) 트리이다

(4) 트리이다

2 (1) 1 (2) 2

(3) 5 (4) 6, 8, 9, 12, 13, 14 15, 16, 17, 18

(5) 5, 6 (6) 10

(7) 8, 10 (8) 11, 5, 2, 1

(9) 7, 12, 13

3

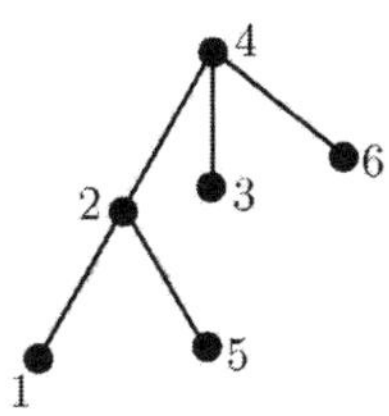

4 (1)

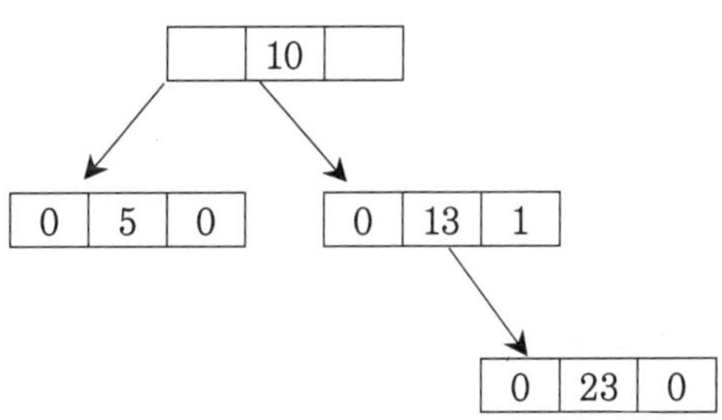

(2)

노드	왼쪽자식	오른쪽자식
10	5	13
5	0	0
13	0	23
23	0	0

1	2	☒	0
2	3	10	4
3	0	5	0
4	0	13	5
5	0	23	0

(3)

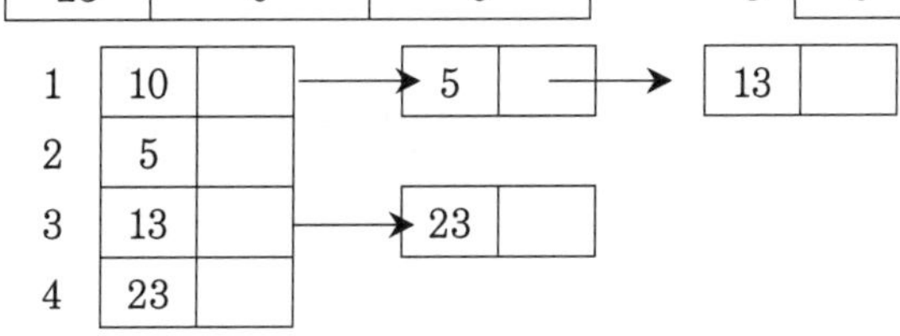

5 $a = 0.08,\ b = 0.10,\ c = 0.12,\ d = 0.15,\ e = 0.20,\ f = 0.35$

(1) a는 000, b는 001, c는 100, d는 101, e는 01, f는 11을 각각 코드로 가진다.
이 허프만 코드의 평균길이는
$3 \times 0.08 + 3 \times 0.10 + 3 \times 0.12 + 3 \times 0.15 + 2 \times 0.20 + 2 \times 0.35 = 2.45$이다

(2)

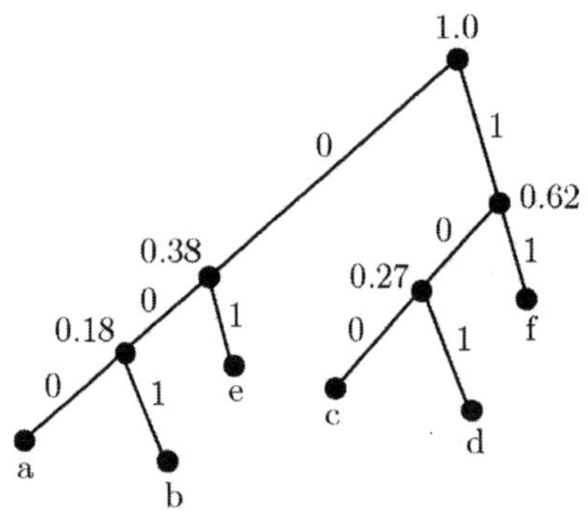

(3) a는 000, b는 001, c는 100, d는 101, e는 01, f는 11이다.

6 (1) 전위순회 : A B D G E C F H
중위순회 : D G B E A C H F
후위순회 : G D E B H F C A

(2) 전위순회 : 1 2 4 3 5 6
중위순회 : 4 2 1 3 5 6
후위순회 : 4 2 6 5 3 1

7 〈prim 알고리즘〉
$(C, D), (C, G), (B, G), (A, B), (A, F), (F, E)$

〈kruskal 알고리즘〉
$(C, D), (A, C), (E, F), (C, G), (B, G), (A, F)$

CHAPTER 6

1 $x = 1,\ y = 2$

2 $a = 2,\ b = 1,\ x = -2,\ y = -3$

3

(1) $(3\ 4\ 2)\begin{pmatrix}1\\3\\5\end{pmatrix}=(25)$

(2) $\begin{pmatrix}3&2&-1\\0&4&6\end{pmatrix}\begin{pmatrix}1&0&2\\5&3&1\\6&4&2\end{pmatrix}=\begin{pmatrix}7&2&6\\56&36&16\end{pmatrix}$

(3) $\begin{pmatrix}2&1\\3&4\end{pmatrix}\begin{pmatrix}1&-2\\5&3\end{pmatrix}=\begin{pmatrix}7&-1\\23&6\end{pmatrix}$

(4) $\begin{pmatrix}1&2\\3&4\end{pmatrix}\begin{pmatrix}-5&6\\7&-8\end{pmatrix}=\begin{pmatrix}9&-10\\13&14\end{pmatrix}$

4

(1) $\begin{pmatrix}1&2\\3&4\end{pmatrix}^{-1}$ 의 역행렬은 $\begin{pmatrix}-2&1\\\frac{3}{2}&-\frac{1}{2}\end{pmatrix}$

(2) $\begin{pmatrix}1&2&1\\3&5&2\\2&2&1\end{pmatrix}^{-1}$ 의 역행렬은 $\begin{pmatrix}-1&0&1\\-1&1&-1\\4&-2&1\end{pmatrix}$

(3) $\begin{pmatrix}3&2\\7&5\end{pmatrix}^{-1}$ 의 역행렬은 $\begin{pmatrix}5&-2\\-7&3\end{pmatrix}$

(4) $\begin{pmatrix}1&0&2\\5&3&2\\2&1&4\end{pmatrix}^{-1}$ 의 역행렬은 $\begin{pmatrix}\frac{5}{4}&\frac{1}{4}&-\frac{3}{4}\\-2&0&1\\-\frac{1}{8}&-\frac{1}{8}&\frac{3}{8}\end{pmatrix}$

5

(1) $\begin{vmatrix}2&1\\3&2\end{vmatrix}=1$

(2) $\begin{vmatrix}1&3&0\\2&6&4\\-1&0&2\end{vmatrix}=-12$

(3) $\begin{vmatrix}3&2&-4\\1&0&2\\-2&3&3\end{vmatrix}=8$

(4) $\begin{vmatrix}2&1&0\\0&3&2\\1&0&-2\end{vmatrix}=-10$

(5) $\begin{vmatrix}\sin\theta&\cos\theta\\-\cos\theta&\sin\theta\end{vmatrix}=1$

(6) $\begin{vmatrix}a&-a\\-a&a\end{vmatrix}=0$

6

(1) $\begin{cases}2x+3y+4z=16\\5x-8y+2z=1\\3x-y-2z=5\end{cases}$

$\therefore x=3,\ y=2,\ z=1$

(2) $\begin{cases}x-2y+3z=2\\2x-3z=3\\x+y=6\end{cases}$

$\therefore x=3,\ y=2,\ z=1$

(3) $\begin{cases}x+y+z=1\\2x+y-2z=6\\-x+3y-z=-1\end{cases}$

$\therefore x=2,\ y=0,\ z=-1$

7

(1) $a=2$ 또는 $a=3$

(2) $a=2$ 일 때

$\begin{pmatrix}x\\y\end{pmatrix}=\begin{pmatrix}1\\2\end{pmatrix}k$

$a=3$ 일 때

$\begin{pmatrix}x\\y\end{pmatrix}=\begin{pmatrix}2\\-1\end{pmatrix}k$

CHAPTER 7

1 (1) 주어진 대응 관계는 함수이다.

정의역 {A, B, C, D} 공변역 {a, b, c, d, e} 치역 {a, e}

(2) 집합 X의 원소 C가 집합 Y의 원소 두 개와 대응되기 때문에 주어진 대응 관계는 함수가 아니다.

2 (1)

$x \to 0^-$ 일 때, x의 값은 0보다 작으므로, $f(x) = x^2 + 1$이다. 그러므로

$$\lim_{x\to 0^-} f(x) = \lim_{x\to 0^-} f(x^2+1) = 0+1 = 1$$

$x \to 0^+$ 일 때, x의 값은 0보다 크므로, $f(x) = -x^2 + 2$이다. 그러므로

$$\lim_{x\to 0^+} f(x) = \lim_{x\to 0^+} f(-x^2+2) = -0+2 = 2$$

$x = 0$에서 $\lim_{x\to 0^-} f(x) \neq \lim_{x\to 0^+} f(x)$ 좌극한과 우극한의 값이 서로 다르므로 $x = 0$에서 함수의 극한은 존재하지 않는다.

(2)

$x \to 1^-$ 일 때, x의 값은 1보다 작으므로, $f(x) = -x + 4$이다. 그러므로

$$\lim_{x\to 1^-} f(x) = \lim_{x\to 1^-} f(-x+4) = -1+4 = 3$$

$x \to 1^+$ 일 때, x의 값은 1보다 크므로, $f(x) = x^2 - 2$이다. 그러므로

$$\lim_{x\to 1^+} f(x) = \lim_{x\to 1^+} f(x^2+2) = 1+2 = 3$$

$x = 1$에서 $\lim_{x\to 1^-} f(x) = \lim_{x\to 1^+} f(x)$ 좌극한과 우극한의 값이 서로 다르므로

$x = 1$에서 함수의 극한은 존재한다.

3 (1) $\lim_{x\to 0} \frac{\sin x}{x} = 1$ 를 이용한다.

$$\lim_{x\to 0} \frac{\sin 2x}{5x} = \lim_{x\to 0} \frac{\sin 2x}{2x} \cdot \frac{2}{5} = 1 \cdot \frac{2}{5} = \frac{2}{5}$$

(2) $\lim_{x\to 0} \frac{x}{\sin x} = 1$ 를 이용한다.

$$\lim_{x\to 0} \frac{\sin 2x}{\sin 3x} = \lim_{x\to 0} \frac{\sin 2x}{2x} \cdot \frac{3x}{\sin 3x} \cdot \frac{2}{3} = 1 \cdot 1 \cdot \frac{2}{3} = \frac{2}{3}$$

$a > 0$ 일 때, $\lim_{x\to\infty} a^x = \infty$, $0 < a < 1$ 일 때, $\lim_{x\to\infty} a^x = 0$ 이용

(3) $0 < a < 1$ 일 때, $\lim_{x\to\infty} a^x = 0$ 이용한다.

$$\lim_{x\to\infty}\frac{4^x}{4^x-3^x}=\lim_{x\to\infty}\frac{\frac{4^x}{4^x}}{\frac{4^x}{4^x}-\frac{3^x}{4^x}}=\lim_{x\to\infty}\frac{1}{1-\frac{3^x}{4^x}}=\lim_{x\to\infty}\frac{1}{1-\left(\frac{3}{4}\right)^x}=1$$

(4) $a > 0$ 일 때, $\lim_{x\to\infty} a^x = \infty$ 이용한다.

$$\lim_{x\to\infty}(3^x-2^x)=\lim_{x\to\infty}3^x-\lim_{x\to\infty}2^x=\infty$$

4 $\dfrac{\Delta y}{\Delta x}=\dfrac{f(h+2)-f(h)}{h+2-h}=\dfrac{(h+2)^2+3(h+2)-(h^2+3h)}{2}$

$=\dfrac{h^2+4h+4+3h+6-h^2-3h}{2}$

$=\dfrac{4h+10}{2}=2h+5$

$\therefore\ 2h+5=7$이므로 $h=1$

5 (1) $f'(x)=3x^2+2$ $\quad\therefore f'(2)=3\cdot 2^2+2=12+2=14$

(2) $f'(x)=(x+3)^{\frac{1}{2}}{}'=\dfrac{1}{2}(x+3)^{-\frac{1}{2}}=\dfrac{1}{2\sqrt{x+3}}$ $\quad\therefore f'(2)=\dfrac{1}{2\sqrt{5}}$

(3) $f'(x)=(x^{\frac{1}{2}}+3)'=\dfrac{1}{2}x^{-\frac{1}{2}}=\dfrac{1}{2\sqrt{x}}$ $\quad\therefore f'(2)=\dfrac{1}{2\sqrt{2}}$

(4) $f'(x)=\left(\dfrac{1}{x}\right)'=(x^{-1})'=-1\cdot x^{-2}=-\dfrac{1}{x^2}$ $\quad\therefore f'(2)=-\dfrac{1}{4}$

6 (1)

$y'=(x-2)'(3x+1)(2x+3)+(x-2)(3x+1)'(2x+3)+(x-2)(3x+1)(2x+3)'$
$=(3x+1)(2x+3)+3(x-2)(2x+3)+2(x-2)(3x+1)$
$=6x^2+11x+3+6x^2-3x-18+6x^2-10x-4$
$=18x^2-2x-19$

(2)

$y'=(x^2-2)'(x+1)(4x+3)+(x^2-2)(x+1)'(4x+3)+(x^2-2)(x+1)(4x+3)'$
$=2x(x+1)(4x+3)+(x^2-2)(4x+3)+4(x^2-2)(x+1)$
$=8x^3+14x^2+6x+4x^3+3x^2-8x-6+4x^3+4x^2-8x-8$
$=16x^3-21x^2-10x-14$

(3) $y'=4(x^3-x+1)^3(x^3-x+1)'=4(x^3-x+1)^3(3x^2-1)$

(4) $y' = (\sin x)'(1-\cos x)+(\sin x)(1-\cos x)'$
$= (\cos x)(1-\cos x)+(\sin x)(-\sin x)$
$= \cos x - \cos^2 x - \sin^2 x$

(5) $y=\sin f(x)$를 미분하면 $y' = \cos f(x) \cdot f'(x)$를 이용한다.

$y' = (3x^2-1)'\sin 4x + (3x^2-1)(\sin 4x)' = 6x\sin 4x + (3x^2-1)(\cos 4x)(4x)'$
$= 6x\sin 4x + 4(3x^2-1)\cos 4x$

(6) $y=\sin f(x)$를 미분하면 $y' = \cos f(x) \cdot f'(x)$를 이용한다.

$y' = (\sin^4 x)'(\cos 2x)+(\sin^4 x)(\cos 2x)'$
$= 4(\sin^3 x)(\sin x)'(\cos 2x)+(\sin^4 x)(-\sin 2x)(2x)'$
$= 4\sin^3 x\cos x\cos 2x - 2\sin^4 x\sin 2x$
$= 2\sin^2 x(2\sin x\cos x\cos 2x - \sin^2 x\sin 2x)$

7 (1) 곡선의 방정식은 $f(x)=x^3+ax+b$, 접선의 방정식은 $g(x)=2x+c$라고 하면

$f'(x)=3x^2+a$

x좌표가 a인 점에서의 접선의 기울기는 $f'(a)$이므로 $f'(2)=1$

점 (2,3)이 곡선 위의 점이므로 $f(2)=3$

점 (2,3)이 접선 위의 점이므로 $g(2)=3$

$f'(2)=3 \cdot 2^2+a=12+a=1$ $\quad \therefore a=-11$

$g(2)=2 \cdot 2+c=4+c=3$ $\quad \therefore c=-1$

$f(2)=2^3+2 \cdot (-11)+b=8-22+b=-14+b=3$ $\quad \therefore b=17$

(2) 점 (2,4)가 곡선 위의 점이므로 $f(2)=4$

점 (1, 7)도 곡선 위의 점이므로 $f(1)=7$

$f'(x)=3x^2+2ax+b$는 접선의 기울기 이므로 $f'(1)=7$

$f(2)=2^3+a \cdot 2^2+b \cdot 2+c=8+4a+2b+c=4$ $\quad 4a+2b+c=-4$ ········ ①

$f(1)=1^3+a \cdot 1^2+b \cdot 1+c=1+a+b+c=7$ $\quad a+b+c=6$ ········ ②

$f'(1)=3 \cdot 1^2+2a \cdot 1+b=3+2a+b=7$ $\quad 2a+b=4$ ········ ③

그러므로 식 ①, ②, ③에 의하여 $a=-14$, $\quad b=32$, $\quad c=-12$

CHAPTER 8

1 (1) $\int x(x+2)(x-3)dx = \int (x^3 - x^2 - 6x)dx = \frac{1}{4}x^4 - \frac{1}{3}x^3 - 3x^2 + C$

(2) $\int \frac{x^4+x^2+1}{x^2-x+1}dx = \int \frac{(x^2+x+1)(x^2-x+1)}{(x^2-x+1)}dx$

$= \int (x^2+x+1)dx = \frac{1}{3}x^3 + \frac{1}{2}x^2 + x + C$

(3) $\int \frac{x^3+1}{x+1}dx = \int \frac{(x+1)(x^2-x+1)}{x+1}dx$

$= \int (x^2-x+1)dx = \frac{1}{3}x^3 - \frac{1}{2}x^2 + x + C$

(4) $\int \frac{x^2+1}{\sqrt{x}}dx = \int \frac{x^2+1}{x^{\frac{1}{2}}}dx = \int (x^2+1) \cdot x^{-\frac{1}{2}}dx = \int x^{\frac{3}{2}} + x^{-\frac{1}{2}}dx$

$= \frac{1}{\frac{3}{2}+1}x^{\frac{3}{2}+1} + \frac{1}{-\frac{1}{2}+1}x^{-\frac{1}{2}+1} + C$

$= \frac{2}{5}x^{\frac{5}{2}} + 2\sqrt{x} + C$

(5) $\frac{8^x-1}{2^x-1} = \frac{(2^x)^3-1}{2^x-1} = \frac{(2^x-1)(2^x)^2+2^x+1)}{2^x-1} = 4^x + 2^x + 1$ 이므로

$\int \frac{8^x-1}{2^x-1}dx = \int (4^x+2^x+1)dx = \frac{4^x}{\log 4} + \frac{2^x}{\log 2} + x + C$

(6) $\cos^2\frac{x}{2} = \frac{1+\cos x}{2}$ 이므로

$\int \cos^2\frac{x}{2}dx = \int \frac{1}{2}(1+\cos x)dx = \frac{1}{2}x + \frac{1}{2}sinx + C$

2 (1) $x^4 - 1 = t$ 로 놓고, 양변을 t에 관하여 미분하면

$4x^3\frac{dx}{dt} = 1 \qquad 4x^3dx = dt \qquad dx = \frac{1}{4x^3}dt$

$\int (x^4-1)^2 \cdot 4x^3dx = \int t^2 \cdot 4x^3 \cdot \frac{1}{4x^3}dt = \int t^2dt$

$= \frac{1}{3}t^3 + C = \frac{1}{3}(x^4-1)^3 + C$

(2) $3x - 1 = t$ 로 놓고, 양변을 t에 관하여 미분하면

$3\frac{dx}{dt} = 1 \qquad 3dx = dt \qquad dx = \frac{1}{3}dt$

$$\int e^{3x-1}dx = \int e^t \cdot \frac{1}{3}dt = \frac{1}{3}\int e^t dt = \frac{1}{3}e^t + C = \frac{1}{3}e^{3x-1} + C$$

(3) $x^3 + 1 = t$로 놓고, 양변을 t에 관하여 미분하면

$$3x^2\frac{dx}{dt} = 1 \qquad 3x^2dx = dt \qquad dx = \frac{1}{3x^2}dt$$

$$\int \frac{3x^2}{x^3+1}dx = \int \frac{3x^2}{t} \cdot \frac{1}{3x^2}dt = \int \frac{1}{t}dt$$
$$= \log|t| + C = \log|x^3+1| + C = \log(x^3+1) + C$$

(4) $x^2 + 1$을 $x + 1$로 나눈 몫은 $x - 1$, 나머지는 2이므로 $\frac{x^2+1}{x+1} = x - 1 + \frac{2}{x+1}$

$$\int \frac{x^2+1}{x+1}dx = \int x - 1 + \frac{2}{x+1}dx = \frac{1}{2}x^2 - x + 2\log|x+1 + C$$

3

(1) $u' = 1,\ v = \log(x+2)$로 놓으면 $u = x,\ v' = \frac{1}{x+2}$ 이므로

$$\int 1 \cdot \log(x+2)dx = xlog(x+2) - \int x \cdot \frac{1}{x+2}dx$$
$$= xlog(x+2) - \int (1 - \frac{1}{x+2})dx$$
$$= xlog(x+2) - x + \log(x+2) + C$$
$$= (x+2)\log(x+2) - x + C$$

(2) $u' = e^x,\ v = x^2$으로 놓으면 $u = e^x,\ v' = 2x$이므로

$\int xe^x dx$에서 다시 $u' = e^x,\ v = x$로 놓으면 $u = e^x,\ v' = 1$이므로

$$\int xe^x dx = e^x \cdot x - \int e^x \cdot 1dx = xe^x - e^x + C_1 = (x-1)e^x + C_1$$

$$\therefore \int x^2e^x dx = x^2e^x - 2(x-1)e^x + C_1 = x^2e^x - 2(x-1)e^x + 2C_1$$
$$= (x^2 - 2x + 2)e^x + C$$

(3) $u' = \sin 2x,\ v = 2x$라 놓으면 $u = -\frac{1}{2}cos2x,\ v' = 2$이므로

$$\int 2xsin2x = -\frac{1}{2}cos2x \cdot 2x - \int -\frac{1}{2}cos2x \cdot 2dx$$
$$= -xcos2x + \frac{1}{4}sin2x + C$$

4

(1) $\int_2^4 \frac{2x^2+x}{x}dx = \int_2^4 (\frac{2x^2}{x} + \frac{x}{x})dx = \int_2^4 (2x+1)dx = [x^2+x]_2^4$

$$= (16+4) - (4+2) = 14$$

(2) $\int_0^3 \sqrt{x+1}\,dx = \int_0^3 (x+1)^{\frac{1}{2}}dx = \left[\frac{2}{3}(x+1)^{\frac{3}{2}}\right]_0^3$

$= \frac{2}{3}(3+1)^{\frac{3}{2}} - \frac{2}{3}(0+1)^{\frac{3}{2}} = \frac{14}{3}$

(3) $\int_0^{\pi}(e^{2x} - \sin^2 x)dx = \int_0^{\pi}(e^{2x} - \frac{1-\cos 2x}{2})dx = \left[\frac{1}{2}e^{2\pi} - \frac{1}{2}x + \frac{1}{4}sin2x\right]_0^{\pi}$

$= (\frac{1}{2}e^{2\pi} - \frac{1}{2}\pi) - (\frac{1}{2}e^0) = \frac{1}{2}(e^{2x} - \pi - 1)$

(4) $\int_0^2 \frac{x^3}{x+1}dx + \int_0^2 \frac{1}{t+1}dt$

$\int_a^b f(x)dx = \int_a^b f(t)dt$에 의하여

$\int_0^2 \frac{x^3}{x+1}dx + \int_0^2 \frac{1}{x+1}dx = \int_0^2 \frac{x^3+1}{x+1}dx = \int_0^2 \frac{(x+1)(x^2-x+1)}{x+1}dx$

$= \int_0^2 (x^2 - x + 1)dx = \left[\frac{1}{3}x^3 - \frac{1}{2}x^2 + x\right]_0^2 = \frac{8}{3}$

(5) $\int_0^1 (e^{2x} - \cos x)dx + \int_0^1 (e^{2x} + \cos x)dx = \int_0^1 (e^{2x} - \cos x + e^{2x} + \cos x)dx$

$= \int_0^1 2e^{2x}dx = 2\left[\frac{1}{2}e^{2x}\right]_0^1 = e^2 - 1$

(6) $\int_1^2 (x-1)(2-x)dx = \int_1^2 (-x^2 + 3x - 2)dx = \left[-\frac{1}{3}x^3 + \frac{3}{2}x^2 - 2x\right]_1^2 = -\frac{23}{6}$

5 $y = 0$으로 놓으면 $x^2 - 5x + 4 = 0$에서 $x = 1,\ 4$

$S = \int_0^1 y\,dx + \left\{-\int_1^4 y\,dx\right\} = \int_0^1 (x^2 - 5x + 4)dx - \int_1^4 (x^2 - 5x + 4)dx$

$= \left[\frac{1}{3}x^3 - \frac{5}{2}x^2 + 4x\right]_0^1 - \left[\frac{1}{3}x^3 - \frac{5}{2}x^2 + 4x\right]_1^4 = \frac{19}{3}$

6 (1) $\int_0^{10} v\,dt = \int_0^{10}(24 - 1.5t)\,dt = \left[24t - \frac{1}{2} \cdot (1.5) \cdot t^2\right]_0^{10} = 240 - 75 = 165$

(2) 정지할 때까지 걸린 시간은 $v = 24 - 1.5t = 0$이므로 $t = 16$

$\int_0^{16} v\,dt = \int_0^{16}(24 - 1.5t)\,dt = \left[24t - \frac{1}{2} \cdot (1.5) \cdot t^2\right]_0^{16} = 384 - 192 = 192$

7 수면이 상승하는 것이 중지하는 시각을 $v = 0$이므로

$v = 2t(3-t)$에서 $t = 0,\ 2$ $\quad \therefore t = 2$

$$x = \int_0^3 v\,dt = \int_0^3 2t(3-t)dt = \int_0^3 6t - 2t^2 dt \ = \left[3t^2 - \frac{2}{3}t^3\right]_0^3 = 27 - 18 = 9$$

따라서 이때의 부피 V는

$$V = \int_0^9 S(x)dx = \int_0^9 3\pi x^2\,dx = \left[\pi x^3\right]_0^9 = 729\pi$$

8 R의 속도를 v라 하면

$$v = \frac{1}{2}(v_1 + v_2) = \frac{1}{2}(4 - 2t + 3t^2 - 4) = \frac{3}{2}t^2 - t$$

그러므로 t초 후의 R의 위치 x는

$$x = \int_0^t (\frac{3}{2}t^2 - t)dt = \left[\frac{1}{2}t^3 - \frac{1}{2}t^2\right]_0^t = \frac{1}{2}t^3 - \frac{1}{2}t^2$$

원점을 지날 때에는 $x = 0$일 때이므로

$$\frac{1}{2}t^3 - \frac{1}{2}t^2 = 0 \qquad \therefore t = 0,\ 1 \qquad \therefore t = 1(\text{초})$$

참고문헌

유동선, 알기쉬운 이산수학, 홍릉과학출판사, 2007

김대수/장재건, 전산수학, 생능출판사, 1997

유원희, 이산수학, 경문사, 1992

황대훈, 이산수학, 생능출판사, 2006

공은배외 5인, 이산수학, 인터비젼, 2007

남영란/변혜란, 이산수학, 사이텍미디어, 1996

황석근/이재돈/김익표, 이산수학, (주)블랙박스, 2001

Leon S. Levy, *Discrete Structures of Computer science*, John Wiley & Sons, 1980.

C. L. Liu, *Elements of Discrete Mathematics*, McGraw-Hill Book Company, 1985.

R. L. Graham, D.E. Knuth, O. Patashnik, *Concrete Mathematics*, Addison-Wesley, 1989.

A. Tucker, *Applied Combinatorics*, John Wiley & Sons, 1995.

D. Gries, *Compiler Construction for Digital Computers*, New York : Wiley, 1971.

S. L. Pfleeger and W. S. David, *Introduction to Discrete Structures*, New York : Wiley, 1985.

D. A. Cohen, *Introduction to Computer Theory*, New York : Wiley, 1986.

B. Kolman and C. B. Robert, *Discrete Mathematical Structures for Computer science*, Prentice-Hill, 1984.

찾아보기